古巴人的美好年代

從革命光輝到經濟崩潰的無盡匱乏、真實平凡人物的堅韌、富足、自由與愛。

THE CUBANS

ORDINARY LIVES IN EXTRAORDINARY TIMES

ANTHONY DEPALMA

安東尼・迪帕瑪——著

楊芩雯——譯

古巴
大西洋
巴哈馬
76°
24°
20°
聖斯皮
圖斯省
謝戈德
阿維拉省
卡馬圭省
拉斯圖納斯省
塔卡霍
巴內斯
奧爾金省
比蘭
巴亞莫
格拉瑪省
馬埃斯特拉山
聖地牙哥省
關塔那摩
關塔那摩省
關塔那摩灣海軍基地
聖地牙哥
海地
牙買加

邁阿密
佛羅里達州
美國
墨西哥灣
84°
80°
24°
佛羅里達海峽
哈瓦那
關那巴科亞
阿爾特米薩
阿爾特米薩省
瑪雅貝克省
卡德納斯
科隆
比那德里奧
比那德里奧省
古伊拉德
梅連納
馬坦薩斯省
比亞克拉拉省
聖克拉拉
西恩富埃戈斯省
西恩富埃戈斯
豬灣
艾斯坎布雷山脈
青年島
20°
開曼群島
加勒比海
0 英里
50
100
0 公里
100
地圖繪製：© 2019 Jeffrey L. Ward

哈瓦那市
尼可·羅裴茲
煉油廠
布蘭卡高速公路
雷格拉
渡輪碼頭
關那巴科亞區政府
中央公園
帕洛奎亞
教區教堂
關那巴科亞區博物館
鎖鏈之屋
關那巴科亞
唯一的紅綠燈
科洛法索街
獨立西街
公教學校
神職修士會教堂
奇蹟之家
諾瓦隆
鋁業工廠
新哈瓦那區
艾爾米塔禮拜堂
關那巴科亞

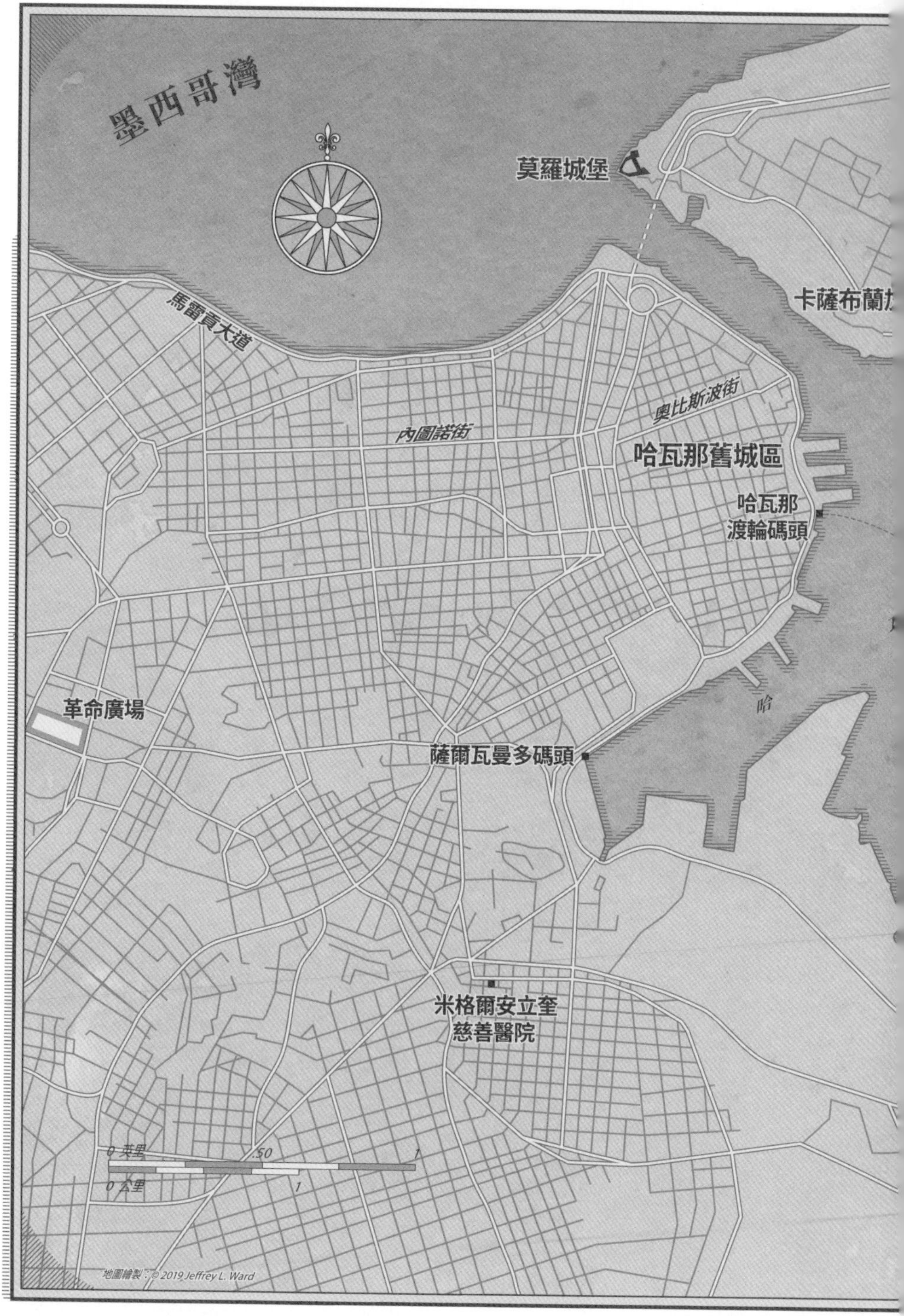
墨西哥灣
莫羅城堡
卡薩布蘭加
馬雷貢大道
奧比斯波街
內圖諾街
哈瓦那舊城區
哈瓦那
渡輪碼頭
革命廣場
哈
薩爾瓦曼多碼頭
米格爾安立奎
慈善醫院
0 英里
.50
1
0 公里
1
地圖繪製：© 2019 Jeffrey L. Ward

獻給蜜利安（Miriam）

光榮並非我拚搏的理由只因
世上所有的光榮
收束在一粒玉米裡

——何塞・馬蒂（José Martí）

目次

Contents

第二部——重整 *Reckoning*

目次

第三部——反思 *Reconsideration*

第四部——和解 *Reconciliation*

Contents

各界好評

「一本成就非凡的書……迪帕瑪用強而有力的故事錨定種種歷史交會點，主角是我們在書裡遇見的人……卡莉、莉莉、赫黑，以及甘冒絕大風險分享自身故事的其餘人物。翻閱手中這本頻頻折頁的書，我心想：對他們來說有什麼好處？最後我判斷，他們只是想獲得聆聽。傾訴者希望讀者知道，或許自己踏上了不同路徑度過後革命社會，可是他們以相同方式持續面對挑戰——秉持著尊嚴、靈巧創造力與拼勁。而他們依然是堅定的古巴人。」

——《華爾街日報》（*The Wall Street Journal*）

「迪帕瑪生動描繪數個當代古巴家庭的生活。他的寫作富感染力且詳盡，以動人筆觸突顯書中人物的渴望與夢想，讓讀者感覺彷彿與他們並肩而行。每寫一句都讓這國家更加鮮活起來，成果是一部向古巴與古巴人致敬之作，既令人心碎又滿懷希望。」

——《華盛頓郵報》（*The Washington Post*）

「在經過縝密的調查與報導、充滿人味細節與深究洞見的著作裡，迪帕瑪刻畫出遊客將永難窺見的古巴……你不會轉眼就遺忘這群人，讀完迪帕瑪的寬容記述後，你必定能更深切理解流傳眾多軼事的島嶼。」

——《紐約時報》（*The New York Times*）

「在這本文筆細緻的報導文學著作中……迪帕瑪帶領讀者一覽古巴革命初期的光輝勝利與狂熱理想主義；後蘇聯時期經濟崩潰的黑暗年代；美國總統歐巴馬任內，美古關係解凍帶來的重燃希望，以及現今似乎沒有盡頭的匱乏日常。」

——《外交》雜誌（*Foreign Affairs*）

「迪帕瑪透過數代古巴人的觀點，訴說共產主義的鮮明故事。他寫下反映真實情況的細節，例如批評政府時撫摸假想的大鬍子，用這般啞劇取代提及卡斯楚的名字，以免遭到懲罰。迪帕瑪展現過去與現在的古巴人生活樣貌。」

——《基督科學箴言報》（*The Christian Science Monitor*）

「在所有關於革命古巴的書寫中，我認為沒有別本書能描繪更生動的當代古巴經驗。一群平凡人向迪帕瑪分享自身的拼搏，他們目睹革命的『光明承諾』被現實生活的『陰暗艱困』取代。迪帕瑪撕去古巴故事的衰敗意識型態，而在表面之下存在依舊彼此關懷的古巴人，他們的適應能力定義出獨有的愛國主義。」

——湯姆・傑爾頓（Tom Gjelten），著有《百加得蘭姆酒與古巴的漫長搏鬥》（*Bacardi and the Long Fight for Cuba*）

「以優雅文字記述五位古巴普通人及其家庭的交織人生，以非官方、因此可能更為真實的觀點描寫人們面對的挑戰。」

——《紐澤西月刊》（*New Jersey Monthly*）

「迪帕瑪的小說般敘事按照主題推動（例如覺悟、和解），對於似乎在每個轉折點皆蒙受挫敗的人們，作者特別擅長展現他們的驚人適應能力。顯然是不辭辛勞、投入多年心血的作品，著重嚴謹調查與優雅的敘事風格。」

——《科克斯書評》（*Kirkus Reviews*）

「一部敏銳的描寫……迪帕瑪以令人讚嘆的具體細節，捕捉平凡古巴人夾處於本國與美國政府的政治作態間，蒙受苦難並展現適應力。讀者將細細享受這本貼切、使人眼界大開的報導著作。」

——《出版者週刊》（*Publishers Weekly*）

「終於等到一本書非關菲德爾、勞烏或切・格瓦拉，而是關於卡莉、皮波、奧斯卡和其他平凡古巴人；不再訴說多年來我們遭灌輸的那段歷史，而是在迪帕瑪的適切描述中，人們跟『沒完沒了的革命』共處的真實、不凡、曲折故事。迪帕瑪無疑已成為今日古巴的最佳記敘者。」

——蜜爾塔・奧吉托（Mirta Ojito），著有《尋找明天：一位古巴出走者的回憶錄》（*Finding Mañana: A Memoir of a Cuban Exodus*）

「在所有難得冒險走出哈瓦那、一夜間就成為古巴專家之輩裡頭，迪帕瑪獨樹一格，交出注定成為經典的著作，內容既深刻且極具說服力。迪帕瑪秉持新聞記者的敏銳眼光與開放心胸，以少有外來者能達到的程度，贏得古巴男男女女的信任。在古巴邁入不確定的未來之際，這是一部不可或缺的見證。」

——露思・貝哈（Ruth Behar），著有《傷心人類學》、《一座叫家鄉的島嶼：重返猶太人的古巴》（*An Island Called Home: Returning to Jewish Cuba*）

「以非凡、動人手法刻畫古巴人的特性，以及生活在當代古巴的令人敬佩人物。有力闡述身為古巴人的意義，同時將讀者帶往關那巴科亞的街頭漫步，那裡的居民總是身不由己，被迫在不斷變化的艱困現實中明辨方向。既讓人心碎又充滿希望，畫面生動鮮明，對於關注古巴的任何人來說，這是一本深刻且擴展眼界的必讀之書。」

——雪奈爾・克里頓（Chanel Cleeton），著有《來年在哈瓦那》（*Next Year in Havana*）

「相對於多數觀光客體驗的人工古巴，如果你想知道本地人眼中的古巴真面目，這本書將帶領你抵達那座獨特的殘垣迷宮。在這裡，真相難以企及，一如舒適生活或最基本的生活必需品。迪帕瑪的敘事讀來有如小說佳作，縱然無畏客觀，卻又對記載的複雜人物富含動人同理心。」

——卡洛斯・艾瑞（Carlos Eire），著有《在哈瓦那等待雪》（*Waiting for Snow in Havana*）

「忘掉那些挑逗旅遊魂，指引你前往古巴最棒莫希托酒吧與雪茄鋪的旅遊書。忘掉讓你無感吸收知識的學術歷史巨著。忘掉照片光鮮亮麗的精裝圖文書，它們間接玩弄你對哈瓦那衰敗景象的浪漫觀感。忘掉那些媒體，它們運用過時的自由或保守濾鏡，兩極分化你對這座島嶼的認知。如果你真心想感受古巴，那就要閱讀這本書。藉助迪帕瑪的才華，終於有一部著作為古巴除魅。作者明白，國家僅僅是無窮抽象下的一個概念，除非它立基於該國人民的生活及其豐富多彩的故事。可惜的是幾乎無法避免，那些故事在意識型態的準星與權力的交鋒下軼失。

迪帕瑪有著詩人的眼睛，民族誌採集者的洞察力，以及善感歷史學者的胸襟，透過古巴人的精神去呈現古巴，一如他們過去、現在、未來的恆常面貌，無論世事如何變遷。」

——理查・布蘭科（Richard Blanco），受邀赴美國總統就職典禮朗讀詩作，著有《如何去愛一個國家》（*How to Love a Country*）

自序

關那巴科亞，哈瓦那

二〇一七年九月九日

當燈光在傍晚五點左右熄滅，電視被黑畫面吞沒，屋裡那把來自中國、名叫希望牌的孤零零電扇白色塑膠葉片緩緩沉寂停住。就在這時分，卡莉（Cary）、皮波（Pipo）、奧斯卡（Oscar），還有他們那隻下顎明顯突出的瘦巴巴北京狗法魯（Faru）知道是時候該躲起來。古巴人對颶風不陌生，但這一個連挺過最多風暴瘡痍的人也要戰慄：名為伊魯瑪（Irma）的五級怪物，風速每小時一六五英里，雨勢滂沱，浪高十六英尺。如果按照電視上滿臉愁容氣象學家給的時間表，預計於隔天凌晨兩、三點間猛然席捲關那巴科亞，也就是他們的奇異家鄉，隔著港口遙望哈瓦那舊城區。電力肯定不會在那之前恢復，但他們要在黑暗中待多久，沒人有把握。

為了對伊魯瑪這種等級的強烈颶風預做準備，他們開發並改進自己的演習，每位家庭成員都分配特定任務。奧斯卡才二十六歲，所以交給他爬上屋頂並綁緊可能被吹走的所有物品。綽號皮波的父親赫速斯（Jesús）踏遍街坊搜刮食物時，媽媽卡莉則打理其餘所有大小事。她用膠帶貼緊窗戶，拉下護窗板，拿許多舊汽水瓶裝足以撐幾天的過濾水。做完這些事以後，她暫歇一下打給谷佳（Cuka）。這位畢生摯友在塔卡霍（Tacajó），即兩人共同成長的古巴東部產糖小鎮，她想確認那裡的每個人都為朝他們襲來的惡夢做好準備。

谷佳立刻接起電話。嗯，她沒事，其他人也是。她已經做完一切能做的，除了蹲坐等待沒別的事。等待是古巴人精通的技能，無論他們住哪裡或做什麼。原本卡莉和皮波想去奧斯卡的臥室，在平常躲的地方安然度過颶風。他們的房子大又堅固，是一棟前革命時期的二十世紀中期現代主義建物，分成兩間公寓；樓上鄰居甚至在屋頂平臺暗中打造一間金屬加工廠。但是逼近的颶風來勢洶洶，他們可能要困在屋內很長一段時間。奧斯卡的房間在家中最小，只有百葉窗能阻擋風雨。廚房或儲藏室的空間不夠，臨街客廳的遮蔽又遠遠不足。那麼就剩下他們自己的臥室，僅一扇窗戶面南，遠離伊魯瑪的方向。

正在張羅臥室時，電話響起嚇了他們一跳。皮波的小妹露茲·瑪利亞（Luz María）從九十英里外的卡德納斯（Cárdenas）打來通知，儘管颶風將臨，露茲兒子的女友已到醫院待產，準備迎接他們的第一個孩子。隨後電話死寂斷線。他們僅有的收音機壞了，那是皮波在情人節送給卡莉的手搖發電款，這讓他們幾乎跟外界斷絕，彷彿迷失在偏遠的古巴馬埃斯特拉山麓（Sierra Maestra）。

一家人剛安頓進臥室準備度過夜晚，雨開始落下。並非傾盆暴雨，而是大又重的鼓脹雨滴，他們彷彿能聽見雨水一滴滴落下，飛濺進土裡卻無法讓周遭變涼快。他們三個人全都在臥室，加上法魯在地板狂喘氣，室內很快就熱到令人氣悶。卡莉起身推開窗扉，雨水和土壤的霉臭味緩緩湧入。從他們躺的地方，頭貼在床尾、腳朝向敞開的窗，可以清楚看見血橙色的天空。對卡莉而言，這種詭譎光線和引人回憶的氣味，召喚出另一場颶風的痛苦記憶。那時她只是個孩子，跟母親和雙胞胎妹妹一起住在塔卡霍的棚屋，就在谷佳的家附近。當芙洛拉颶風（Hurricane Flora）席捲而過，她們僅有的一點東西幾乎全被吹走。

他們三人靠得那麼近，奧斯卡很快就煩躁起來，開始抱怨熱。皮波也覺得熱，可是對街倉庫的金屬屋頂更讓他更心煩。不只一次，他提過如果那片屋頂被吹走，他們正好就在路徑上。卡莉要兩人都閉嘴。他們的房子材質是混凝土，不是嗎？儘管食物儲藏室沒裝滿，裡面還是有一些吃的，不是嗎？「冷靜下來吧，我們沒事。」

視線穿過敞開的窗，她只看見遮蔽星星的烏雲。那幅景象使她靈光一閃。童年住在塔卡霍時，她學會一首關於星星的歌，每當恐懼，那歌總是能幫助她冷靜下來。

「你們兩個想聽歌嗎？」

歷經風暴與騷亂，全名卡莉達・露易莎・里蒙塔・艾文（Caridad Luisa Limonta Ewen）的卡莉總是在幫助其他人。他們笑說她率先出生是為了替雙胞胎妹妹指路。而且就像已故的母親瑟內達（Zenaida），她用自信和勇氣應對古巴拋來的一切。

隨著風勢大起，倉庫屋頂噹啷作響，卡莉唱著憂傷老歌，悅耳嗓音輕輕柔柔，她丈夫和兒子幾乎聽不見颶風中的搖籃曲。

Pregúntale a las estrellas si por las noches me ven llorar／
問星星夜裡它們是否看見我哭泣
試問若我不再試著愛你，我會多麼孤寂
問緩緩河水是否看見我的淚在流
問全世界我內心的折磨有多深長。

一如卡莉所預期，這首歌幫助他們平靜下來。隨著伊魯瑪逼近，皮波和奧斯卡沉入不安的睡眠。可是卡莉沒睡，她無法停止回想谷佳和塔卡霍，還有兒時歷經的那場可怕颶風。她也無法忘懷正在殘酷風暴中誕生的無辜嬰兒。他們曉得是個女孩，從幾個月前的產檢已經看得出來，剖腹手術的日期也早就計畫妥當。但這是多麼惡劣的時間點！他們會以伊魯瑪為她命名嗎？或者他們會堅守傳統，去翻查教會的聖人曆，用像是維芙里達（Wilfreda）那樣的名字去詛咒新生兒？她寧願以驚恐的一夜來命名。

隨著時間流逝，卡莉疲憊至極。可是她繼續盯著打開的窗戶，聽風扯動倉庫屋頂，尋找儘管她看不見但明知存在的星星。

整個關那巴科亞（發音 wan-ah-ba-COE-ah）在那天晚上都很緊張不安。從卡莉與皮波家沿著街道繼續走，莉莉・杜蘭・赫南德茲（Lili Durand Hernández）繞遍公寓關上所有門窗，除了阻擋颶風，也要把年長的父親留在屋內，他的神智已經開始恍惚。約一英里外，在關那巴科亞的衰敗市中心，瑪利亞・德卡門・羅裴茲・阿瓦瑞茲（María del Carmen López Álvarez）記得自己的父親往往提起，這棟堅固小屋已由家族擁有超過一世紀。假如它能在一九二六年和一九四四年的強烈颶風下倖存，他敢說每當颶風來襲，它都會再次挺過去。她對於這間老房子信心十足，僅有的預防措施是取下電視天線，把**大陶缸**（**tinajón**）放在天井裡接水。為了保險起見，她要兒子把尤利烏斯・凱撒（Julius Caesar）和拉斐爾（Raphael）的真人尺寸半身像從底座搬下來，平躺放置於地板。

距離瑪利亞・德卡門一個街區，在公教學校神職修士會教堂（church of Los Escolapios）的另一邊，阿圖洛・蒙托托（Arturo Montoto）以關那巴科亞沒人能想像的方式擔心伊魯瑪進逼。他最大的顧慮不是那間藝術工作室，以及耗費莫大時間金錢建造的廣闊花園，而是一個棒球造型的六英尺高發泡樹脂雕塑，全黑球體點綴鮮紅縫線，現下安放於庭院。這座雕塑又圓又大，當他黏合球體的兩半就再也無法移回室內。他的助手把它搬到遮雨棚下，可是找不到方法綁緊固定。他去查看，確保棒球塑像不會淋到雨，接著巡視名下土地最後一遍，終點來到親手栽種的果園：結實纍纍的芒果樹、一棵搖曳的檸檬樹，香蕉樹的垂軟葉片隨漸起風勢狂野擺動。他也會想種一棵蜜果樹（mamoncillo），彷如兒時記憶中的畫面，可是蜜果樹成熟需要的時間如此漫長，他知道自己將永遠嚐不到蜜果實。

赫黑・賈西亞（Jorge García）在距離關那巴科亞兩百三十英里外等待颶風，置身邁阿密一處船塢對街的低矮木屋，持續密切關注他的老家。二十年前赫黑逃離古巴，可是孫子還在那裡，每當有強烈颶風威脅關那巴科亞，他就憂心不已。古巴已經讓他失去太多人。

伊魯瑪來襲的颶風之年，夾在二〇一六年十一月菲德爾・卡斯楚（Fidel Castro）過世、到二〇一八年他弟弟勞烏（Raúl Castro）的逐步下臺之間，而這只是古巴人憂心的一個危機點。上述兩樁事件似乎為漫長的卡斯楚年代謝幕，且於古巴的歷史長河，揭示不確定、尚未完全成形嶄新一幕的曙光。六十年來的遠大承諾中，有些實現、其他更多仍屬幻夢，在此影響下革命變得軟弱，共產黨政府以老虎撥弄獵物的方式戲耍資本主義：前一分鐘還在輕輕拍打牠，下一刻就逼入絕境。社會主義官員敦促古巴潛在的資本主義人士放手創辦小生意，而後樹立層層繁冗法規，限制獲利並阻礙成功。他們真正的目標並非使數百萬人脫離貧窮，要務是阻止任何人賺好幾百萬元。

儘管存在諸多限制，五十萬古巴人寧可為自己、而非國家工作。但正當他們逐漸習慣生活中沒有一個姓卡斯楚的人在領導國家，古巴與美國的政治經濟夙怨重新爆發。唐納・川普（Donald Trump）推翻幾年前巴拉克・歐巴馬（Barack Obama）的歷史性開放，嚇跑美國遊客，導致赴古巴短期出遊再度令人卻步。華府將古巴與委內瑞拉、尼加拉瓜混為一談，共同稱為「暴政三巨頭」，把三國全都當成靶心。古巴平民沒有選擇，只能準備接受另一段「特殊時期（special period）」，唯恐結果會比他們在一九九〇年代經歷的短缺和絕望更加嚴峻，當時蘇聯不復存在，古巴賴以維繫革命的數十億資金隨之消失。

如同古巴大部分地區，歐巴馬的開放為關那巴科亞帶來希望，而川普的撤銷粉碎了希望。短暫的旅遊榮景期間，美國人發現著重感官層面修復的哈瓦那舊城區，形成幻想卡通版本的古巴。關那巴科亞是多數古巴人生活的未修飾3D現實——破敗街道，頹圮建築，垃圾比花多。炎熱，熏臭，吵雜，強烈而真實。這座驕傲的老城鎮早於每一個美國城市，近五百年來的歷史歷經多次跌宕起伏。名義上關那巴科亞屬於哈瓦那的一部分，坐落於該城聞名港口的另一側，但它可以是東西向七百六十英里古巴島的任何一地，處處自有獨特的文化和認同。關那巴科亞的十二萬居民不會說自己住在哈瓦那，就像布魯克林居民不會描述他們住的地點是紐約。

古巴式簡稱「**Después del triunfo（勝利之後）**」泛指一九五九年菲德爾與勞烏掌權後發生的一切。人人都知道菲德爾改造古巴的政治、經濟和社會結構，以唯我獨尊、凌駕所有人事物的方式治國。在古巴革命的六十年間，大多數時候，真正的古巴人民幾乎整個隱藏在他龐大的身影後方。

當古巴開始從卡斯楚時代邁向迎面而來的任何衝擊，改變發生在許多層面——即使是暗示時光凝結的古董車和老建築景象也不例外。有些古巴領導者對於商業和資產的想法與菲德爾截然不同，但情勢尚未完全明朗，究竟這代表急切試圖支撐一場氣力放盡的革命，或是一個新國家的真正開始。

數十年來，評論家和記者常談論「菲德爾．卡斯楚的古巴」，彷彿卡斯楚從一九五九年起控制的國家完全屬於他。當他在二〇一六年過世，古巴國營媒體宣稱「**Fidel es Patria**（**菲德爾就是祖國**）」，學童受到鼓勵，一再複述「我就是菲德爾」。

但是那些孩童和他們的雙親不是菲德爾，正如同敬愛的菲德爾從來不是古巴。他們是平凡人，就像卡莉、阿圖洛、莉莉、赫黑和瑪利亞・德卡門一樣。真正的古巴人住在如關那巴科亞一般的現實地方，那裡的老車並非珍貴經典車款，只是醜陋的破爛金屬片，用電線纏起來、靠希望發動。那裡的便宜蘭姆酒用小紙盒裝。那裡沒有自動語音來電，沒有旋風式走紅的餐點，沒有超市傳單或廣告看板。在那裡，日常生活不仰賴遊客的消費，倚靠的是人們在過度禁令、最低限度拘束下生活，所展現的勇氣、自信心和創造力。在那裡，人們成為大師，熟知以熱情音樂和歡快舞蹈掩飾不幸，用一層層不敬嘲弄偽裝挫折，幾乎一切都能開玩笑，也沒有什麼嚴肅到值得提出抗議。

終其一生，卡莉及其他人無從選擇，只能充當古巴永無止盡熱血劇本中的配角，被迫選擇革命僅容的三條路：他們可以從眾並順服卡斯楚的獨裁，無論相信與否。他們可以踏上英雄的道路挺身抵抗，並接受這麼做等同於自殺。或者，他們可以逃離。

有時候古巴人看起來有點瘋狂，但就像他們自我描述的用語「**un poco loco**」，那是因為他們生活在一個艱苦至極的國度。他們置身等同於戰爭的情況迄今長達三個世代。他們的政府不斷提醒來自北方的帝國主義威脅，卻也要求帝國撤銷禁運，好讓古巴能跟美國及其盟友做更多生意。該政權利用美國干預的長久威脅來掩蓋每一次出錯、失敗的計畫、糧食短缺或過去六十年來的電力中斷，卻也仰賴流亡者電匯回國數十億美元維繫古巴的經濟運轉。國營媒體呈現的美國是汙穢之地，毒癮、大規模槍殺和失控的消費主義橫行，同時將古巴描繪成人人平等的天堂，由不可能犯錯的政府治理。然而，古巴人一拿自己的生活，去跟從邁阿密親友口中聽說或網際網路上看見的兩相比較，他們心知肚明實情並非如此。

這已足以使任何人發瘋，卻只構成古巴人危殆生活現實的一部分。他們長久受到自身最大的優勢所詛咒——不屈不撓的適應力與深不可測的變通能耐。那是美國禁運並未發揮效用的原因，日後也永遠不會。設想讓島嶼上的生活條件變得無可忍受，人民就會起義打垮卡斯楚政權，無非忽視了古巴人天生有能力尋找生存之道。能將塑膠汽水瓶當成摩托車油罐，或者在廚房爐灶上加熱舊活塞來修理破輪胎的人，看待世界的角度不同於其他較尋常的社會。當逆境是一種常態，生存成為調適的過程。也許居住在定期受颶風侵襲的島嶼，有助於他們發展這方面的民族性。畢竟，沒有什麼能阻擋颶風或預防它造成損害。唯有的選擇是拾起碎片，想出該如何加以再度利用。

不同於菲德爾，他的數以百萬計談話受人聆聽、記錄、無限次重複播放，這群平凡古巴人從未獲得傾聽。他們的意見在古巴國內少有宣洩管道，出了島外甚至更少。當他們吐露心聲，通常是在小房間裡，寄望桌扇的颼颼風聲或舊電視的刺耳聲響，足以保護他們的評論不被打探。大多數人不曾參與公開抗爭，唯恐國家監控系統施加嚴懲，他們相信自己的一舉一動都受到看管。只有最勇敢或最絕望的人甘冒一切風險，加入被政府跟監、騷擾、有時監禁的直言異議少數。但無疑是他們日常生活中複雜的沉默，關於他們與一場漫長革命共存的個人歷史，變化無窮的當務之急和不斷跳轉的盟友，以及燦爛豔陽下無盡暖日裡流轉的狂喜與悲劇，這些最能訴說古巴的故事。

古巴人的美好年代

THE CUBANS

ORDINARY LIVES IN EXTRAORDINARY TIMES

【第一部】

Part 1

覺悟

Realization

THE CUBANS

ORDINARY LIVES IN EXTRAORDINARY TIMES

第一章 塔卡霍，東方省

・一九四〇年

一九四〇年代在古巴叢林生活過的任何人都知道，從四面八方滲透一切事物的潮溼和地獄般高熱裡，無論你怎麼做，螞蟻還是會找到麵包。綁進袋子裡並吊掛釘子上，沒多久就出現宛如康加舞列的螞蟻直直爬上牆，彷彿它們收到晚宴的正式邀請函。深入古巴的荒涼東端，在塔卡霍製糖廠身為一位黑人窮少女，瑟內達．艾文只在本地學校讀到六年級，課程使用英語和一點西班牙語，專收廠區內牙買加工人的子女。而她看過母親把麵包放上爐灶，知道讓麵包靠近但別碰到火，可以在晚餐上桌前趕跑螞蟻。

牙買加人從一九一七年工廠開始榨甘蔗就住在塔卡霍。他們在西美戰爭後的繁榮年代抵達，當時國外資金湧入這座島嶼，尤其是美國資金。古巴尚未從戰火中蛻變成完全獨立的國家，那是許多人拚搏的目標。可是對於跟北美做生意的人而言，時機正好，東方省更是如此。揉雜陽光、泥土和雨水的沃土，使這裡成為耕種的理想田地，包括密密麻麻的甘蔗田，一度讓古巴成為舉世最大的供應國，並使糖牢牢嵌入國家經濟，人們愈來愈愛說：「沒有糖，就沒有國家。」

將浩瀚青綠蔗桿提煉成白糖結晶，賦予全世界的咖啡和蛋糕甜味，從數世紀前種植首批甘蔗田起，這就是繁重費力的工作。到了十九世紀初，非洲奴隸遭強行引入從事這項勞動，然而五百年來作為古巴殖民母國的西班牙，不曾往其他加勒比海島嶼輸入像古巴如此多的奴隸。古巴的奴隸貿易於一八二〇年廢除，但直到一八七九年奴隸制度才終止。英國歷史學者休・湯瑪斯（Hugh Thomas）推測，古巴上層階級若非「對於他們的奴隸及海地的陰影感到不安」，幾乎必定會更加大力推動脫離西班牙完全獨立。一八九八年緬因號軍艦（USS Maine）在哈瓦那港沉沒後，美國毅然插手古巴的獨立戰爭，西班牙被迫放棄她價值非凡的殖民地。古巴成為一個共和國，卻承擔著模稜兩可的民主、無能的領導階層，以及不曾完全消融的種族歧視遺緒。

隨著外國投資熱錢於二十世紀初湧入，總部設於紐約的塔卡霍糖業（Tacajó Sugar Corporation）迅速茁壯繁榮。在附近營運的聯合水果公司（United Fruit Company）也積極擴張，買下當地種植者的土地，好比有位名叫安赫・卡斯楚（Ángel Castro）的西班牙士兵，他在戰爭結束後定居古巴，於塔卡霍不遠處，靠著名下兩萬英畝的馬納卡斯（Manacas）種植園累積一筆財富。勞力嚴重短缺，使得古巴政府在一九二二年授權塔卡霍糖業和聯合水果公司，輸入數千位契約工協助採收，預計產季結束後送他們回國。大部分是海地或牙買加人，許多人再也沒離開。

瑟內達的母親莎勒・安・艾文（Sarah Ann Ewen）一九二二年拿到牙買加護照時芳齡二十九，受到古巴充滿機會的印象所吸引，從首都金斯敦（Kingston）前往古巴。她乘船抵達聖地牙哥（Santiago），接著走陸路到塔卡霍，她聽說那裡或許能找到同鄉人在古巴發現的好生活。糖廠周遭綠意盎然的山谷讓她想起家鄉，可是這裡並非天堂，對於沒受過什麼教育且無一技之長的單親媽媽尤然。大部分路段未舖設，衛生設備簡陋，糖廠的工作週期意味著一段繁忙勞動、緊接著數月的空閒。那是假使你有工作的情況。莎勒需要找到一份工作，而且要快。當時女人不進糖廠工作，不過她們煮飯打掃，莎勒肯定能做這些事。她開始幫住在破舊宿舍的單身男子洗衣服。日後，廠區的古巴醫生收她當家傭，幫他妻子管理靠近糖廠正門的大房子。這對於莎勒來說是往前邁進一步，有機會為子女開創更好的生活，她決心抓緊機會。然而在一九四一年，她才剛滿四十七歲，一次致命的心臟病發使瑟內達和她的弟弟克里弗蘭（Cleveland）淪為孤兒。塔卡霍的鄰居們收留他們。

無論出於憐憫或需要，那位古巴醫生同意讓瑟內達取代母親的職位，即使她才十三歲，說起西班牙語結結巴巴且從未做過家傭。一天，瑟內達正在擦裝滿糖果的水晶碗，注意到螞蟻在碗裡爬。心知醫生的妻子看見螞蟻會懲罰她，瑟內達想起母親告訴過她把麵包拿近爐火的事。她推想，如果火對麵包有用，就可以拿糖果砵如法炮製。火焰確實趕跑螞蟻，但高溫導致水晶碎裂。醫生太太得知情況後嚴厲斥責瑟內達，罵她是蠢到極點的蠢女孩。

瑟內達發誓絕不再受這般羞辱。

原本那位醫生離職後，瑟內達幫新到任的醫師家庭工作。她的生活持續如此，從一個家庭到另一個家庭，祕密懷抱自己有朝一日成為醫師的夢想。當她幫傭的其中一個家庭在一九四七年搬到哈瓦那，瑟內達決定跟著去。她時年十九歲，相信首都的生活會比較好。無需多久她就領悟，身為未接受教育的年輕黑人女子，無論住在哪裡都沒有資格夢想成為一位醫師。待在哈瓦那幾年，她覺得受夠了，但沒有回到塔卡霍，而是去一座叫關塔那摩（Guantánamo）的城市碰運氣。她聽說那裡的美國海軍基地雇用古巴人並加以善待，尤其是他們說英語的話。

瑟內達在基地的一間托兒所找到工作。每一天，她搭渡船跨越海灣到美國人那側，務必坐進黑人專屬座位。她收入不錯，拿了一些錢去買金飾傍身，以防事態生變。她吸引一位來自海地年輕家具木匠的注意，對方名叫阿里斯提・里蒙塔（Aristede Limonta），也幫美國人工作。他膚色黝黑且俊俏，高大健壯散發魅力，幾年後她會說對方就像是美國歌手貝瑞・懷特（Barry White）。他們相愛並搬進一棟小木屋，位於關塔那摩南區的塞斯培德斯路（Cespedes）與南八街交叉口。瑟內達懷孕時，她向古巴的主保聖人科布雷聖母（Virgen de la Caridad del Cobre）立下神聖誓約，祂的聖堂坐落在聖地牙哥城郊的山丘。如果產下女嬰，瑟內達承諾，她的名字將取為卡莉達（Caridad）。

有段短暫的時間，瑟內達相信自己把在醫師大宅受的羞辱順利拋在腦後，麻煩卻迎面而來。阿里斯提開始對其他年輕漂亮女生拋媚眼，瑟內達試著忽視。當她羊水破了，阿里斯提連忙雇一輛馬車送她去關塔那摩的醫院。一九五六年十二月十八日，她產下嬰兒，是個女孩。但助產士告訴她另一個嬰孩即將出生。

我不能再生一個，現在不能，她告訴護士。我跟孩子的父親相處發生問題。

不管有沒有問題，她懷了雙胞胎。

十分鐘後，第二個女嬰出生。對阿里斯提家來說，產下雙胞胎並非奇事。他的曾祖母瑪利亞據說生下五對雙胞胎。

雙胞胎出生的十七天前，菲德爾·卡斯楚與八十一位反叛同志把舊美國遊艇格拉瑪號（Granma）拉上岸，地點是古巴南部海岸一處視野受限的紅樹林沼澤。這是他們武裝起義推翻古巴獨裁者富亨西歐·巴蒂斯塔（Fulgencio Batista）的災難式開端，後者獲得華府堅定支持，已統治數十年。隨後，阿里斯提正向瑟內達承諾會幫她照顧一對女嬰的同時，巴蒂斯塔吹噓惹麻煩的卡斯楚兄弟已在登陸時遭到擊斃，入侵者幾乎全數身亡。

阿里斯提和巴蒂斯塔都在說謊。

瑟內達實現對科布雷聖母的誓約，將率先出生的女嬰取名為卡莉達·露易莎（Caridad Luisa），另一個小孩叫艾絲貝蘭薩·卡莉達（Esperanza Caridad）。**希望（Esperanza）**與**仁慈（Caridad）**，仁慈與希望。到現在，她相當熟悉阿里斯提的拈花惹草，自覺被他的不忠背叛。不過有雙胞胎嬰兒要照顧，她願意隱忍，再給他一次機會。他們全家四個人共同生活約莫三個月，然後有一晚，喝下太多酒後，阿里斯提毆打瑟內達。

瑟內達傷痛、憤怒，且感到再度被羞辱。她抱起嬰孩放進提籃，在小房子裡四處繞、盡可能帶走他們的財物。然而她省吃儉用買的金飾，理應在這種事發生時成為她的保障，安放在床鋪另一側的櫃子裡，而醉倒的阿里斯提正在床上昏睡。她不能冒險吵醒他，以免再被打一遍。或者更糟，陷入爭搶嬰孩的地步。

瑟內達在身無金飾的情況下溜走，把女嬰帶去她媽媽的一位牙買加朋友家。嬰兒再長大幾個月後，她試圖回去工作，但第一天就在渡船上撞見阿里斯提。他開始用人人都能聽見的音量喊叫，控訴她帶著他的嬰孩逃跑，並且不讓他見小孩。

讓我下船，她大吼，渡船船長讓引擎減速。回到岸邊，她發電報給弟弟克里弗蘭，告訴他到塔卡霍外圍的曼基多（Manguito）車站接她，因為她要回家了。她再也沒有拿回金飾，畢生未婚，但她總是堅稱阿里斯提是她此生第一次、也是唯一的真愛。儘管如此，其後數十年，每當她在廣播聽見貝瑞．懷特的任何一首歌，她都會走離房間。

身為二十七歲的單身媽媽，沒有工作、沒有一技之長也沒地方住，她只剩下兩個女兒，以及絕不讓她們像自己一樣受到虐待的決心。不情願之下，她回到母親死後收容他們的卡門．卡洛（Carmen Caro）屋前，敲了敲門。瑟內達羞愧承認，自從幾年前離開塔卡霍所嘗試的一切都以失敗作收，現在她沒有別人可求助。卡門自己有個大家庭，眾多孩子裡頭包括一個叫谷佳的小女孩，加上孫兒全都住在同一個屋頂下。但是她生性慷慨，在老舊大房子裡為她們挪出空間。

在離塔卡霍不遠的山區，菲德爾向世界揭發巴蒂斯塔對於登陸之事說謊。他與大部分同志掙扎穿越紅樹林時確實遭到飛機低空掃射，可是他們一上岸就設法遁入馬埃斯特拉山的濃密森林，在那裡重新集結。一九五七年初，他召集數十位追隨者共擬武裝起義推翻巴蒂斯塔的計畫，至於倘若排除萬難，果真罷黜獨裁者後會發生什麼情況，則留下模糊空間。那場會議開始前，菲德爾跟他的手下偷偷帶入山區、來自《紐約時報》的一位美國報社特派員談話。赫伯特・L・馬修斯（Herbert L. Matthews）幾天後回到紐約，記者撰寫一系列轟動文章，向世界揭露不僅菲德爾活著，而且他即將贏得對抗巴蒂斯塔的戰爭——在一九五七年實屬誇張言論。馬修斯以熱情讚揚的詞彙描寫菲德爾，把他塑造成古巴的羅賓漢，一位英勇得令人難忘的年輕律師，留著雜亂鬍子，立志要恢復憲政政府並舉辦選舉。

有些戰鬥發生在塔卡霍周圍的山區，但是瑟內達忙著幫糖廠工人洗衣服並扶養女兒，管不著卡斯楚的抗爭。他和他的運動吸引眾多追隨者，到了一九五八年中，美國終於切斷對巴蒂斯塔政府的軍售後，毫無疑問獨裁者的時日已不多。一九五九年一月一日清晨，巴蒂斯塔在數架飛機上裝滿多達四億美元，跟家人和幾位隨員逃往安全的多明尼加共和國；卡斯楚主張那筆錢是從國庫洗劫得來。

跟大多數古巴人一樣，當年才三十二歲的瑟內達在菲德爾接管整個國家時給予支持。她相信菲德爾所承諾會讓全古巴人民生活變好，不分種族或性別。當菲德爾設立國家監視體系並命名為保衛革命委員會（Committee for the Defense of the Revolution，簡稱革命委員會），她成為活躍的一分子。同時，她也加入古巴婦女聯合會（Federation of Cuban Women），由勞烏的游擊隊員妻子畢瑪．艾斯平（Vilma Espín）創辦。當政府在原先的糖廠廠長家中開辦一間小型衛生中心，她得到擦地板和換床單的工作。跟成為醫生的夢想比起來，這算不上什麼，但是對瑟內達和她的小家庭來說形同邁進一步，而且是一大步。

糖廠於一九六〇年收歸國有時，在塔卡霍管事的美國人倉促回國。接管的古巴人確保轟鳴煙囪與日夜輪班繼續支配那裡的生活。他們讓連結每一位工人家和中央交換局的電話系統保持暢通，確保糖廠的哨音在每次輪班開始和結束時鳴響，發出好似巨大消音器上破了個洞的低沉「嗚——」聲，在黎明的微光中，伴隨公雞啼和青蛙嘓嘓叫，喚醒瑟內達和女孩們迎向新的每一天的挑戰。

她們住在一棟**棚屋**（**cuartería**），由十間狹小住房連成長排，每一間都只有單人房大小。簡易廁所位於幾步路外的樹林。她們住在這個家的一九六三年，芙洛拉颶風朝此地席捲而來。風暴力量強大，是有史以來造成最多傷亡的颶風之一。等到瑟內達從她的小電晶體收音機聽見預警，風雨已逼近。衛生中心需要她，於是她把不到七歲的一對女兒從木造棚屋匆忙帶出來，托給住在中心附近堅固磚石屋的一位朋友。女孩們從敞開的前門看著瑟內達，在強風吹襲的街道緩步朝衛生中心走去，緊抓住一片九重葛（bougainvillea）籬笆以免雙腳被吹離地。她們擔心媽媽可能永遠回不來，試著彼此安慰度過長夜。當烏雲在天空翻騰，星星消失無蹤，卡莉唱起四年級老師佩德洛索先生（Pedrozo）教合唱團孩子的一首歌：**問星星夜裡它們是否看見我哭泣**（*Ask the sky if at night they see me cry*）。

當芙洛拉終於轉向進入大西洋，瑟內達獲准離開衛生中心，她去接女孩並帶她們回家。芙洛拉完全夷平棚屋的一端。她們家那段的牆壁仍然挺立，不過屋頂已被扯飛，暴雨打溼大衣櫃，裡頭裝著她們擁有的一切。把還能挽救的收一收，她們再度搬進朋友家。

塔卡霍重建期間，瑟內達成為衛生中心的固定員工。一九六八年，她報名護士助理的培訓課程，地點在奧爾金（Holguín）的一間醫院。九個月的課程結束後，她帶著新的職稱以及關於未來的計畫回到塔卡霍。在她曾擦洗地板的本地衛生中心，瑟內達如今擔任助理護士。她傳出名聲，並且令人畏懼，原因是打針時一視同仁毫不留情，扎進最勇敢到最神經質的每一個人，從不流露一絲遲疑或同情。但是她也向所有人敞開寬厚胸襟，因此廣獲塔卡霍人喜愛。

從卡莉和艾絲貝蘭薩還是小女孩時，兩人的母親就想把兩姊妹打扮得一樣。但是卡莉決心做自己。有一次，她和艾絲貝蘭薩獲邀參加谷佳的生日派對，瑟內達想讓她們穿同款藍洋裝配藍色蝴蝶結髮飾。卡莉另有盤算。她拖一張凳子進衣櫃，拿出一件紅洋裝，求母親讓她穿這一件、而不是藍色那件。儘管任性，卡莉那天爭輸了。然而到了她滿十五歲，古巴女生通常要辦盛大慶祝會時，她已經更常得逞。費了點唇舌，不過瑟內達為女孩們合辦的**十五歲（quinceañera）**慶祝會做準備時，她縫製一件長袖粉紅洋裝給艾絲貝蘭薩，另一件短袖藍洋裝給卡莉。

她們是異卵雙胞胎，身高都是五英尺四英寸，同樣幸運擁有桃花心木般的紅棕亮澤膚色、高顴骨和開朗笑容。但是艾絲貝蘭薩的臉比較飽滿，讓她更像母親。卡莉遺傳到瑟內達的寬齒縫，以及她的堅毅個性。卡莉總是比妹妹更有條理，充滿熱情和戲劇化的天賦。「看看她多麼像個女演員啊，」瑟內達發現卡莉在哭時會這麼說，「她的淚水只從一邊眼睛流出來。」

菲德爾在後巴蒂斯塔時代籌組新政府，美國是最早承認的國家之一，不過兩國關係迅速惡化。菲德爾將部分經濟收歸國有，包括美國的煉油廠、塔卡霍和其他製糖廠，卻未賠償業主，隨後美國總統杜懷特．艾森豪（Dwight Eisenhower）大幅削減糖進口配額並停止出口。一九六二年，總統約翰．F．甘迺迪（John F. Kennedy）擴大制裁到完全的貿易禁運，往後一直如此。

這導致古巴人很難獲得讓塔卡霍糖廠維持運轉的維修零件。但是古巴人設法繼續榨甘蔗並出口糖，大部分銷往出高價收購的蘇聯。菲德爾政府授予塔卡霍及其人民權力。坐落於四月二日大道（Second of April Avenue），原屬於美國廠長的豪宅被隔成多間住房。卡莉和艾絲貝蘭薩可以自由進出塔卡霍的聯誼俱樂部，那裡本來只對糖廠的美國業主和負責營運的白人古巴主管開放。女孩們也能報名文化之家（house of culture）的音樂課，以前對於她們這些年輕黑人來說是禁地。巨變使瑟內達充滿希望，覺得革命真的可以掃蕩她長期蒙受的種族歧視。她們收到明確的訊息，瑟內達和許多古巴人等待已久的訊息：像她的雙胞胎一樣的年輕人不會因為膚色而受限制。即使置身大男人主義（macho）的拉丁美洲社會，身為女孩也不會阻礙她們實現夢想，只要她們努力工作並接受教育。

一九七〇年，瑟內達和女孩們加入其他無數古巴人的行列，傾全國之力瘋狂砍甘蔗，要達到菲德爾的史無前例一千萬噸收成目標。收成不如預期，一股不穩定的政治經濟現實似乎籠罩古巴。菲德爾塑造的強盛革命有其限制。瑟內達也體悟到，她的糖業小鎮陷入絕境。女兒就讀公立寄宿學校，她自己白天在蔗田工作、晚上讀書，下定決心搬回哈瓦那。一旦她找到穩定工作跟住的地方，就會把卡莉達和艾絲貝蘭薩接來身邊。

找工作不如瑟內達想像中容易，然而憑著護士助理證書，她終於在哈瓦那一間醫院落腳。全家團聚後，她讓女兒就讀哈瓦那的學校。兩人成績優秀，有資格選擇大學，可是她們不確定繼續念書是對的抉擇。母親在醫院值班工作十二個小時，累得半死回到家，全都為了她們。姊妹倆想出一個大膽計畫。艾絲貝蘭薩可以成為美髮師，卡莉願意做美甲。只是無法開業，連小生意都不能做，在她們的古巴不行。一九六八年，菲德爾稱之為革命進擊（Revolutionary Offensive）的全國行動展開，接管一切既存的私人公司，無論規模多麼小，並且禁止任何種類的私人企業，連美容院也包括在內。但是女孩們知道古巴女人一向願意為美貌付錢。倆人可以在家幫人剪頭髮、擦指甲油，假使任何人問起，她們可以說只是在幫朋友服務。

她們驕傲地向瑟內達說明計畫，但是她的反應完全不如女孩預期。「絕對不行，」她告訴女兒，斬釘截鐵表示沒有反對空間。她提醒她們，在塔卡霍的醫師家她是如何受到羞辱。「那件事發生在我身上，因為我是一個沒受什麼教育的黑人窮女孩。」她說。歷史不會重演。換母親對女兒剖析古巴生活的嚴酷現實，她告訴她們：「身為年輕女性妳們處於劣勢，因為黑人身分讓情況更糟。妳們必需要加倍勤勞工作，做所有事都付出百分之一百五十的努力，才會被認為做得對。」

她們會去讀大學，沒別的好說。

艾絲貝蘭薩決定去哈瓦那的其中一間大學念建築，對於年輕的古巴共產黨員來說是明智道路。然而卡莉一接觸哈瓦那的音樂、文學和藝術，她就想學習更多文化知識。她愛上文學，尤其是歐諾．德．巴爾札克（Honoré de Balzac）和西班牙詩人古斯達沃．阿道弗．貝克（Gustavo Adolfo Bécquer）的作品。他們使她胸懷無比勇氣，每當難關出現，就像人們常對她的家人做的那樣，卡莉遁入文學尋求慰藉。一次，她目睹母親在整個社區面前自我辯護，有不實指控說她虐待照顧的殘障女孩，卡莉想起貝克的陰暗詩句，頓時覺得自己家人的困境好過一些：

我的人生是一片荒原；
花若我碰觸就變赤裸，
那裡，在我的毀滅之路，
有人種下邪惡讓我採集。

卡莉的成績不如艾絲貝蘭薩優秀。拼字和文法課讓她受盡折磨，不過其他科目都表現得夠好，讓她符合一項新計畫的資格，只要是社會主義陣營成員，所有大學學齡古巴人都可以去國外讀大學。卡莉一心想去東德念藝術史，可是入選者公布時，她發現自己被分派去烏克蘭，在那裡沒有藝術史可讀。一位學術顧問建議她改讀經濟工程學（economic engineering）。「那是什麼？」她不得不發問。經濟工程是東歐的熱門學科，將經濟原理應用於真實世界的問題。但是古巴少有人對這門學科有任何概念，包括瑟內達在內。在她聽來，這不像是一個古巴年輕女生應該追求的學問。依她之見，經濟工程也無法帶來光明前途。

「也許他們那裡開設的科系在這裡不會有用。」她抱怨道。艾絲貝蘭薩選了一條更務實的路，而且能留在古巴。為什麼卡莉不能照著做？

瑟內達拒絕簽署父母同意書，逼迫卡莉求親戚去說服她，到蘇聯國家讀書是一件值得驕傲的事。他們也必須說服她，鐵達尼號船難不必然代表每艘橫渡大西洋的船都注定不幸。儘管內心不情願，瑟內達讓步並簽署文件。卡莉在古巴接受一年語言培訓的同時，政府審查她的背景。提問由本地革命委員會執行，查明她為新古巴奉獻多少青春，以及她是否跟美國的敵人有任何聯絡，對方可能會遊說她叛逃。卡莉久不見蹤影的父親阿里斯提在一九七〇年逃往美國。卡莉從五歲起就沒見過他，多年來音訊全無。不過她決定最好說實話。一位同學隱瞞父親住在佛羅里達的消息，因此喪失出國讀書的機會後，她很慶幸自己透露了一切。

當卡莉接受規定的醫療檢查，驗血結果顯示她貧血，構成她可能被踢出計畫的缺點。到那時，瑟內達已經接納卡莉到世界另一邊讀書的選擇，願意用她的護理技能幫助女兒抵達目的地。母親改變卡莉的飲食，幫她補充維他命，照顧直到她恢復健康。

至於鐵達尼號，瑟內達勉強承認，除了禱告她別無其他辦法確保卡莉平安。

一九七六年七月中，正當美國慶祝建國二百周年，卡莉從哈薩克號（Kazakhstan）的踏板上揮別母親和妹妹。那是一艘停泊在哈瓦那港的巨大蘇維埃遊輪，即將載她與另外兩千位古巴學生橫渡海洋。「船上載滿年輕人，華人、白人、穆拉托人[1]、黑人，我們一律平等，身穿幾乎相同的衣服，帶同款的行李箱。」她回想時滿懷情感。學生們共同感受到一種熱血的同志情誼，因為他們正要去共產主義的發源地，從卡莉讀到與聽說的所有見聞得知，那裡的發展正蓬勃。對於像卡莉這樣的新古巴年輕信仰者來說，卡斯楚推動的變革已經讓他們的家庭獲益，而發起革命已超過六十年的蘇聯代表心之所向的理想。這是夢

1 穆拉托（mulatto）指黑人和白人的混血兒。本書隨頁注皆為中文版譯注或編注。

想成真，一種可感知的真正社會巨變，不是披頭四歌中的那種革命，而是改革社會基本規範，並使黑人窮女孩有機會去國外大學讀學位的那種革命。

當古巴拖船緩緩將哈薩克號拉離碼頭，她不禁想像自己即將前往的理想世界，跟拋在身後的古巴相比會是多麼壯麗。

第二章　比那德里奧

・一九五八年

那棵蜜果樹位於阿圖洛・蒙托托（Aturo Montoto）跟五位兄弟、三位姊妹住的房子後方，成熟茁壯到足以教他們關於自給自足的一課。孩子們因而學會在建築工地兜售母親做的炸鱈魚餅和檸檬水。可是賺的錢有限，因為他們必須買魚和檸檬。後院大樹的蜜果成熟可摘時，他們採了好幾袋、連一分錢硬幣（centavo）都不用付，接著搭公車進城。這種熱帶水果個頭小巧有如一顆大櫻桃，很受城市裡的人歡迎，他們喜歡用牙咬開堅硬外皮，獲取裡面飄散檸檬香氣的果肉。

孩子們搭公車途經廣闊的天主教墓園，這處分界隔開他們住的菲尼克斯（Fenix）街區與比那德里奧市，車繼續爬坡開往兩旁路樹林立的阿拉米達（Alameda），直到抵達理真街（Real Street）。他們跳下車，走下山丘，經過印度飯店（India Hotel）、照相館跟加拿大銀行（Bank of Canada），直到抵達熱火中心（El Fuego），也就是市內最高雅的服飾商場。跟其他的商家一樣，熱火中心把名號自傲地鑲嵌於磨石子地板中。阿圖洛往店家大門外三步的距離坐下，拿著他那袋蜜果。他等待門開時湧出的冷氣涼風，聆聽女人的高跟鞋噠噠聲。「蜜果！蜜果！」他隨即大喊，迅速露出開朗笑容，打開那袋新鮮採收、沒花他一分錢的果實。

一九五五年初，阿圖洛滿五歲，菲德爾與他的反抗軍進入哈瓦那，接下來幾年菲尼克斯沒什麼變。阿圖洛一家住在不起眼的木造屋，後院有蜜果樹，窗戶只裝了護板擋雨且沒有玻璃。他的父親赫速斯繼續修鞋，副業是用帆布和橡膠製作平底休閒鞋（espadrilles）。他的母親艾蓮娜（Elena）沒懷孕時替人幫傭。在家中九個小孩中排行倒數第二，位於城鄉交界處長大，阿圖洛培養出觀察自然的敏銳眼光，欣賞體力勞動和手藝工匠使用的工具。

他的好奇心與學習渴望有時帶他身涉冒險新世界。一九六六年，阿圖洛時年十三歲，他在學校的一張書桌抽屜發現一本英語入門讀本。起初，他不知道那是什麼。他拿給其中一位老師看，老師立刻認出來。那是里歐那多・索薩諾・荷林（Leonardo Sorzano Jorrín）撰寫的《英語入門》（*Libro Primero de Inglés*）。革命前，一代代的古巴兒童都用這本書學習基礎英語。然而在一九六一年豬灣事件（Bay of Pigs invasion）與隔年的飛彈危機

（missile crisis）發生後，英語課程被俄語取代。

阿圖洛把書捧在手心，手指頭滑過封面。「我想學那個，」他告訴老師，「我想學英語。」

老師跟阿圖洛說，自己是個小男孩時就讀同一本書，可是現在禁止使用。眼見阿圖洛的興趣，老師還是同意教他。他們暗中開始上第一堂課：「Tom is a boy. Mary is a girl.（湯姆是一個男孩。瑪麗是一個女孩。）」教敵國的語言可能讓老師丟掉工作，或者更糟，對阿圖洛也會帶來負面影響，但是在他們兩人都沒惹上麻煩前，阿圖洛的父親在比那德里奧山區一間醫院獲得工作，帶全家搬去那裡。阿圖洛跟老師失去聯絡，不過他意外發現不同的英語傳授者，這次明顯帶有美國口音。

在比那德里奧北邊的海岸，從佛羅里達傳來的廣播訊號響亮且清晰，連阿圖洛在家聽的那臺美國無線電牌維克多型號（RCA Victor）老式收音機，都能收到來自西礁島（Key West）的廣播。阿圖洛沒調到古巴廣播電臺，收聽全時段的馬克思主義，反倒猛聽美國搖滾樂，儘管這對於古巴年輕人來說屬於危險行徑。西礁島市的熱門歌曲排行榜（Hit Parade）節目同時擔任他的英語和美國流行文化導師。阿圖洛留長頭髮，希望看起來像專輯封面上的約翰·藍儂（John Lennon）。透過走私輸入古巴，長頭髮或藍色緊身牛仔褲讓年輕男子顯得可疑，無論是**美國支持者**（**proyanqui**）或同性戀，卡斯楚政府兩種人都抓去關。

他不斷被灌輸必須對抗敵人並時時警戒，因為敵人可能「來自內部」。膽敢抱持不同想法的古巴人，最害怕無時不刻在身邊的革命委員會。鄰居會向每個地方的革命委員會主委密報。他們記錄誰沒參加勞動節遊行，誰在菲德爾廣播演說時收聽籃球比賽，誰家屋頂的桶子底下非法藏匿衛星天線，並通風報信給菲德爾令人膽寒的內務部（Interior Ministry），由東德史塔西（Stasi）和蘇聯國家安全委員會（KGB）一手訓練而成。革命委員會主委擁有某些人稱為「**fusilamiento del dedo**」的權力，字面意義是「**動一根手指處決**」，他們可以揪出並譴責從事反革命活動的任何人，端視當時政府如何定義反革命。只要允許某個人借用你的電話打給邁阿密的親戚，就能引來告發並毀掉一生。監視網絡遍布四處，導致古巴人愈來愈怕說出任何怨言。即使在自己家裡，他們避免提到菲德爾的名字，以防有人在聽。相對的，他們膽敢批評**指揮官**（**el comandante**）時會用手撫摸假想的大鬍子。

阿圖洛在革命政府調整教育體制時再度離家，新制規定中學生在學校寄宿，一邊讀書一邊在鄉間工作。這屬於革命思想中的創造「新人（new man）」，以埃內斯托·

「切」・格瓦拉（Ernesto “Che” Guevara）作為典範的獨立、自給自足個人，願意為整體社會的共好而發揮最大能力。阿圖洛學校的學生分配到的任務，是去被煤礦工挖禿的山丘種樹。在野外度過一天後，他的同學憤怒抱怨雙手長繭，顧不著做交代的功課就深深睡去。阿圖洛沒睡，他拿出紙和炭筆開始畫畫。他沒受過正式的美術訓練，卻常研究報紙週日版刊載的經典連環漫畫（comic-strip），對於用視覺說故事的方式感到著迷。他驚嘆人物在說話時，是如何偶爾畫成側面肖像，另一些畫面的人物面對讀者。而在某些畫格中，人物甚至沒出現在版面上。

幾年後，阿圖洛申請省級藝術學院。他的成績優異，老師也寫了極度讚賞的推薦信。入學面談時，教授要他舉出幾位景仰的重要藝術家。

他想了幾秒才回答。接下來，這個從沒去過一間美術館、出身窮街區的窮孩子，承認自己誰也想不到。

「完全沒有？」

阿圖洛感到機會正在溜走。絕望之際，他說出崇拜的連環漫畫家名字。

「那些不是藝術家。」教授不快地說。「他們是插畫家。我說的是藝術史上的重要人物。」

阿圖洛唯一受過的藝術教導，是在古巴雜誌《波西米亞》（*Bohemia*）刊登廣告的函授課程。他要如何得知關於著名藝術家的任何事?他靜靜坐著，拚命試圖想起一個名字。然後他想到了。

「當然，教授。我知道一個有名的藝術家，」阿圖洛說，「『佛羅倫斯巨匠（The Florentine Giant）』。」那是他很久以前看過的一幅連環漫畫標題，以李奧納多·達文西（Leonardo da Vinci）的生平為題材。

阿圖洛進入比那德里奧省藝術學院，且於一九七三年獲得獎學金，赴哈瓦那就讀古巴新成立的高等藝術學院（National School of Art）。十年前，菲德爾和切·格瓦拉在哈瓦那鄉村俱樂部（Havana Country Club）打高爾夫球，在他們擁有一整個富裕國家可以隨心所欲行事、那般醉人革命時光中不算反常的衝動決策下，兩位領袖決定古巴需要一間藝術學院。而革命政府從私人業主手中沒收的上流鄉村俱樂部，正是建校的絕佳地點。古巴建築師里卡多·波洛（Ricardo Porro）攜手兩位義大利建築師，提出音樂、舞蹈和視覺藝術學院相互連結的奇特設計案，帶來強烈的感官衝擊。為了容納不同的學院，他們構思一系列加泰隆尼亞拱頂（Catalan domes），據說暗示女人的乳房。室內庭院裡一座噴泉的造型有如木瓜，這種水果在古巴具有性意涵，連通廊道則讓人聯想起輸卵管。設計案贏得國際讚賞，但是在豬灣事件後，預算支出的優先項目轉往國防，案子的核心理念也跟古巴擁抱的蘇維埃功能主義風格發生衝突。政府不再支持建築師，逮捕其中一位義大利人並指控他從事間諜活動。波洛流亡至英國，藝術學院校園因此從未完工。到阿圖洛進入學院就讀時，波洛的磚造建築與連通廊道已經開始剝落。

這些跟我們的年輕藝術家全都無關。他每天畫畫，享受自己從沒想像過的奢華層級。哈瓦那鄉村俱樂部曾是古巴最豪華的私人場所，相當固守上流貴族特質，連獨裁者巴蒂斯塔都有段時間拿不到最頂級的會員資格，因為他是卑微東方家庭出身的穆拉托混血兒。學生住在閒置的豪宅裡，富裕商人、政府官員和其他特權階級屋主逃離古巴時，什麼都沒帶走。

庭院中有廣闊延伸的花園，讓阿圖洛想起比那德里奧的鄉間。大部分時間他待在一個大閣樓裡，實驗不同的風格也探索色彩、光線與透視。革命伊始，菲德爾就明言古巴藝術家可以隨心所欲自由創作，只要不違背他推行的意識型態準則。他的口號是：「**Dentro de la revolución, todo. Contra la revolución, nada.**（**順著革命，什麼都可以。違反革命，一切都不行。**）」。古巴藝術家比其他社會主義國家同行享有更大的自由，在那些地方，藝術的功能大多限縮於頌揚工人及支持他們的體系。阿圖洛善用官方的寬容去迴避政治。《美國藝壇與藝術》（*Artforum and Art in America*）雜誌依然在校園中流傳，其中他發現安迪・沃荷（Andy Warhol）、羅伯・勞森柏格（Robert Rauschenberg）和傑克森・波拉克（Jackson Pollock），並受到他們的作品啟發。

在大半隔絕於其餘世界的古巴做一位藝術家，阿圖洛畢業後最好的職業生涯是教藝術。他繼續留在校園攻讀碩士學位，在古巴知名藝術家安東尼歐・維達（Antonio Vidal）面前為自己的作品集發言；維達提名他作為聲譽卓著的國立蘇里科夫美術學院（V. I. Surikov Moscow State Academic Art Institute）獎學金得主。然而在阿圖洛赴蘇聯之前的一九七八年被迫捲入一場衝突，讓他對革命創建的古巴心生幻滅。

他從十三歲就加入共產主義青年團（Young Communist League），動機並非支持共產主義，而是出於一個鄉下男孩天生的務實性格。屬於這個團體能帶來特權並開啟機會之門。有天，藝術學院的共產主義青年團領袖，一位名叫羅倫佐（Lorenzo）的學生叫阿圖洛進辦公室，告訴他聽說有學生參與反革命活動。

「他們在做什麼？」阿圖洛問道。

他們涉入未經許可的神祕主義，導致他們背離革命的社會主義意識型態。

他們在練瑜伽。

羅倫佐要阿圖洛查明這些人是誰，隨後動用「動一根手指處決」的權力公開譴責，讓他們被學校開除。

阿圖洛彷彿被逼到牆角。照羅倫佐想要的去做能讓他在青年團獲得良好名聲，卻會違背他自身的正義感。假如他拒絕，可能會失去前往莫斯科的獎學金。讓事態更加複雜的是，他確信自己認識其中幾位惹麻煩的學生。不久前，阿圖洛碰巧遇見阿勒真德洛（Alejandro），他常跟這位好朋友分享書並討論書中想法。阿勒真德洛試圖把手中的書藏到背後。阿圖洛問他發生什麼事。

「坦白跟你說，」阿勒真德洛表示，「這本書你不能讀，你連看都不能看一眼。如果他們抓到我有這本書可能會懲罰我，可是你的下場會更慘，因為你是共青黨員而我不是。」

阿圖洛認為那本書必定是瑜伽手冊，阿勒真德洛試圖隱瞞以保護朋友。阿圖洛不可能舉報他。他回去找羅倫佐，試著講道理卻徒勞無功。羅倫佐指控他企圖保護惹麻煩的學生，誓言要讓阿圖洛被共青團開除，而那會讓他失去莫斯科的獎學金。

阿圖洛對瑜伽所知不深，可是他很快體認到，共產主義體制如何控制偏離僵化意識型態路線的人，或只是與眾不同的人。他衝進羅倫佐的辦公室，警告他停手。無論阿圖洛威脅羅倫佐再不放過這件事的後果，似乎發揮了效用。沒過多久，阿圖洛被共產黨青年團的區域會議傳喚，料到自己絕對會被踢出共青團且被攔阻去莫斯科。然而決策下達前會議就宣布休止。沒人告訴他會中討論過什麼，可是對阿圖洛都不重要了。他已經對古巴式的共產主義認識夠深，決心與其保持距離，儘管他不反對善用黨提供的機會。

第三章　烏克蘭，蘇聯

・一九七六年

基輔（Kiev）離塔卡霍路程遙遠，儘管卡莉告訴自己要堅毅並擁有抱負，外國土地的陌生景色、聲音和味道使她感到難受。她覺得孤單，懷疑自己是否做了正確決定。瑟內達寫信來警告卡莉若是離開太久，恐怕會忘記做一個古巴人的意義。信中向她報告艾絲貝蘭薩上的課、約會對象是哪個年輕小伙子等最新進度，也提醒卡莉，她的男朋友米格爾（Miguel）在等她回家。

卡莉的樂觀精神幾近洩氣。有些日子，只有「問星星」歌謠的字句能拉住她不往下墜。其後，她抵達基輔大約三個月時，好友阿莉那（Alina）帶著興奮的消息來她房間：阿莉那遇見卡莉自從踏上蘇聯土地一直在找的人。

站上列寧（Lenin）國土的第一天實在令人沮喪。在海上度過腸胃翻攪的二十二天後，卡莉站在哈薩克號的甲板遠眺敖德薩（Odessa）城，她預計在那裡換搭前往基輔的小型飛機。天氣陰冷潮溼，視線所及的岸邊堆滿成排醜陋貨櫃，除了倉庫、工廠和工業用起重機以外什麼都沒有。她失望極了。也許她決定離開古巴是個巨大錯誤。

接著她聽見敖德薩的碼頭傳來意外卻熟悉的旋律，有幾個年輕的嗓音在唱**〈來自關塔那摩（Guantanamera）〉**。卡莉讓歷經漫長海上航行的雙眼重新聚焦，並看見那不可思議的聲音來自何方。一群古巴學生站在碼頭上歌唱。他們看起來很開心，聽起來也是。天曉得，她心想，或許他們一開始也曾失望，如果終究能習慣寒冷與灰暗，或許她也可以。可是她有件重要的事必須先處理。在三星期的航程中，她幾乎天天寫信給米格爾，現在她需要信封才能把信寄去哈瓦那給他。她的視線落在一位削瘦、淺膚色的年輕男子身上，他似乎是帶頭的人。「我需要幫忙。」她告訴他。

「別擔心，」瘦傢伙說，在卡莉有機會反對前，他已經衝去掏自己的錢買信封。她封上情書寄回古巴。不過她對阿莉那坦承，瘦男孩很可愛。

她必須把他拋在腦後，全神貫注趕赴基輔的大學。她和其他三個古巴學生抓起他們的手提行李箱，造型相同、僅以顏色區隔——藍色是卡莉和瑪里塞拉（Marisela）的行李箱，米色那兩只屬於何塞（José）和阿貝托（Alberto）。他們的一致性展現令人寬慰的跡象，落實菲德爾所做的承諾：「革命是平等與完全的自由。」他們搭上一架小飛機往基輔出發。

幾個月後阿莉那才告訴卡莉，她在宿舍派對看見那個瘦男孩。她得知他來自卡德納斯，就讀機械工程學校，地點就在基輔。卡莉決定參加下一次派對，當她敲那間宿舍房門，瘦男孩打開門自我介紹。「我叫赫速斯．菲德爾．馬蒂恩佐（Jesús Fidel Matienzo）。就是那個菲德爾，」他自豪說道，「跟指揮官同名！」

赫速斯．菲德爾在卡莉抵達的一年前展開基輔的學業，搭乘一艘老舊的俄羅斯級（Rossiya-class）蘇維埃遊輪橫渡海洋。他趁夏天去敖德薩度假，遇上她的船靠岸，於是幫忙臨時舉辦歡迎儀式。對於兩人的短暫相會他也覺得有點動心，可是就像她一樣，他沒料到兩人的路能再次交會。

卡莉對赫速斯．菲德爾傾心，等她真正認識他之後，他坦承關於名字對她有所隱瞞。他的中間名叫菲德爾不是為了向革命領袖致敬，而是因為出生於四月二十四日，聖斐德理（Saint Fidelis）的瞻禮日。無論如何，在卡德納斯沒人喊他赫速斯或菲德爾，人人都知道他叫皮波，一個在古巴受歡迎的小名。也許皮波對於自己跟卡斯楚的關連撒了小謊，不過他全心相信革命讓他的人生轉變。一九五九年以前，他的父親在卡德納斯市中心的馬拉可夫廣場（Plaza Malakoff）賣蔬菜水果，母親則留在家照顧人口漸增的家庭。一九五九年以後，他的母親就讀大學並成為一位小學老師。他的父親獲派去做鐵道養路工，當他升上領導職位，贏得資格入住跟卡德納斯火車站相連的大公寓。皮波和四個兄弟姊妹在那裡成長，年滿十四歲時，他加入共青團。

卡莉很失望皮波沒在宿舍派對中邀她跳舞，但發現他是個數學奇才時又欣喜不已。除了要跟俄語拼字和文法奮戰，她也在經濟學課程的高等數學遇上麻煩。他們開始一起讀書，而當卡莉與米格爾的遠距離戀愛最終畫下句點時，她跟皮波的關係隨之加溫。

卡莉選讀經濟工程學程並聚焦在輕工業，專攻布料與成衣製造業。起初她跟其他古巴人一起搬進套房，卻很快領悟假如留在那裡，她永遠無法熟稔列寧的語言。她換了房間，加入一群母語是俄語的女生。雖然都是馬克思主義國家，卡莉很快發現她們的不同處多於相似處。卡莉剛搬進去時，有天一位俄國室友的朋友丹雅（Tanya）造訪，她來自亞薩拜然蘇維埃社會主義共和國（Soviet Republic of Azerbaijan）。卡莉自我介紹後，丹雅丟出一連串問題，對於異國風情的古巴生活感到好奇。卡莉描繪她拋在身後的古巴，以及返國後即將參與打造的社會主義新世界。

聽起來很棒，可是丹雅真正想知道的是，在卡莉從古巴扛來的藍色手提行李箱裡，她究竟有沒有帶一條「美國『jeanskis』」。

「再說一遍？」

「你一定有帶一條美國牛仔褲來，對吧？」

當時正值菲德爾毫不寬容布爾喬亞西方文化的高峰，並且嚴禁似乎在歌頌美國價值觀的任何事物。卡莉訝異新朋友對於藍色美國牛仔褲心生羨慕，至於丹雅預期像她這樣的古巴共產黨員，竟會擁有跟資本主義文化如此緊密相連的物品，她更是震驚。後來她跟古巴同學聚會時，把丹雅問自己的問題告訴他們，於是大家全都有自己版本的俄國人「獨特意識型態」故事可講。

「這些俄國人的思維跟我們不一樣。」她對朋友說。

另一件讓卡莉驚訝的事，發生於她在基輔的第一個勞動節，那天她和幾個古巴朋友前往大廣場參加國際勞動節遊行。五月一日的工人權利慶祝活動在古巴向來是個大日子。卡莉會搭公車去哈瓦那的革命廣場（Plaza de la Revolución），站在那裡直到太陽升起，等著聽菲德爾演說。他會滔滔不絕三、四個小時，等到演說結束，她跟朋友繼續留在廣場喝蘭姆酒和跳舞。在基輔，她的俄國室友嘲笑這群古巴人竟然想把時間浪費在參與當地遊行。當卡莉從廣場回來，轉開電視要看蘇聯領導人列歐尼德．布列茲涅夫（Leonid

Brezhnev）演講。其中一位俄國室友起身關掉電視。

「為什麼妳要關電視？」卡莉困惑不解。

「誰想聽那個老人說話？」女孩用俄語回答。

布列茲涅夫時任共產黨總書記，此外還是一位烏克蘭人。在卡莉心目中，他是蘇聯的菲德爾，卡莉覺得室友有義務看他上電視。

「少來我們國家告訴我們該怎麼做。」俄國人對她發火。

日後卡莉寫信告訴母親，她不曉得室友是哪種共產黨員，但她知道她們跟古巴共產黨員絕對不像。

一九七九年春天，在皮波拿到電機工程學位的前一年，他規劃一趟赴莫斯科的校外旅行。其他學生遊覽紅場時，他跟卡莉散步到古巴大使館，完成具法律效力的民事婚姻儀式。瑟內達曾要求他們正式成婚。這在革命古巴屬於過時心態，不過她從自己跟阿里斯提的經驗得知，只要過量蘭姆酒或一抹挑逗媚笑就能輕易瓦解普通法婚姻。儘管相隔數千英里，卡莉不敢違背母親的命令。此外，她已經認定皮波就是命中註定的男人。他聰明又仁慈，渾身運動能量和幽默感。她也知道他的雙親在一起長達數十年。無論母親或祖母都獨力撫養小孩，她決心要擁有不同於她們的婚姻生活。朋友在回基輔的火車為他們安排私人鋪位，一回到那裡，新人就舉辦一場盛大婚禮。他們甚至雇用一位本地攝影師，當他把其中一張婚照擺在照相館櫥窗，很少看見黑臉孔的本地人目不轉睛盯著瞧。

卡莉的室友搬出去，好讓她跟皮波一起住在宿舍。她接在皮波畢業一年後完成學業，以擁有經濟學高等學位與就業保證的已婚女子身分回到古巴。待在列寧國土的五年來讓她眼界大開，見識到比想像中更廣闊的世界。她待在那裡的時間，也有助於理解共產主義有思想上的差異。她明瞭政治奉獻可以到何種地步，以及對黨忠誠伴隨而來的力量和特權。皮波一心想在共產黨中往上爬，力促她取得紅色共產黨證，原因就像他常問的：一個黨忠貞分子的妻子不屬於黨，看起來像話嗎？

在基輔的日子裡，卡莉也發現關於自身的一些重要事物。她在一九七八年懷孕，可是僅僅十二週時，她不得不趕往醫院。卡莉流產後，一位護士來查看她的情況，卡莉問嬰兒是男孩或女孩。還太早了，看不出來，護士說道。接著她用俄語說了一個卡莉不懂的字。

Bliznets。

日後她才明白護士在說什麼。

Bliznets。

雙胞胎。

第四章 莫斯科，蘇聯

．一九七八年

阿圖洛．蒙托托在莫斯科待了六年，畫畫、學俄語，捱過永無止盡的馬克思主義理論。他逐漸明白古巴以某種方式自我發明專屬的共產主義形式，在實質與精神面皆不同於蘇聯體制。不僅是古巴被視為不結盟運動[2]的一分子，或菲德爾剛當上這個群體的領導者那麼簡單。兩國以根本上不同的方式運作。儘管古巴共產黨擁有至高無上的權力，古巴的運轉端視菲德爾．卡斯楚及其家人的個人意識型態。有些人稱之為**卡斯楚主義（castrismo）**，其他人習慣說是「這東西」，一種由菲德爾頑強意志形塑的社會主義概念混和體。哈瓦那向莫斯科伸手拿錢，大把大把的錢，但是菲德爾很少聽從克里姆林宮的命令。

在莫斯科的頭幾個月令人極度沮喪緊張，阿圖洛幾近住院接受治療。情勢扭轉是在他愛上藝術學院的同學後，這位俄國女子名叫艾蓮娜，與他的母親同名。在蘇里科夫美院完成第一年的學業前，他的女朋友生下兩人的女兒，也命名為艾蓮娜。他在莫斯科時邁入三十歲，預計從參與十七年的共青團升入古巴共產黨。正如十三歲那年了解屬於黨的一分子有何利益，他明白黨員資格能幫助自己的藝術家職涯更獲保障。當時古巴年輕藝術家可得的選項不多。古巴的藝術市場幾乎不存在，只有早在革命前闖出名聲的畫家才賣得掉作品，而且連他們也收入不高。「我們完全無意成為出名藝術家或賺很多錢，」阿圖洛憶述，「我們只專注在藝術並盡可能多學習一點。我們想更專精在自己做的事情上。」唯一務實的職涯是教書，而黨員身分能讓他搶占先機，獲得與所受訓練和專業相襯的肥缺。但他看過太多了，從企圖對練瑜伽的藝術學生設圈套，到他在莫斯科生活期間的持續監視，他無法對心生厭惡的意識型態保持忠誠。當古巴官員要求阿圖洛說明，在黨為他做這麼多之後想退黨的原因，他告訴他們，坦白說，加入共青團就是錯誤，他真心為此感到懊悔。

他在一九八四年回到古巴，身邊沒有他的俄國女友、俄國女兒或他的共產黨員證，對於未來會如何也沒有確切期待。跟其他拿到國外學位回古巴的學生一樣，他必須等待政府給他一份工作。當阿圖洛接獲國家指令，他可以選擇到中部的卡馬圭省（Camagüey）

2 不結盟運動（nonaligned movement）成立於冷戰時期，泛指不與美國、蘇聯兩強結盟的國家。

教小學生美術，或者去南岸近海的松島（the Isle of Pines），後經政府改名為青年島（Isle of Youth）。他以古巴人典型的狂妄舉止，拒絕接受任一職位。「我不想讓你覺得我很自負，或者自視甚高。」他告訴上級長官。在莫斯科，他獲頒壁畫師的官方頭銜，是唯一獲此殊榮的古巴人，他覺得這遠超出教幼兒美術所需的資格。他全心贊同學習欣賞藝術對於兒童相當重要，可是有其餘許多沒在蘇里科夫美院待六年的人能幫他們實現目標。

由於古巴對於某些藝術家特別縱容，這次他辯贏了，可是並未爭取到他自認應得的高尚職位。他被派去哈瓦那一所學校負責照相工作，同時也要教孩童攝影。這跟阿圖洛熱愛的繪畫相去甚遠，然而拒絕其他職位後，他的選擇不多，只能接受這項工作繼續過他的日子。但首先，他必須找到一個地方住。

他一點都不想回去比那德里奧，也沒辦法申請藝術學院的學生宿舍。從各省湧入的人潮使得哈瓦那市中心過度擁擠，不可能找到適合這份工作的像樣住處，他決定去找弟弟胡安（Juan）。胡安住在哈瓦那舊城區另一側的古玩店裡，位於叫關那巴科亞的小鎮，讓阿圖洛聯想到比那德里奧的菲尼克斯街區，恰好夾在城市與鄉間交會處。在劃入哈瓦那十五區的關那巴科亞，阿圖洛發現殖民時代的教堂、正式的城鎮廣場，以及位於城郊，好幾英畝的自給農田。即使要花漫長的時間跋涉，還是離他工作的哈瓦那夠近。

關那巴科亞在行政層面併入首都已達數十年，但仍舊跟哈瓦那代表的一切保有相當距離。踞於極度富含礦藏的中型山丘，以至於十九世紀初期，在亞歷山大・馮・洪堡（Alexander von Humboldt）遊歷古巴時吸引他的注意。這座城鎮幾乎跟哈瓦那本身同樣古老。有歷史記載以來，關那巴科亞一直被世界知名的鄰城遮蔽，但這不代表居次者就胸無大志。十六世紀初，此地被稱為「**關那巴科亞土著村（el pueblo de Indios de Guanabacoa）**」。歷史學者認為，村中包括一小群從西班牙征服者暴行及疾病下倖存的泰諾人（Taino），以及來自猶加敦半島（Yucatan）和佛羅里達的其他部族浪遊者。一五五五年，哈瓦那遭受法蘭西海盜賈克・杜索（Jacques de Sores）攻擊，古巴的政府所在地短暫移往關那巴科亞，產生「就像把哈瓦那放進關那巴科亞」的說法，古巴人會在某件過大物品塞進太小空間時這麼說。這座城鎮喜愛自誇在古巴歷史重大事件中扮演的角色，從一七六二年大英帝國入侵古巴——當時人稱為佩佩・安東尼歐（Pepe Antonio）[3]的市長帶領本地居民阻擋進犯的英國軍隊——到起義對抗巴蒂斯塔的險惡巷戰。鎮上街道啟發了

3 市長全名為何塞・安東尼歐・戈梅茲・布尤內斯（José Antonio Gómez Bullones），佩佩是何塞的暱稱。

麗塔·蒙塔內（Rita Montaner），她位於最受歡迎的古巴歌手之列，以及古典樂譜曲家埃內斯托·里庫歐那（Ernesto Lecuona）。人稱波拉·德涅維（Bola de Nieve）的彈唱藝人在離鎮中心不遠處長大。儘管歷史有聲有色，少有遊客或全國政治人物造訪此地，異乎尋常的非洲祕密結社與基督信仰結合，加上兩座猶太墓園，構成古巴文化複雜性的象徵。即使在一九七六年重劃後喪失濱海地帶，且古老的城鎮核心逐漸不幸地疏於照顧，關那巴科亞仍是官方指定古巴歷史遺產的一部分。

阿圖洛搬進他自己蓋的小棚屋，位於鎮上地勢崎嶇、未鋪設道路的一區，雞啼迎接拂曉，蘭姆酒的供應比市鎮自來水還穩定。他在鄰居眼中是一位外來者，他們大多讀到九年級就沒上學了。然而他欣賞鄰人生活的純樸，他們也尊敬他。幾年後，當他在曾讀過的高等藝術學院獲得教繪畫的職位，鄰居開始稱他為「**El Profe**」，**教授先生**。

他邊教書邊畫畫，他們從不打擾他。直到有一晚，他從課堂回家途中經過一場戶外集會，聽見有人喊他。「**教授先生**，到這裡來。」他偶然遇上本地選舉的提名會議。古巴近日修改精心規劃的選舉制度，好讓權力不大的地方層級、主要屬儀式性職位的區候選人，能在鄰里會議上獲得提名。

我們覺得你應該選，他們告訴他。他搖搖頭說不，左右甩動沒梳理的長髮。「看看我。」阿圖洛說。他是波西米亞藝術家的典型，只比傳說中披著斗篷與破布衣遊盪哈瓦那街頭、直到一九八五年過世的巴黎紳士（Gentleman of Paris）[4]稍稍體面些。他的褲子鬆垮，鞋子磨破，對於卡斯楚政府的態度遠非忠誠。「你們不會想選我。」他說道。

但他們堅持要選。一位鄰居舉起手，請求發言許可。「我提名**教授先生**。」提名人用模稜兩可的詞彙描述阿圖洛，不冒犯誰且僅有部分屬實，說他是從國外藝術名校畢業的傑出藝術家、愛國人士和真正的革命者。完全不提他的實際政治觀點全然跟卡斯楚政權唱反調。經過全體通過的舉手表決，結果出爐。阿圖洛・蒙托托成為關那巴科亞區代表的候選人。他拍了照，為單頁的個人簡介提供資料，這就是任何候選人獲准籌備的唯一競選活動。他不能舉辦任何競選集會，禁止在報紙刊登廣告，也未獲機會在電視上亮相說明任何政見。在古巴版本的選舉中，選民必須單憑投票所張貼的簡介做決定。

委員會中負責記錄票數的人告訴阿圖洛，實際上他得到最多票。可是你必須了解，他們告訴他，讓現任代表連任是件重要的事。

4 巴黎紳士的本名為何塞・馬利亞・洛裴茲・葉丁（José María López Lledín），出生於西班牙，患有妄想但心智並未退化。自四〇年代起成為哈瓦那街頭名人，直到八十五歲過世。

阿圖洛鬆了一口氣。他會是一個糟糕的代表，他就是知道。他從沒想過自己有資格代表鄰居，不過他察覺鎮上居民的接納，並對於本地的文化和歷史欽佩不已。關那巴科亞區博物館（Guanabacoa Municipal Museum）來找阿圖洛幫一項建築史專案拍照時，他把握這次機會。即使在二十世紀轉型成為輕工業中心，關那巴科亞仍保留眾多歷史建築和悠久傳統。何塞馬蒂大道（José Martí Avenue）是鎮上最主要的街道，從正對中央公園（Central Park）的區政大樓，往北到布蘭卡高速公路（Vía Blanca）這一段，兩旁林立歷史建物，擁有多棟具建築代表性的立面。本地建築師瑪利亞．尤亨尼亞．羅裴茲．洛西奇（María Eugenia López Rossitch）的家族，革命前在關那巴科亞擁有一座工廠，她獲聘調查何塞馬蒂大道兩旁的建築。她的研究成果將成為關那巴科亞遺產保存的藍圖，此地的豐厚歷史曾與千里達（Trinidad）相提並論，那塊位於古巴南部的殖民文化瑰寶於一九八八年經聯合國教科文組織指定為世界遺產。阿圖洛依據她的建築評估，為建物拍攝照片。密切並肩工作後，他們發展出私人關係並邁入婚姻。新婚夫婦定居的地點不完全屬於城市，也不完全是鄉下。

在關那巴科亞。

第五章　關那巴科亞

・一九七九年

從瑪利亞・德卡門・羅裴茲・阿瓦瑞茲有記憶以來，往事就一直存在她家鄰近關那巴科亞市中心的老房子裡，傳統也始終圍繞在她身邊。她和父母親跟姨婆瑪利亞・德卡門（María del Carmen）同住，姨婆正是她的命名由來，也是關於失落過往的活生生代表。老太太叫她「瑪利（Mari）」，她則是喊「達達姨婆（Tata）」。她們擁有共同的名字，儘管年齡落差很大，卻擁有許多同樣的熱愛。她還只是個小女孩時，她張大眼睛聽達達的西班牙帝國軼事，卡斯提亞王國（Castile）與亞拉岡王國（Aragon）的戰爭，有時是達達的父親、瑪利的曾祖父，據說死於中風前在古巴開創新生活的家族故事。

「發誓妳永遠不會把我對你說的告訴任何人。」達達說道，她的聲音輕得像蝴蝶翅膀傳來的風。「我是不是說過父親中風的事？那不是真的。事實是爹地失去一切，他太羞愧就自殺了。」

對於古巴的天主教家庭而言，自殺曾是難以啟齒的事件，是需要遮掩的汙點。可是許多年前，導致瑪利曾祖父自殺的恥辱純屬誤判，家中的財富損失只是一時受挫。他真正的遺產是一間位於科洛法索街（Corralfalso Street）的小房子，成為後代子孫的北極星。那不是關那巴科亞最老、也不是最宏偉的宅邸，卻很可能是由同一個家族擁有最久的房子——考量到自一九五九年起財產權是如何被擾亂，這絕非易事。當政府將一切收歸國有，包括最大的辦公高樓到最小的街角商店，私人住宅僅有在屋主自住的情況下才能倖免。

從外表看，這棟老房子似乎在跟時間抗衡，英勇抵禦科洛法索街上的垃圾堆與周遭一切的全面腐朽。厚重的木製大門受到層層紅漆保護，比街道高出七階，將混亂外界跟涼爽陰暗的室內分隔開來。儘管如此，當馬匹拉動老舊車廂嘡嘡路過，聲音穿透未裝設玻璃的窗戶流入，恍如一個多世紀前必然有過的場景。磁磚地板上的玫瑰色塊旋繞著米色和一抹淺綠，跟瑪利的曾祖母尤絲托奎亞（Eustoquia）試著順從一個既沒想像過、也不願意要的未來時，踏行的是同一地磁磚。高懸的玻璃吊燈，是古巴抗軍擊敗西班牙人、贏得殘缺的古巴獨立後，尤絲托奎亞坐在底下思索家人幸福安寧的同一座吊燈，依舊在瑪利有訪客時照亮前廳。一面牆上仍然掛著瑪利的裱框肖像，影中年輕女子身穿西班牙舞者的正式皺褶裙和衣領，一把蕾絲**佩內塔插梳**（**peineta**）妝點她的金色卷髮。照片下方的大理石底座上，青年凱撒的墨黑半身像盯著房內另一端的拉斐爾石膏半身像，兩座雕像都是瑪利的母親就讀藝術學院時的創作。瑪利的傳統木搖椅面對另一張搖椅，如同尤絲托奎亞時代或曾有的情景，兩張椅子常繚繞剛煮好的古巴咖啡香氣，甜度驚人，沒日沒夜倒至小杯子裡飲用。

在餐室，有一瓶顏色像陳年乳酪外皮的小罐子放在顯眼處。達達跟瑪利說過許多關於那個罐子的故事，一邊等著睡意找上她們倆。那時是十九世紀下半葉，達達的母親尤絲托奎亞從西班牙北部阿斯圖里亞斯地區（Asturian）的希洪港（Gijón）出發，搭乘簡陋的三桅木造帆船展開長達一個月的煎熬航程，前往古巴殖民地去見她的丈夫，那裡是傳說中西班牙的新世界寶地。算是艱辛旅途所能期待的最好情況，在哈瓦那下船時晃動極其劇烈，導致尤絲托奎亞發誓絕不再搭上另一艘船。她的嫁妝大多在這場颶風中遺失，只剩下原本裝滿椰棗乾的橘色果醬瓶。

尤絲托奎亞被帶往關那巴科亞的親戚家，幫她做婚禮前的準備。她將嫁給一位西班牙裁縫師，在城裡擁有生意興隆的小作坊。西班牙在新世界的殖民地大多已獨立，然而古巴對於馬德里太過珍貴，不可能未動干戈就放棄。此外，許多富裕的古巴人多半擁有歐洲血統，他們更擔心島上滿是黑人人口，獨立後恐將古巴變成另一個海地。

婚禮在城裡最古老的聖靈教堂（Church of the Holy Spirit）舉行。整場儀式期間，不安的新郎在高燒中表情扭曲，不得不請醫生來。診斷為天花的三天後，尤絲托奎亞成為寡婦，而丈夫的名字散佚於歷史中。

年少寡婦很快就吸引另一位阿斯圖里亞斯人的注意，他隻身來到古巴。胡安·馬努艾·阿瓦雷茲－阿瓦雷茲（Juan Manuel Álvarez y Álvarez）住在自己的咖啡園裡，位於哈瓦那以東約一百二十英里的科隆（Colón）。他前往首都採買日用品途中經過關那巴科亞，沒多久就拜倒在尤絲托奎亞的裙下。身為謹守教條的天主教徒，她等候三年才重返聖壇。她立刻賣掉第一任不幸丈夫的哈瓦那作坊，搬進科隆的咖啡園跟胡安·馬努艾一起住。

到了隔年四月，古巴抗軍逼近科隆。一天，種植園的寧靜生活畫下句點，反抗人士騎馬奔向主屋，喊叫要這家人交出他們的馬。胡安拒絕牽馬出來，他告訴抗軍，家中的馬從來不曾與古巴人對戰，而身為一個西班牙人，他也不允許自己的馬被用來對抗國王。他拿出手槍，把馬全部射死。抗軍威脅要殺他，但是胡安十三歲的女兒，也就是瑪利的達達姨媽擋在他們與父親之間。

> 也許我是西班牙人的女兒，可是我在這裡出生，我就跟你們一樣是古巴人。

抗軍掉轉馬匹離開，但在那之前放火燒這家人的房屋和田地。財產遭毀，又面對戰爭和報復的不確定未來，胡安結束自己的生命，讓尤絲托奎亞再一次成為寡婦。

每當瑪利重述這椿壯闊的古巴傳奇，她不得不承認自己並不清楚其中多少屬實。但她在瓷器櫃中保留一份泛黃文件，至少能證實部分情節。靠著胡安藏起沒讓抗軍發現的錢，寡婦在關那巴科亞買下一棟房子，養育家庭並支持勢力依然強大的西班牙王室。舊權狀上顯示，在一八九七年四月二十八日，尤絲托奎亞四十二歲那年，她給付前一任屋主安赫・里希－裴拉爾（Ángel Rigil y Peral）五百枚西班牙金披索[5]，買下科洛法索街上房屋的所有權，對街是公教學校神職修士會的院落。尤絲托奎亞把家當裝在兩輛四輪馬車從科隆搬來，帶著從西班牙來時旅程倖存的橘色果醬瓶，以及她設法從火場挽救的任何物品，包括一只大陶缸。

瑪利成長期間，陶缸擺在天井中，旁邊是她的娃娃屋。她未滿四歲，菲德爾距離勝利還有一年，這時父母親帶她去幾個街區外的天主教女校奇蹟之家（La Milagrosa）。瑪利

5 西班牙金披索（Spanish gold pesos）指的可能是比塞塔（peseta）金幣，從一八七六年起，陸續發行面值二十五分、十分、二十分和一百分的金幣。

還太小不能上正規課程，但年紀已足以嘗試父母認為能讓她投入的某樣事物，也可以沉浸於祖先的知識之中——傳統西班牙舞蹈。

她開始上正規課程後，父母讓她繼續念奇蹟之家。卡斯楚當時權力剛獲得鞏固，正因如此，有一陣子革命離她的生活遙遠。她受教於聖文森．德保羅慈善修女會（Daughters of Charity of St. Vincent de Paul），姊妹頭戴的白亞麻修女帽據說宛如燕子翅膀。一直到瑪利讀三年級，革命對她而言才成為現實。當時卡斯楚政府徵收所有的私立學校，並且禁止宗教團體從事教育。修女被送走，奇蹟之家變成一所公立高中。瑪利要越過科洛法索街去讀公教學校，那間名聲卓著的天主教男校已經變成男女合校的公立小學。可追溯至十八世紀初期的學校建物和修道院成為古巴政府的財產，然而毗連的教堂仍由神職人員管控。

瑪利就讀公教學校的第一天，學校更名為赫速斯．加雷（Jesús Garay），紀念在豬灣事件中身亡的一位軍人。瑪利是班上僅有的四個女孩之一，男孩子則超過二十五人。她身形纖瘦且受寵，是個獲得雙親溺愛的膽怯女孩。新學校的唯一慰藉，來自她對於公教學校的熟悉。每一年父母都帶她過街，踏入有一座等身高度耶穌雕像的主庭院慶祝神父生日。

六年級時母親給她一個驚喜，是一件自己設計縫製的薄外套。這件美麗的紅色外套，領子和口袋周圍都滾著白兔毛。在一九五九年以前，這會是一件有型有款的外套，讓關那巴科亞中產階級家庭的女孩開心收下。可是當她穿著兔毛紅夾克去上學，同學嘲笑她，說她是**被寵壞的小鬼（niña bitonga）**。於是她再也不穿那件外套去學校。

然而她建立起與過往家族歷史的連結，這讓她有勇氣挺身面對嘲弄。瑪利滿七歲時，沒結婚、也沒有小孩的達達姨媽給她一枚樣式簡樸的金戒指。那是達達的母親尤絲托奎亞給她的七歲生日禮物，而尤絲托奎亞也是在七歲時收到這枚戒指。在細戒圈上，黑琺瑯和小寶石鑲成十字架、心和錨的形狀，代表信仰、希望和仁慈。每一天，去其他學生偶爾捉弄她的新公立學校時，瑪利都戴著這枚戒指。

瑪利準備上大學時，面臨她人生中最艱難的決定，同時考驗她的勇氣與信念。古巴的大學不收學費，可是入學前需要通過個人評量，測驗學業資質和革命心態。接受面試那天她被帶進一間教室，黑板上寫著五個問題。對她來說毫無意外，從九年級起她就一直回答同樣的問題。成績和個人紀律不成問題，對她不是。活動呢？當然是西班牙舞蹈。可是來到寫在最後一列的第五題，正是這個問題使她失眠。她知道自己答題的方式會影響接下來的人生。

第五題：你相信神嗎？

如果回答不相信，她可以成為共青團成員的有力候選人。屬於這個團體可以開啟許多門路，如同皮波和阿圖洛的親身體驗，最終也能為共產黨員資格鋪路。進入古巴或其他社會主義國家最優秀的大學，雀屏中選去做一份好工作，在新公寓的等待名單往前移——全都變得更容易，只要她回答不相信，即使那違背她主張的一切。

然而回答相信，將使她被標記違背革命思想，那會帶來後果，也許長達一輩子。

輪到瑪利接受評量時，她回想起在奇蹟之家第一次領聖餐，以及曾在公教學校望彌撒，她知道尤絲托奎亞生前習慣參加早晨六點十五分那場彌撒。她想到自己的父親從未加入共產黨，若是問他會答：「只有我的枕頭可以確定我在想什麼。」答覆關於宗教信仰的問題時，她依照幾位對政治較敏感朋友教導的方式回答。

「我不認為我有資格加入共青團。」她說。

她試圖減輕拒絕背棄宗教的影響，可是在其後的數十年，她逐漸領悟自己在古巴的人生從那一刻起已然脫軌。由於拒絕接受卡斯楚的共產主義官方意識型態，並牴觸他禁止信神的命令，瑪利等於是在挑戰整個體制，也為此付出沉重代價。她被剝奪希望獲得的教育、渴求的職涯及認可她才能的升遷。她在自己的國家裡遭到放逐。

在大學預科課堂上，瑪利的化學表現優異，並且對微生物學相當感興趣。可是，相對於希望就讀的頂尖研究中心，只有一所獸醫學校肯收她。瑪利畢業時，共青團再度評量她，這次審查她的工作能力，好決定她該獲得什麼樣的工作。他們在學業成績打了高分，卻貶低她的革命行為。她的審查總結只有兩個字：冷漠。

她不是一個好共產黨員。

她知道這是真的。即使撇開無可動搖的宗教信念，她個人的天性也排斥共產主義意識型態，及其強烈要求的狂熱公開表態。她不曾經歷日後成為古巴學童行為準則的灌輸教育。身穿白裙，繫著紅色或藍色領巾，複誦組織的格言：「做共產主義的先鋒。讓我們像切一樣！」她一向對於集會中要求的遊行、喊叫、敬禮感到不安。在卡斯楚時代的開端，她的父母相信支持新政權有益，可是當政府愈發介入日常生活，他們的容忍度繃到極限。科洛法索街房屋後方的小車庫被徵收之際，構成壓垮她父親的最後一根稻草。他從未公開批評發生的事，可是從那時起，他拒絕涉入其中。那是許多古巴人自我調適的方式，藉以面對周遭發生的一切。他們曾歡慶菲德爾和他的抗軍征討巴蒂斯塔，可是真正的革命在他日後轉向共產主義才到來。瑪利的父親不允許在餐桌上討論政治，儘管他認為妻子參與古巴婦女聯合會是在浪費時間，他把批評留在心中。在除此之外完全封閉的生活中，他的大部分精力保留給唯一真正的熱愛，車子。

革命前，古巴的人均汽車擁有量在世界上名列前茅。一九五九年以後，美國禁運使得車輛進口變得困難許多，然而古巴的汽車熱並未消退。關那巴科亞依舊滿滿都是車，有各種車款：凱迪拉克（Cadillac）、雪佛蘭（Chevrolet）、道奇（Dodge）和奧斯摩比（Oldsmobile）。尾翼有如鯨魚的普利茅斯車（Plymouth），鑲嵌仿舷窗的別克車（Buiks），還有福特（Ford）、幾輛斯圖貝克（Studebaker），以及一些像辛爾（Singer）、沃克斯赫（Vauxhall）等造型方正的英國車。瑪利的父親佩德洛・何塞・羅裴茲（Pedro José López）疼愛家人，也珍惜庇護他們的老房子。但是沒什麼比得上他對於家裡那輛戰前福特車的迷戀。他過度關切這輛黑色轎車，建立了一套嚴格的使用規範。每當他開車，妻子要坐在他身旁的副駕駛座，而獨生女瑪利要坐在後座。只有另外一個人可以跟瑪利一起坐後座，而且要符合他定下的體重限制，以免使福特車的懸吊系統負荷過重。瑪利成長期間不免懷疑，雖然她是父親生命中的閃耀光輝，有的時候也許他更愛他的福特。

因為父親愛他的福特，瑪利也愛這輛福特車，不過有時她會嫉妒它。成年後她求父親教她開車。佩德洛有耐心，可是他不放心把福特車交給任何人，即使是自己的獨生女也不行。每當一堂駕駛課結束，他會移動到駕駛座，擦掉她留在巨大方向盤上的汗水。他也會擦拭排檔桿。

最終，取得零件變成一項艱難考驗，佩德洛不可能接受其他古巴人的尋常做法——裝設俄羅斯拉達車款（Lada）的變速箱，或是把通用汽車的底特律柴油V－8引擎換成日本製的迷你直列四缸引擎，使美國經典車的原始設計蒙羞。他賣掉他的福特，從此再也不開車。

佩德洛傳達的極度保守天主教價值觀，結合尤絲托奎亞的遺緒，使瑪利深繫於科洛法索街的房子。當數千忿忿不平的古巴人在一九八〇年攻占哈瓦那的祕魯大使館，促使卡斯楚開放馬里埃爾港（Mariel Harbor）給任何想離開的人，瑪利放棄了親戚在船上為她保留的位置。對於曾經身穿兔毛領外套去上社會主義學校的女孩來說，留在關那巴科亞令人不自在，可是離開她一直居住的房子是無從想像的事。尤絲托奎亞的陶瓷果醬罐提醒她，儘管古巴政府時常從一九五九年起算歷史，她的根扎得更加深長。她常覺得自己是在錯誤的時間來到錯誤的地點。少有嗜好能像歌頌主宰古巴近半個世紀的殖民文化，讓她顯得跟革命更不合拍。

然而對瑪利而言，傳統西班牙舞蹈成為她的世界、她的人生熱忱、她的福特車。

瑪利並未繼續研讀微生物學，而是在一九七八年被派往掌管古巴鮪魚捕撈船隊的部門，監督單調卻必要的食物安全檢驗。這項乏味工作成為她夢想從事精密科學的失色版本，不過還是存在一絲慰藉。鮪魚船隊停泊在哈瓦那海濱，距離關那巴科亞不過是一段公車的路程，那代表她可以繼續住在科洛法索街的老房子。每天早晨，她從關那巴科亞搭上老舊的九十五路公車，在哈瓦那舊城區的埃希多市場（Egido）前下車，步行一小段路到海邊。沒多久她就發現從公車站往另一個方向走半個街區，林皮亞斯聖克里斯多福禮拜堂（chapel of Santo Cristo de Limpias）坐落在市場與一棟公寓樓之間，供奉著一個二十世紀的神蹟。一九一九年，大批虔誠天主教信眾把西班牙林皮亞斯村的聖彼得教堂（church of St. Peter）擠得水洩不通，要見證據說會眨眼並流下血淚的十字架基督聖像。一九四〇年代，方濟嘉布遣會（Capuchin）的修士在哈瓦那修建這座禮拜堂，且於卡斯楚治下宗教迫害的最黑暗年代維持開放。

瑪利通常在傍晚五點十五分下班。有時她路過公車站繼續走到禮拜堂，趁著六點的彌撒開始前，跟駐地修士哈辛托神父（Padre Jacinto）聊聊。她試著在沒人看見的情況下悄悄進出禮拜堂。她的記錄上不必再添一筆負面註記。接著有一天，她去見哈辛托神父時撞見他正在跟另一個人說話。她當下的反應是跑開，可是神父聽到她高跟鞋的嗒嗒聲，轉頭看見她，他的交談對象也是。瑪利認得他。她曾在一艘鮪釣船上見過他的卷髮和粗獷外型。他似乎跟她發現他在那裡同樣驚訝。他們的眼神交會，明白彼此都是基於相同理由來到相同禁地，一種理解在兩人之間滋長。

在那天後，每當他們工作時見到彼此，都會交換祕密共謀者的那種笑容。洛曼・卡爾沃（Román Calvo）跟她同為天主教徒，一樣生於關那巴科亞，也是在天主教學校開始接受教育。他跟瑪利以前互不相識，然而現在體認到兩人不僅一起工作，而且都願意為了信仰甘冒受懲罰的風險。他曾計畫上大學讀數學，後來卻愛上海洋。他的職等從未晉升至船長以上，因為他拒絕加入共產黨，關於個人操守帶來這樣的後果，瑪利心照不宣。

第六章　哈瓦那舊城區・一九八一年

卡莉從基輔帶著丈夫、經濟工程學位，以及對於蘇聯共產主義跟她所信奉古巴體制間差異的理解歸國，不久後她獲得第一份工作。一紙電報指派她到哈瓦那舊城區的紡織業辦公室，向童衣部門的人事主管報到。

「妳是誰？」人事主管在她走進歐萊利街（O'Reilly Street）上的辦公室時提問，數十年後，這裡將成為哈瓦那舊城區的旅遊區中心。

「一位工程師。」卡莉回答。

「工程師？」他瞪著這位年輕黑人女性。「妳是哪種工程師？」

當她說明自己是從基輔大學經濟工程系畢業，人事主管看起來困惑不已。

「那是什麼？」他問道，複述卡莉的母親五年前提過的問題。「妳要不是經濟學家，否則就是工程師。」

卡莉告訴他，自己接受過生產規劃與工作效率最大化的現代方法訓練。

他看起來還是很困惑。假如她是一位經濟學家，他知道該把她安插在哪裡，假如她是工程師也一樣。可是這個飄揚過海而來的奇怪新分類，頓時難倒了他。「好吧。」最後他說，只是為了繼續下個步驟。「我們會找到某個職位。」

她被安排去規劃薪資和工作流程，判定諸如一位女裁縫每天該縫製多少件襯衫或床單，以及該工人需要的物料和薪資。卡莉在基輔受的訓練使她處理工作極度嫻熟，迅速獲得晉升。隨著她在部門中升職，她承受要更涉入共產黨的壓力。卡莉時年二十八歲，是一位盡心盡力的工作者，也是古巴新面貌的真正信奉者，但是她不確定自己想涉入共產黨員生活的政治層面。皮波從兩人還在基輔時就曾鼓勵她加入共產黨，可是當她詢問母親該怎麼做，瑟內達堅持女兒為國家付出的已然足夠。卡莉告訴母親，她想盡自己所能去幫助古巴，可是母親說她傻，認為她並未真正明白古巴變成什麼模樣。

卡莉離國時古巴已歷經改變，在菲德爾一掌權就流亡海外的富裕家庭外，許多人漸漸厭倦了等待革命實現承諾。在引發馬里埃爾危機的祕魯大使館長久暴力對峙期間，她仍然在基輔。她沒看見被放出監牢的暴躁罪犯，或是被趕出療養院的困惑精神病患，在菲德爾一聲令下被迫搭上從邁阿密來的船，前來接走他樂意之至擺脫的反社會敗類。瑟內達承認她也變得厭倦革命，曾經想跟其他所有人一起離開。可是她不想在卡莉相隔千里時離去。而且還有另一個理由：在關塔那摩基地幫美國人工作時的種族歧視經驗，使她對美國保持戒心。

她告訴卡莉，底線要謹慎提防，古巴並不如妳所想像的一般。接著有一天，她做出使卡莉困惑不安的事，她蹣跚走向矮櫃，手裡拿著某樣東西回來。「妳看這個。」瑟內達舉起一本破舊的牙買加藍色護照，那是她母親莎勒・安・艾文在一九二二年踏上古巴時出示的護照。裡頭有一張年輕黑人女子的照片，凝視著她既渴求又恐懼的未來。「有一天，如果妳決心找方法離開古巴，妳可以用這本護照。」她說。她的訊息很清楚。妳的祖母離家去找尋機會，有一天妳可能會要做同樣的事。

卡莉的情感受到深深傷害。她不可能認為自己是古巴人以外的任何身分，離開她心愛的家鄉更是無從想像。不顧母親的提醒與怨言，她同時加入共青團和共產黨。在協助勞烏之妻艾斯平於哈瓦那舊城區設立**雙輪馬車**（**Quitrín**）計畫後，她也成為古巴婦女聯合會的活躍成員。這項計畫為縫製古巴傳統服飾的女性帶來工作機會，主要製作白色波浪洋裝和硬挺的古巴男裝白襯衫**瓜亞貝拉**（**guayabera**）。卡莉十分仰慕艾斯平，她曾與菲德爾和勞烏並肩在山中作戰，並成為古巴新社會中代表女性的直言倡議者。

藉由如此全面地埋頭栽進體制內，卡莉希望能避開母親人生中遭遇的一些阻礙。瑟內達從未加入共產黨，於是當她需要幫助時沒人替她說話。而她備受磨難、需要最多幫助之處，莫過於尋覓一個穩定住處。

住宅是古巴的老問題。早在一九五三年，菲德爾攻擊蒙卡達兵營（Moncada）失手後被扔進監牢，他就誓言勝利後要剷除「糟糕的棚屋」與過度擁擠的公寓大樓，以眾多住宅和現代公寓取代，讓古巴的嚴重住屋短缺成為一場惡劣記憶。一九五九年後的短暫期間，乍看他或許能夠兌現承諾。新政府充公流亡者的私人住宅和公寓，好比巴蒂斯塔逃離後，阿圖洛和其他藝術學生住進的大宅。所有投資房產都被接管，即使屋主還留在古巴，如同瑪利亞·德卡門家族的遭遇，她叔叔維吉里歐（Virgilio）的車庫與跟科洛法索街房屋相連的地產都被奪走。政府未給付屋主一毛錢，就拿他們的財產重新分配，時常在不顧建築法規或安全下，將一棟屋子分拆成多間住房。早年超過七十五萬流亡者出走釋出寶貴的居住空間，也讓卡斯楚受到得以搬入空屋和閒置公寓那群人的歡迎。但是住宅需求依然龐大，尤其是哈瓦那，像卡莉一般的家庭從國內東端湧入首都，儘管政府企圖使他們留在地方省分。

卡斯楚把最有野心的建屋成果集中在哈瓦那郊區，築起無數蘇維埃風格的五層樓公寓街區。他似乎背棄昔日首都及其代表的殖民過往，放任哈瓦那舊城區的莊嚴建築和維達多區（Vedado）的新建物淪為廢墟。與此同時，他充公前人的宏偉成就並宣稱是自己所建。革命廣場是共產黨政府最引人注目的意象之一，實際上是在一九五八年由巴蒂斯塔政府完工，原先稱為市民廣場（Plaza Cívica）。菲德爾重新命名廣場，並將切和受歡迎的抗軍指揮官卡密洛・西恩富埃戈斯（Camilo Cienfuegos）具標誌性的肖像，嵌於廣大空地周圍的單調辦公大樓立面。

在哈瓦那其他地方，菲德爾將形似美國國會大廈（U.S. Capitol）的雄偉立法機構，改造成一所科學研究院與一間科技圖書館。他也接管哈瓦那中區馬雷貢大道（Malecón）旁的優雅磚造高樓，本由巴蒂斯塔政府起建以容納古巴的中央銀行，指定為革命政府的第一醫院。

政府稱哈瓦那為「全古巴人的首都」，強調這座城市在國家經濟、政治和文化領域的中心地位。而在革命後，有些時候似乎每一個古巴人都想住在那裡。這座城市形同一塊強力磁鐵，把人從其他所有省分吸引過來。無論政府如何嘗試，沒有強烈誘因足以讓人民留在島嶼兩端，而不湧入哈瓦那找工作、食物和一條活路。兩、三代家人把自己擠進哈瓦那舊城區老建物的一間狹小公寓，造成電網難以負荷並過度耗用供水。

一九八〇年代，政府試著協助人民蓋他們自己的房子以緩解嚴峻情勢，用非傳統方法來解決問題。志工依據工作地點組織成工班小隊，從日常工作中分出時間在公共土地上興建集合住宅，並由國家提供建材和一些協助。回報是允諾志工有機會獲得像樣的住處。

瑟內達花了大半輩子在尋找像樣的住處。從她母親過世那刻起，到她在關塔那摩跟阿里斯提之間的糾纏，接著又搬回塔卡霍，她很少能長久擁有一個自己的住處。在她搬到哈瓦那之後，情況並未改善多少。打私工照顧一位健康欠佳的年長男人時，她找到一個地方住。而當卡莉和艾絲貝蘭薩前來哈瓦那會合，她們住進一間學校宿舍，但是瑟內達渴望穩定的住處，她認為唯一可靠的方式是加入醫院正在召募的工班小隊，前往哈瓦那城郊的聖奧古斯丁（San Agustín）興建多棟集合住宅。

起初她在工地擔任護士，治療志工的割傷和瘀傷。隨後一間臨時診所由木板和石棉板搭起，不比一座衣櫃大多少，但已有足夠空間讓她帶一張摺疊床睡在裡面。雖然對砌磚或通水管一無所知，她志願搬運混凝土砌塊，並過篩砂土供水泥製作。工程結束時，她失望得知配得公寓的是黨官員、以及為卡斯楚在非洲涉險的退役軍人，而不是她。

她不屈不撓，二度志願參與在聖奧古斯丁的工班小隊。興建期間，她住在一間沒有廚房或浴室的工地棚屋。艾絲貝蘭薩就讀建築學院時也住棚屋，當時卡莉人在基輔。有天晚上，一個喝醉的俄羅斯工人強行進入棚屋。瑟內達狠狠打他一拳，逼得他跌跌撞撞往外退。

四年來替兩個住屋建案工作，瑟內達獲得的承諾終於兌現：一間有客廳、餐廳、廚房和浴室的兩房公寓。她寫信去基輔給卡莉，告訴女兒自己跟艾絲貝蘭薩裝潢好新家、裝上窗簾，還把浴室漆成藍色。卡莉在烏克蘭度過頭兩年，放假回到古巴時，她帶回在基輔為新公寓買的床單、毛巾、各式廚具跟一個小冰箱。可是等到她在哈瓦那下船那刻，政府已經把她母親和妹妹踢出她們才剛住三個月的公寓。這是霸道的措施，然而在由國家管控的拮据住房市場下並非不常見。有一位退伍軍人獲得瑟內達的公寓，他原本跟家人住在雷格拉區（Regla）過度擁擠的公寓，那座濱海小鎮與關那巴科亞相鄰。她獲得承諾將分配另一間公寓，可是沒有什麼事能確定。

失望之餘，瑟內達和艾絲貝蘭薩搬進哈瓦那舊城區的親戚家。可是空間狹小，他們淪於不斷爭執床位安排和爐灶使用。一根破裂排水管傳出的氣味使公寓惡臭不堪，有幾晚她們寧可到長達五英里的馬雷貢大道海堤，也就是古巴人所稱世界上最長的沙發，找一個地方睡下。

卡莉放假回來不久後，把妹妹拉到一旁，對她說兩人必須做點什麼。她們搭上渡輪，橫越哈瓦那灣到雷格拉，找到那位軍官位於狹長陰暗走廊尾端的公寓，讓她們回想起塔卡霍的棚屋。卡莉向軍官的詫異妻子說明家人的處境，詢問他們有沒有可能儘速搬往新公寓，好讓母親能住進他們的舊家。軍官妻子存疑，看著來幫母親求情的雙胞胎姊妹，隨後答應幫忙。

最終，歷經這麼多年的飄泊，瑟內達和她的女兒擁有了自己的家。她們在雷格拉的公寓沒待幾個月，瑟內達就獲得一間更大的公寓，位於灣區（Bahía）一棟工班小隊搭建的嶄新集合住宅六A棟，就在關那巴科亞外圍。她和艾絲貝蘭薩搬進二十一號公寓。當艾絲貝蘭薩嫁給身材高挑、嗓音低沉的會計師米格爾・米切・帕拉西歐斯（Miguel Mitchell Palacios），原本在社區內跟母親同住的丈夫搬進她們家。卡莉從基輔回來後，瑟內達也為她跟皮波騰出空間。

直至卡莉獲得拔擢，於一九八三年任職輕工業部的全國勞動力辦公室時，她已經是領有黨證的共產黨員，並證明她的經濟工程學位不只是花俏的文字遊戲。她在對的時間來到對的地點。一九八五年至八六年的第三次共產黨代表大會（Third Congress of the Communist Party）宣告一項共同的努力方向，要讓更多黑人與女性進入當局任職。種族在古巴仍然是敏感議題。許多白人家庭在菲德爾擁抱共產主義後退出並離國，而數世紀以來的通婚孕育廣大的麥士蒂索人口[6]。不過縱使政府採取措施，身為白人、或自稱白人的優勢依舊——真實與想像的皆然。近期的人口普查數據指出，基於受訪者的自我陳述，超過百分之六十的古巴人認為自己是白人。只要在古巴任何一條街道待一個下午，就會對這項數據的正確度起疑。

在政府的平權政策大力實施之際——至少在國營企業屬實——身為一位年輕黑人女性，卡莉持續在部會和黨內向上晉升。皮波也在他服務的結構標準研究院表現優異。憑著兩人的薪資，他們有錢偶爾開溜到馬雷貢大道上的濱海飯店（Riviera Hotel）過週末，並且每年去巴拉德望（Varadero）的海灘度假。

卡莉的革命熱忱持續加溫，她母親則愈發忿忿不平。瑟內達開始暗中收聽邁阿密傳來的馬蒂電台（Radio Martí）廣播，並且在她過度擁擠的公寓牆內放膽批評菲德爾。對卡莉而言就不一樣了，她每天早上前往哈瓦那舊城區上班途中，目睹革命實現菲德爾諸多承諾的跡象。兒童去上學，診所和醫院照料每一個人。古巴的社會主義陣營友邦，也在幫助菲德爾對抗美國禁運的壓力。他們是擠在瑟內達的公寓裡，可是基本上卡莉認識的每一個古巴人都用同樣方式過活。沒人真正擁有，卻也擁有些許。

此時她跟皮波面臨的最大挑戰，是要建立自己的家庭。在基輔流產後，卡莉又失去其他幾次身孕。有次，她懷著三個月身孕，身穿黃色洋裝出席一場工作會議。她起身發言，就在簡報當下，她的黃洋裝正面染成紅色。那是她的第三次流產。還會有其他幾次。艾絲貝蘭薩沒有同樣的困擾，她的兒子里歐那多出生於家人全住在瑟內達公寓期間。卡莉歡慶家族下一代的到來，不過她告訴皮波，空間根本住不下全部家人。他們需要自己的家。

卡莉數度申請志願參與工班小隊，全都未獲接受。她不夠強壯，無法做工。但是皮波可以。工程學位和結構標準背景使他成為一位理想的**小隊員（brigadista）**。卡莉力促他加入，告訴皮波無論在院裡的表現多麼好，繼續在研究院工作不可能讓他獲得表揚。將他的工程師才能應用於工班小隊，那是指揮官親自發起的計畫，更有可能讓他被重要人物注意到。她也認定兩人已經在體制內爬升得夠高，若是他完成工作，足以擔保不會像瑟內達那樣不只一次、而是兩度被跳過分配公寓。

一九八七年，皮波志願加入他院內跟另一個機構組成的聯合工班小隊。在小隊的三十三人之中，十四個人分派到托兒所和醫院等社區建案。另外十九個人，在國家給予的一些

6 麥士蒂索人（mestizo）指歐洲白人與美洲印地安人的後代。

協助下，要負責興建一棟三十戶的公寓樓，位於雷格拉區眾多山丘的其中一片斜坡上。當皮波第一次探勘工地，完全看不出前景。雷格拉被稱為「小馬埃斯特拉」，一方面來自居民的革命熱忱，另一方面是具體位置坐落於連綿的陡峭山丘，好似菲德爾曾作戰的壯闊馬埃斯特拉山。他放眼只見巨大土堆，覆滿野草和垃圾，斜坡下通往一座濱海油槽，存放從蘇聯運來的航空煤油。一點也不值得讚嘆。

雷格拉是一座工業城鎮，可是這處工地是都市中的廢棄地，荒涼到只有極端住房短缺才會使這裡看起來適宜人居。工班小隊眼前的責任艱鉅。國家調來推土機和鏟斗機，推平建物的占地並傾澆混凝土地基，不過建案餘下的大部分工事留給十九人的隊員——十五個男人和四個女人。他們的第一項任務是釐清各自會什麼、還需要學什麼，而且要快。工人有充足動機去做好工作，可是光有渴求並無法確保丈量正確，或者裁切筆直。他們需要一位工地經理。他們去找皮波。

他拿到ＳＰ七九模組的藍圖，呈現狹長的矩形，沒有顏色或裝飾。這是一棟實用主義風格的蘇維埃模組，在島上到處採用。ＳＰ七九樓高五層，每樓有六間公寓，面積包含一房到三房。地基打好後，小隊將建案拆解成一系列單項工作，讓幾乎不具有營建技能的志工能夠處理。他們從做中學，在最底層試做，往較高樓層推進時培養砌磚、牽水管和電工等專業技能。小隊中的四位女性在一樓的廚房和浴室學會如何切割、鋪設磁磚，到施作頂樓時，她們的成果看起來很專業。

皮波確保隊員小心翼翼依照藍圖施工，但他也利用自己的判斷力，改善他們全都希望入住的建物。他在樑柱連接處額外塗抹水泥，使樓板更加穩固且隔音。他在樓梯上多放鋼板，並將欄杆接點從藍圖建議的三處增加成五處。活用在基輔學到的經驗，他指導隊員震動模版消除**氣穴（cucarachas）**，以免降低混凝土的強度。

皮波的工班小隊在幾乎沒有延誤下落成ＳＰ七九。在破土的兩年後，如期於一九八九年啟用。正如卡莉所預料，這項成就獲得高層認可，包括菲德爾在內。哈瓦那宏偉的卡爾馬克思劇院（Karl Marx Theatre），整場保留下來辦特別慶典表揚工班小隊。菲德爾親自向皮波的辛苦工作致謝並頒給他一頂白色工地頭盔，數十年後皮波仍然珍藏著。

在皮波前往負責分發新公寓的住房委員會那晚，卡莉跟母親留在家裡。他認為他們只有微薄希望能分到一間，因為他的工作地點只有資格得到三十間之中的一半，而且有些公寓必定保留給退伍軍人和共產黨官員。沒有孩子也使他們居於劣勢，有小孩的家庭會受到特別考量。但是委員會中一位保加利亞工程師替他辯護，描述他在這項建案工作得多麼賣力。給他們一間大房子，他們就會有小孩，保加利亞人對其他共產黨員說。

隨著時間過去，皮波沒傳來隻字片語，卡莉擔心他們的申請遭拒。「你覺得我們會分到公寓嗎？」她問母親。「這很難說。」瑟內達嘆氣，手裡緊握一串玫瑰念珠。

皮波終於回來時，已經過了晚上十點。他從一輛充作計程車的美國老車裡蹦出來，喊著：「二四四，二四四！」

「他在說什麼？」瑟內達從窗戶往外看，卡莉不太確定。「二四四」可能是指他的生日，四月二十四日，但是那代表什麼意思？當皮波笑得合不攏嘴衝進公寓，他解釋，沒錯，四月二十四日是他的生日，而那格外有意義，因為他們的新家就在ＳＰ七九的四樓二十四號房。誰能相信？二十四號位於邊間，是一套有三間臥室的公寓。

他們在一九八九年十月搬進嶄新大公寓。來回許多趟公車，才把卡莉從蘇聯買的所有餐具、玻璃杯、床單、毛巾和其他家用品搬完。鄰居來拜訪時驚嘆不已。卡莉不僅用古巴買不到的物品裝潢家裡，她跟皮波還自己住一間大公寓。而且他們的年紀不過三十出頭。

搬進新家幾週後，她聽說柏林圍牆倒塌的消息。然而他們忙碌到沒能多想那件事，或是那對於古巴可能意味著什麼。她試圖不讓政治進入新家，卻無法完全排除在外——她也無法忘懷，幾個月前自己才在一份處決請願書上簽名，而那個人最嚴重的罪名也許是太受歡迎。

阿爾納多．歐丘亞將軍（Arnaldo Ochoa）戰功彪炳，從古巴在非洲的軍事行動退役，也是有才幹的指揮官，由菲德爾頒發「革命英雄」的國家最高軍事榮耀。起訴他的案件細節不明。在毒品走私與叛國罪名的樣板公審中，歐丘亞遭判處死刑。許多古巴人相信菲德爾只是想除掉潛在對手，懇求讓他獲得特赦。身為一位共產黨員，卡莉受要求簽署支持處決歐丘亞的聲明。歐丘亞的審判在電視上播出，官方新聞媒體把握每次機會陳述他遭控的罪名，而不給他任何機會辯解。在證據似乎站不住腳的情況下，要譴責在海外作戰的古巴英雄，卡莉感到不安。她向黨內的一個老朋友吐露心聲，詢問該怎麼做。

「**黑妞**（**Negrita**），」他對她說，「這些傢伙會殺了歐丘亞，無論妳簽不簽請願書。聽我說，簽下去，別替妳自己的未來找麻煩。」

她簽了。她希望黨看出她很忠誠，可是她不認為處決有任何道理。

相同的困惑在那年夏天籠罩著她，在非洲行動中身亡的古巴士兵靈柩影像，填滿古巴的電視臺。年輕人被派到遠方送命，這是為了什麼？夜復一夜，這些畫面在她的記憶中揮之不去，她也不禁注意到，許多等待兒子遺體歸國的母親是黑人。**我們有為這件事掀起一場革命嗎？**卡莉想知道。

但她的思緒隨即轉而向內，將那些疑慮拋在一旁。在SP七九安頓好房子的一年內，她第八度懷孕。經歷過那麼多，她跟皮波試著別太樂觀。他們決定，假如這次懷孕能足月、嬰兒又是個女孩，他們要將她命名為米拉格利塔（Milagrita），他們的小奇蹟。卡莉的一位阿姨提議以特殊儀式為她祝禱，她父親的這位姊妹對於非裔古巴宗教**聖德里亞（Santería）**深感興趣，信仰中揉雜天主教聖人與非洲神祇。儘管卡莉是依天主教的古巴主保聖人命名，她也曾接觸聖德里亞信仰，並在先前懷孕時讓阿姨為她施行同樣儀式，結局全是流產。

這一次，她感謝阿姨提議幫忙，但是告訴她自己寧可別再求助於聖德里亞神靈。

一九九一年一月，她開始子宮收縮，皮波匆忙送她去醫院。她必須剖腹產，然而在基輔初次流產的十三年後，她抱著自己的嬰孩，將健康的男孩取為接生醫師奧斯卡．康塞普西翁．佩德拉賈（Oscar de la Concepción de la Pedraja）的名字。奧斯卡醫師是來自塔卡霍的友人，他的兄弟奧克塔維歐（Octavio）曾與切．格瓦拉並肩作戰且共同赴死。

他們的家人都很開心，然而沒人比皮波的母親更快樂。她一直不太滿意心懷抱負的年輕工程師，膚色比皮波深上許多。藉由孕育淺膚色小孩來**優化種族（mejorar la raza）**的長久觀念，在卡德納斯仍然廣獲認可。皮波的弟弟在東德讀書時娶了當地的金髮女子，他母親希望皮波能照著做。其後許多年來，由於卡莉多次流產，膚色議題懸而未決。

現在卡莉生下焦糖膚色的小孩，比她自己的膚色淺很多，一切都獲得原諒。

種族敏感問題深植於古巴文化，瑪利亞．德卡門發現沒有法律或黨代表大會能導正所有偏見。她在禮拜堂巧遇洛曼．卡爾沃後，每當他放回國假，他們繼續以朋友的身分見面。他這個人不善於閒聊，不過他們在工作上確實擁有共同點，兩人作伴時，通常喝著咖啡，他抽起幾根H．烏普曼牌（H. Upmann）香菸，告訴她自己在外海的奇遇。她向他傾訴在關那巴科亞的平靜生活，她對於年邁父母的擔心，以及感到自己跟古巴正在發生的事多麼失調。她甚至拿自己剛開始約會對象的浪漫關係請他給予建議，那是一個本地男子，基於膚色緣故不受她的家人認可。儘管父母強烈反對，她仍繼續見那位男子，並且有了一個孩子。不過關係沒能長久，一如曾祖母尤絲托奎亞，瑪利讓他的名字隨歷史而去。

發現她跟那人分手後，跟瑪利一樣擁有歐洲血統的洛曼直白訴說，她根本選錯男人了。他跟瑪利都十分害羞，兩人的戀情不太能描述成一場旋風。一九九〇年，他們在禮拜堂相遇超過十年後，終於在同一地點舉行儀式成婚。他正式領養她的兒子維吉里歐，並且把他的少許財物搬進科洛法索街的房子。他們的婚姻不算典型。洛曼離家出海好幾個月時，他們透過船對岸無線電報保持聯絡。因為不准發送私人訊息，他們保持簡短對話，最終發展出一種自己的語言。「妳的部門情況如何？」他會這麼問。這是他們交換家中近況的密碼。

瑪利憑藉收到的一點資訊，讓她曉得他在世界上哪個位置。她持續忙於照顧兒子和父母，把時間投入檢查鮪魚的工作，並造訪方濟嘉布遣會的禮拜堂。他靠著解數學謎題，一根接著一根抽H．烏普曼牌香菸熬過海上多少個夜晚的孤寂，想像她正抬頭凝視相同的星星。

第七章 雷格拉

・一九九〇年

每當卡莉巡視二十四號公寓，行經整潔的浴室和廚房，小奧斯卡安睡的房間，以及能俯視哈瓦那灣水域的陽台，她都會驚嘆這鐵打的奇蹟，跟她兒子的出生幾乎同等寶貴。出身於前景如此黯淡的條件下——她在塔卡霍的破敗小屋，而他在卡德納斯的工業廢料之中——兩人的成就怎能來得這麼多、這麼快？他們是擁有光明未來的大學畢業生。很難相信他們住在一間三房公寓，在他們每月繳款累計約八千披索的某一天，這裡將永遠屬於他們。她堅信這些好運大多歸功於革命，但她絲毫未察覺周遭的完美世界即將崩解。柏林圍牆倒塌只是古巴艱苦災難的開端。每年提供四十億至五十億美元補助的蘇聯正以驚人速度解體，卡莉和眾多古巴人夢想的未來隨之湮滅。

從一九六二年美國經濟制裁起，構成古巴主要市場的對蘇出口中斷，導致哈瓦那長期缺少購買必需品的資金，例如讓電廠運轉的石油。進出口立即全數實質停頓，古巴的經濟隨之崩潰。卡莉和皮波心目中的好時光倏然結束，一天又一天，似乎全被食糧、汽油、電力與一切事物的短缺所取代。在一九九〇年那席紀念革命委員會十三週年的演說中，菲德爾告知古巴人民國家的危急處境。他警告他們，古巴正進入一個「和平年代的特殊時期」，並呼籲全國各地的古巴人準備犧牲一切以延續革命。

「我問你們……我們會怎麼做？放棄嗎？絕不。我們會怎麼做？我們要放棄革命嗎？放棄社會主義？放棄獨立？絕不。我們必須做的是抵抗與戰鬥。我們必須抵抗、戰鬥，當然還有勝利。」

菲德爾每問一個問題，群眾都高喊：「不！」但是古巴人民並不了解他們的領導者呼籲人民犧牲到何種程度。

由於石油和柴油燃料變得稀缺，卡車、公車和耗油的老美國車擱置一旁。政府進口大批中國自行車，印著飛鴿牌（Flying Pigeon）和鳳凰牌（Follow Me）等名號，好讓人們移動。卡莉不得不踩踏長路，從雷格拉繞過海邊，抵達哈瓦那舊城區連帕利亞街（Lamparilla Street）的紡織工人工會（Union of Textile Workers）人力資源部。雷格拉和關那巴科亞坐落在三點三平方英里港區的東南端，雖無數濱海鋸齒小灣易於船運，卻使得車程單調乏味。每天晚上她必須騎回雷格拉，通常天色已暗，跟發現結伴而行比較安全的其他工人一起上路。他們騎過漆黑街道，只憑每輛單車前方頭燈的針尖微光穿透暗夜。

在期盼成為社會主義天堂的古巴，日常生活只剩下三項基本挑戰：找到早餐、午餐和晚餐，有些日子甚至減少到兩餐，或偶爾只吃一餐。

如同自一九六〇年代初期以來的習慣，古巴人出示小小的**配給簿**（**libreta**），每月一次去買米、豆子、糖、烹飪用油和其他基本食品，也在國營的店鋪和麵包店領取每日配額的麵包。配給制理應暫時實行，卻演變成古巴生活中不可或缺且長久存在的一部分。在特殊時期，即使是配給簿上不多的口糧都被大幅縮減。牛肉基本上消失無蹤，雞肉和豬肉變得相當稀少，使得古巴人被迫尋求替代品。他們把葡萄柚皮壓扁、煮軟，當做牛排一樣煎、香蕉皮磨碎後混合香料，也變成肉的另一種次級替代品。雞蛋數量極其有限。包括卡莉自己、皮波和奧斯卡，每個月可以拿到九顆蛋。她做成水煮蛋，半個蛋早餐時給奧斯卡、另外半個晚餐吃，確保他飲食中獲取真正的蛋白質。連月過去，她和皮波連一個蛋都沒吃到。

情勢每況愈下。蘇聯崩解使古巴的糖出口衰減百分之八十，掀起一場短缺海嘯。古巴連忙將甘蔗田轉為生產食糧，可是缺少肥料或拖拉機需要的燃料，新鮮蔬菜落得跟肉一樣稀缺。對於革命前糧食自給率達百分之八十的國家，這是慘烈的衰退。由於特殊時期的匱乏，古巴農業一夕之間轉型為有機農業，對環境有益卻幫不了飢餓的古巴人。最終古巴別無選擇，只能進口八成的消費糧食，而古巴人吃得比危機前少得多。

好幾週過去，城市居民除了乾豌豆沒什麼別的好吃。那時皮波會在凌晨兩點左右離開SP七九，踩著他的中國腳踏車到四十英里外古伊拉德梅連納（Güira de Melena）的農場，用一雙舊鞋或一件破襯衫換幾根大蕉和些許根莖類蔬菜。他帶著寶貴食物騎回去，盼望途中別被警察攔下。

隨著短缺持續上演，連蘭姆酒都變得稀有，這種酒是古巴的同義詞、占據生活中絕大部分，古巴人慣稱為維他命R。為了逃避絕望，SP七九的家庭籌辦週末小派對（sábado corto），大家帶來手邊有的東西，包括瓶中剩下的少許古巴蘭姆酒。他們沒辦法拿出多少酒或食物，不過因為人們十分飢餓，只需要一點酒精就能嗨起來，開始跳舞並暫時遺忘現實有多糟。

古巴一年之中最盛大的節日總是**耶誕夜**（**Nochebuena**），傳統耶誕夜大餐的主菜是一頭乳豬或里肌肉，與蒜頭和苦橙一齊慢烤。這項傳統即使在菲德爾禁止耶誕節後仍舊延續。無論如何烹調，葡萄柚皮和香蕉皮絕對不能取代烤豬肉，深具創造力的古巴人尋找別種方式讓他們如願。在ＳＰ七九，有些家庭發現家家戶戶都有的後陽台，有小水槽、自來水和排水孔，是個適合養豬的空間。他們買來僅幾磅重的小豬，抱到陽台餵廚餘，等牠長胖到一定程度。卡莉有個鄰居的豬家教良好，可以牽下樓在外面溜。大多數豬仔從未享有這等自由，一生都擠在陽台的豬圈裡。卡莉和皮波在奧斯卡剛學走路時養了他們的豬，取名朋加（Ponka）。當朋加命中註定的時刻來臨，卡莉編了一個故事安撫奧斯卡，告訴他有位農夫拿耶誕夜大餐來交換朋加，帶回他的鄉間大農場，讓朋加自由奔跑。

瑪利亞・德卡門（María del Carmen）也在特殊時期掙扎要烹煮耶誕夜大餐，可是她的小房子裡沒有空間養豬。有一年，她先生送來晚宴的祕密食材，讓她確信這晚會像往日一樣特別。有時，洛曼攜帶隨鮪魚船隊踏足異國地點買的禮物回家。一次他帶回立體聲音響，另一回是電視。身為船長，洛曼也能安排由其他艘船隻載運物品，在他返家前送抵。

瑪利一接獲消息，得知有艘停泊在哈瓦納的船帶來洛曼的包裹，她立刻跑下碼頭去拿。她看不懂標籤，用某種外國語言書寫，不過是兩只接近足球尺寸的大罐頭，繪有她覺得是豬的圖片。她很開心，相信洛曼送來古巴買不到的耶誕夜特殊美食。罐裝火腿比不上傳統烤豬肉，可是在那段特殊時光絕對好過葡萄柚皮。

瑪利決定跟一位朋友和她的孩子分享好運，儘管承擔報復風險，他們也願意同去公教學校神職修士會教堂望耶誕夜彌撒。她邀請他們彌撒後加入自己跟維吉里歐享用晚餐。她當天幾乎都在做準備，烹煮黑豆、白米飯、根莖蔬菜等烤豬肉的傳統配菜很耗時。不過當她打開洛曼送來的罐頭，她發現並非期待中的豐腴火腿，看起來像薄香腸餡的卷餅。她並不確知內容物是什麼，不願意在朋友面前嘗試。

晚上改吃雞肉。

下次她跟洛曼通訊時，跟他描述這頓毀掉的晚餐。他坦言自己也看不懂標籤，兩人開懷大笑。可是隨著短缺加劇且情況持續惡化，他們無法忽視古巴變得多麼絕望。「我離開一個國家，卻回到一個不同的國家，連牙刷或鞋帶都沒有。」經過一趟漫長的航程最終返家時，洛曼對瑪利說。鮪魚船隊繼續帶回漁獲，但是那也變得愈來愈艱困，因為船隻本身老化，需要修理及古巴買不起的替換零件。一艘接著一艘，漁船變得無法抵擋風浪，遭到棄置或當廢鐵賣掉。然而在一九九三年底，他們的漁獲依然是重要的古巴出口貨物。當漁船返航古巴，鮪魚和鯊魚被砍去頭部並移除內臟。瑪利必須準備食物安全檢驗的樣本，作為船隊工作的一部分。

她逐漸察覺，隨著特殊時期的匱乏惡化，自己處於尷尬的位置。在沒人擁有足夠食糧的國家，她可以接觸到大量奢侈漁獲。若是將一小塊樣本轉交願意付錢的友人，或是直接帶回家給自己和維吉里歐，她需要付出多少代價？他們當然用得上這些魚，但她不是以這樣的方式被養育成人。絕望的時光並未改變任何事，偷竊依然是偷竊。

安全戒備變嚴，新來的警衛開始巡邏她工作的辦公室和實驗室。有天她接獲命令，要準備一塊重達八十磅的樣本，分量足夠餵飽一整個街區。當她切割大魚，一位新警衛阻止她。

「妳要把這些帶去哪裡？」警衛逼問。

「拿去實驗室。」瑪利說。她只在辦公室見過他幾次。「這是我依照指令準備的樣本。」

警衛盯著對他而言必定顯得相當驚人的樣本，隨後看向瑪利。「那不可能。」

他基於偷魚的嫌疑逮捕她，把她拽往拘留所。瑪利的同事看見她被帶走時沮喪不已。他們知道她的宗教價值觀，卻也明白這種絕望時局任何人都可能受誘惑。瑪利試著安撫他們，說一切只是誤會。

「只要告訴主任，他們把我帶走了。」瑪利說。她預期只要一通電話就能解決問題。「我相信會沒事。」

她什麼都沒做錯，而且有上司的書面指令可以證明。押往拘留所不到一小時，在出示證據表明她做的事確實屬於食安檢驗員的職責後，她回到辦公室。瑪利慶幸事情並未失控，但是她也感到憂心周遭發生的一切已無法被忽視。長久的停電、店鋪貨架上空無一物、診所連最基本的藥物都沒有、被迫刷洗並反覆使用乳膠手套直到指尖磨損，這一切逼使古巴人什麼都能將就的聞名特質，推往神智清醒之人所能忍受的極限。

第八章　關那巴科亞

・一九九三年

隨著特殊時期惡化，古巴人幾乎天天在生活各個層面受到考驗。對於某些人而言，缺乏食物和必需藥品的匱乏導致他們瀕臨崩潰。其他人則被歷時愈來愈長的停電激怒，渾身汗濕且無聊。在關那巴科亞令人氣悶的夜晚，當電力中斷、風扇停擺，赫黑・賈西亞把床墊拖到聖塞巴斯蒂安街（San Sebastián Street）房子的屋頂上，好讓家人露天入睡時能吹到一點涼風。他學會如何把大蕉皮裹麵包粉煎熟，好在食物不夠時有點東西吃。他持續發明，出於生活必需，並忍受短缺和黑暗。

然而當他用光空白紙張，無法再印刷新一期的《犬》（*Colmillos*），這一切就變得難以承受。那是他以哈瓦那杜賓犬俱樂部（Doberman Club）主委身分編寫、印刷、發行的雜誌。赫黑愛狗以及關於狗的一切，他養狗並訓練他們。當他自己的食物不夠吃，依然想盡辦法餵飽他的狗——出沒屠宰場搜刮內臟，在農夫的馬匹死去時索取丟棄的脂肪和軟骨。他從小就愛狗，收養的流浪狗會從家裡跟著他去學校。他著迷於純種杜賓犬的威容。最重要的是，他仰慕牠們的力量和狡猾天性，那是每個古巴人都需要的基礎生存本能。

赫黑享受《犬》的發行，並發現自己能以其他人欽羨的方式串起字句，呈現優雅與風格。他描寫訓練狗的故事，並介紹養狗的古巴人。他將打字製版送進手搖油印機，接著再跑遍首都，親手發送完成的雜誌給杜賓狗俱樂部會員。

隨著短缺榨乾日常生活的精力，不安漸增，政府的打壓也升溫。為了維持秩序，國安人員會對公開表達的任何不滿做出迅速回應。當一群絕望的人強行衝入比利時、智利和德國大使館，政府立即淨空現場，避免馬里埃爾的憾事重演。赫黑習慣了鎮壓帶來的不安。他的年紀夠長，還記得巴蒂斯塔治下的生活是什麼樣貌，特殊時期又喚醒那些記憶。

如同瑪利亞·德卡門，赫黑和他的家人與關那巴科亞有著長久深刻的情感連結。他的先祖來自西班牙，定居在關那巴科亞及哈瓦那西邊、後來成為阿爾特米薩省（Artemisa）的地方。他的祖父西塞爾·馬斯（César Mas）是印刷工兼報社記者，落腳關那巴科亞的聖塞巴斯蒂安街區，住進阿瓜卡特街（Aguacate）轉角的一間破敗木屋，跟古巴反叛人士在一八九六年燒掉的**壯手臂麵包店（Brazo Fuerte）**只隔著上坡路的一個街口。就在同一年，尤絲托奎亞的科隆咖啡園也付之一炬。赫黑出生在這棟屋子裡，祖父死後，父親赫黑・路易斯（Jorge Luis）遺棄家庭，小赫黑身邊圍繞著女人長大。赫黑在由神父管理的男校階段就讀公教學校。他的祖母維多利亞（Victoria）每天帶他走路上學，確保他領受天主教聖餐。

身處一九五〇年代的古巴，在沒有任何固定男性身影的家長大，使得赫黑容易受到街坊其他少年嘲弄。他們取笑他身上的某些女性化舉止，喊他**死玻璃**（**maricón**）。一九五一年，他七歲時，一位鄰居邀他去科吉馬爾（Cojímar）海邊。這人把男孩帶往隱密地點性侵，強迫赫黑摸他的陰莖，並在男孩面前自慰。直到赫黑進入青春期，他開始叛逆，把天主教堂和聖餐拋在腦後，好彌補他自覺失去純真的時光。

革命勝利後喧囂的那幾個月，赫黑剛邁入成年並嶄露頭角，畢業後在關那巴科亞一間生產果汁的公司找到工作。他把許多薪水揮霍在哈瓦那海濱的酒吧和妓院，終於享受到一個單身男人身處革命古巴開端的感受。菲德爾和他的大鬍子叛軍只不過是電視上的身影，但高大、留著稀薄鬍子的叔叔古斯達沃（Gustavo），在赫黑心目中是反叛那張威風的臉。古斯達沃夜裡縱橫哈瓦那街頭，放炸彈並騷擾獨裁者。到了白天，他則消失無蹤。

巴蒂斯塔的人知道古斯達沃有時會躲在聖塞巴斯蒂安街的屋子，於是持續派人監視。

艾斯特班・凡圖拉・諾沃上校（Esteban Ventura Novo）是巴蒂斯塔哈瓦那鎮壓革命部隊的執法官，他好幾次闖進屋內找古斯達沃。赫黑和母親看著他們撕開床墊，踢翻檯燈，倒空抽屜，搜尋這家人與卡斯楚七二六行動有關的證據。

到赫黑陪伴家人，於一九五九年初赴哈瓦那機場迎接叔叔從馬埃斯特拉山回家，古斯達沃已經像菲德爾一樣留了滿臉大鬍子，並擁有山中上尉的封號。赫黑全家人都支持叛軍。他母親說，菲德爾將解決困擾他們生活的一切問題。他阿姨內娜（Nena）在前門掛了一塊標語，由關那巴科亞許多家庭共同驕傲展示，上頭寫著：**菲德爾，這是你的房子**。

古斯達沃在機場受到英雄式歡迎，一場慶祝會接著在聖塞巴斯蒂安街的屋子上演。隨後這家人前往阿爾特米薩，跟另一邊的親人重聚。古斯達沃讓他們在分隔多年後相會。然而沒過多久，革命再度將他們分開。赫黑在阿爾特米薩的一個堂兄弟，人稱「開老車的西塞爾（Jalopy César）」，因為他利用一輛破美國車的後車廂賣舊衣服。在對抗巴蒂斯塔的年代，他也用這輛車運送軍火給叛軍。接著，跟其他許多人一樣，他在菲德爾表明革命的紅色面目時幻滅，讓一位獨裁者取代另一位不是他們抗爭的理由。他們在國內幾個地方組織武裝反革命分部。對哈瓦那的共產黨人而言，最嚴重的威脅出現在貫穿古巴中部省分的艾斯坎布雷山脈（Escambray Mountains）。菲德爾稱那些反抗戰士是一幫**小土匪**

（**banditos**），毫不鬆懈追捕他們，直到最後的反叛者在一九六五年被剷除。其他反卡斯楚活動在古巴各地爆發，最終同樣遭到撲滅。西塞爾跟其中一股勢力結盟，被控反革命活動並鋃鐺入獄。古斯達沃試圖干預，希望能利用他的地位說服革命當局釋放西塞爾。他們沒放人。幾個月後赫黑的家人接獲消息，西塞爾在獄中心臟病發死亡。他當時三十歲。

對赫黑來說這一切都說不過去，無論是堂兄的英年早逝，或是菲德爾的擁抱共產主義，指揮官明明在一九五九年以前加以譴責。他加入哈瓦那反革命分部時還是個青少年，志願在首都的公車和建築物上張貼反卡斯楚貼紙。這些只是小小的反抗行動，卻讓他壯起膽量。一九六一年，赫黑到科吉馬爾的富豪酒館（Taverna de los Ricos）打算好好慶祝十七歲生日，他的表哥安德列斯（Andrés）在那裡工作。儘管街頭動盪，而且對於革命感到不確定，他打定主意要盡情玩，在酒吧狂灌蘭姆酒。在他記憶中，某人在點唱機播放〈退潮〉（*Ebb Tide*）的時候，有個學校放假的本地女孩走進來。

他被女孩迷住了，這位小個子美人名叫伊莉沙．蘇瓦雷茲（Elisa Suárez）。他無法將目光從她身上移開，同時發現整個空間在天旋地轉，差點讓他把喝下肚的一切吐出來。表哥把他帶進後方自己的房間，他立即入睡。當赫黑睜開雙眼，伊莉沙正往下看著他，臉上流露開懷的憐憫和調皮微笑。

六個月後他們結婚了。跟其他許多古巴年輕人一樣，他們找不到地方住。到伊莉沙姊姊位於哈瓦那郊區拉科洛內拉（La Coronela）的家暫居後，他們拖著行李去赫黑成長的關那巴科亞破木屋。他母親和祖母依然住在那裡，不過他們想辦法騰出空間給新婚夫婦，以及其餘家族成員。一九六四年，他們的第一個小孩赫黑・菲力克斯（Jorge Félix）出生。一年後，他們有了女兒瑪利亞・維多利亞（María Victoria）。

對他們來說顯得事事順遂，可是在生第二個小孩時，醫生發現伊莉沙的心臟有雜音。檢驗證實她患有二尖瓣狹窄和其他毛病。她體重遽減，赫黑開始戲稱她**瘦子**（**La Flaca**）。一年後，伊莉沙接受處理緊急問題的心臟手術，但讓她的心臟更衰弱，醫生警告她不能再懷孕。

年輕的一家人在一九七〇年離鄉背井，當時近乎所有健康的古巴人都被迫勞動，要達成菲德爾異想天開的一百萬噸收成目標。最後只產出八百五十萬噸糖，赫黑並不失望，他很高興可以回家。菲德爾糖業大夢的徒勞本質，不得不遠離家人那毫無意義的幾個月，泥土、飛蟲和背痛，乏味的砍甘蔗日常，這些全都讓赫黑對卡斯楚的古巴徹底幻滅。但是他被困住了。當時唯一的出路是海洋，而伊莉沙的身體狀況不可能搭乘自製船筏。無論好壞，赫黑認清他的人生就在古巴。無論他相信卡斯楚與否，或者覺得古巴被卡斯楚的虛假承諾哄騙，他必須在這裡尋找生存之道。替換幾個工作後，他成為一位教育行政人員，且於一九七三年獲任命為赫速斯・加雷學校的校長，也就是他兒時就讀的昔日公教學校。

當伊莉沙再度懷孕，醫生起初建議採行人工流產，因為母親的健康情況欠佳。他們最終決定，引產可能會比讓她生產更危險。一九七三年十一月十四日，當二十九歲的伊莉沙不該再有小孩時，她生下一個健康的男孩。赫黑和伊莉沙幫小孩取名為赫伊（Joel），由兩人姓名的前兩個字母結合而成。

一九七七年瘦子又需要開刀，但是菲德爾再一次插手他們的生活。她的手術必須延後，因為赫黑被派往安哥拉，超過兩萬五千人的古巴部隊在那裡跟左翼叛軍並肩作戰。三十三的年紀被認定拿起武器作戰嫌太老，赫黑在非洲的三年間是擔任某種媒體培訓人員。一九八〇年春天他回到古巴，正值馬里埃爾事件的開端，瘦子終於踏進國家心臟病學暨心血管外科中心。手術很成功，可是醫生建議她別重拾一年級老師的工作。她辦理退休，赫黑繼續工作，轉換不同的行政職位。儘管對於政治存疑，他懷抱信心看待未來，向一位朋友借六萬披索整修聖塞巴斯蒂安街的房子，在家人和朋友的幫助下，自己承擔大量施工。赫黑雇用一位電工負責部分工事，管線多半交給妻子的妹夫費登西歐・拉米爾・普利埃多・赫南德茲（Fidencio Ramel Prieto Hernández），在哈瓦那港擔任營運主管，人人都喊他拉米爾。

學校的一場爭議結束了赫黑的行政職涯。身為拒絕加入共產黨的人，他已經走到最遠。多年前，他跟瑪利亞．德卡門歷經相同的評量時，關於宗教信仰他回答得跟她一樣，說自己不夠資格成為共青團成員。她的回答是要榮耀信仰，他則是為了逼他們放過他。

對私人企業的全面掃蕩，並未阻止赫黑利用從安哥拉帶回來的卡式錄音機，翻錄何塞．菲利西埃諾（José Feliciano）和披頭四（Beatles）等受到嚴禁、但極受歡迎流行歌手的黑市錄音帶。他也主持本地慶典和生日派對，優雅的嗓音介紹表揚對象，並周到地向他們致敬。很快他就賺到足夠的錢，還給借錢蓋房子的那位朋友。他做起狗的生意，以杜賓犬的賣家和訓練師闖出名號。當喜愛轉為熱忱，他創辦《犬》雜誌，並撰寫關於杜賓狗的著作，以兩千美元賣給西班牙的出版商。有了這筆錢，他設法買來一臺奧利維帝牌（Olivetti）桌上型電腦，使他成為古巴有權擁有此種先進科技產品的少數人。

柏林圍牆倒塌與蘇聯解體後，赫黑起初期待古巴會做出跟東歐國家相同的回應，擺脫共產主義並趕走共產黨領導者。然而這只是癡心妄想，卡斯楚政府非但沒有瓦解，或者開放讓人民宣洩壓力的空間，反倒打壓異議並加強反美政宣。於當時批評政府，你可能淪落入獄。

隨著短缺加劇，菲德爾一度承諾將充足供應的牛奶，從店鋪中消失。完全買不到牛肉，未獲許可宰牛的罪責變得跟殺人一樣嚴重。乾豌豆磨碎後混入咖啡粉。停電形同例行公事且冗長，無光的夜晚成為常態，古巴人會在燈光重新點亮的短暫期間慶賀，將轉瞬即逝的光明現象樂得稱為**小光爆**（**alumbrones**）。大部分關那巴科亞家庭必須面對相同挫折，盡可能試著讓生活順應新的現實。對赫黑的家人而言，短缺、漫長的黑暗，以及日漸憎惡革命背叛人民所累積的負重，導致他們構思一項激進的計畫，期盼大膽計謀能引領他們通往自由。

第九章 雷格拉・一九九三年

卡莉和皮波沒幫孩子取名「小奇蹟」，不過對他們而言，奧斯卡肯定是個奇蹟。隨著特殊時期的日常生活日漸艱難，卡莉決心把兒子看作生活的重心。然而每當她以為古巴已跌至谷底、特殊時期不可能再更糟，某些新的挑戰總是迎面而來。騎車到海灣對面的辦公室要花上她近一個小時，晚上的回程甚至更久，要在街道漆黑時沿港口邊的環狀路騎行。當工作的職責加重，她不在家的時間也變長。一天晚上，處理完辦公室的急事，過八點她才回到公寓，早就過了小孩的睡覺時間。皮波的新工作位於科吉馬爾區，必須騎五英里的路程，到家也晚了。兩人終於趕回家時，發現一位鄰居已經餵飽奧斯卡、幫他洗澡並哄他入睡。皮波抱奧斯卡回來，把兒子輕輕放上自己的床。這時他跟卡莉看著彼此，捫心自問：「難道我們歷經次次流產，那麼多恐懼、失望與期待，就是為了讓另一個人哄我們的兒子入睡？」也許瑟內達是對的，她說卡莉奉獻太多給革命。

有些情況必須改變。卡莉鼓起勇氣面對上司。她提醒他們，她有兩歲小孩要照顧，現在花太多時間通勤往返。她希望能繼續工作，可是要離家更近的地點。這是大膽的要求，而且這一招在其他古巴人身上或許不管用。然而卡莉是崛起中的新星，擔當共產黨的可靠成員，她的丈夫更是從青少年階段就為黨奉獻。古巴已押注投資、送他們去烏克蘭讀書，並輔佐兩人的職涯，如今準備好往上躍升。她把所有職責處理好，並證明自己足以擔當一位領導者。此外，共產黨拔擢女性與少數族群擔任領導職的目標尚未完全實現。

卡莉獲得她所要求的——可以這麼說。一九九三年五月，她成為前波里納加鋁業（Bolinaga aluminum company）的首任女廠長，一九六〇年代國有化後，這間公司更名為諾瓦隆（Novalum）。地點對她很理想，從SP七九往山上約一英里處，位於雷格拉與關那巴科亞區的交界。離家很近，可是擔任廠長的責任使她戒慎恐懼。她的經濟工程學位和紡織業經驗，並不足以應付沖壓鋁板製成瓶罐、鍋子和其他家用器具。那只是一項挑戰，事實證明另一道關卡甚至更艱難。先前的工作她多半跟女性共事。諾瓦隆有幾位女性祕書和警衛，其餘廠區員工都是男性，總計超過一百人，全都是不習慣聽命於任何女人的古巴男人，更別提卡莉年僅三十六歲，還是個黑人。

一九五九年的前幾十年間，興盛的工業廠房遍布整個關那巴科亞，而諾瓦隆是其中的典型。穿過關那巴科亞抵達哈瓦那市中心的濱海幹道布蘭卡高速公路沿線，鋁材在數棟分立的建物中切割、塑型、預先加工並上塗料。從德國、俄國、西班牙或墨西哥鑄造廠運來，成捲或扁平圓盤狀的大批鋁材存放在一座寬敞倉庫裡。卡莉報到沒幾天，把革命前就在這裡工作的員工拉到一旁吐露實話：「聽著，弗朗西斯可（Francisco），」她坦承，「我對鋁一無所知，可是我曉得如何管理。」她請他向自己介紹製作流程。從倉庫開始，卡莉站在這棟廣闊建物的入口往內望。一長排巨大鋁捲軸聳立在她面前。她徒生一個念頭：「我讓自己惹上什麼麻煩？」管理將布料縫製成罩衫和襯衫的女工是一回事。但要管理一群男人又是完全另一回事，他們使用聞起來有油耗味、塗滿油的設備工作，鍾製瓶罐鍋子時聽起來像野獸吼叫。

她凝視鋁捲片刻，不確定該說什麼或做什麼。接著她想通了。假如用某種方式看待鋁捲，它們就像成捲的布料。而她知道，任何布料首先必須從捲軸展開，放到桌上，再根據版型裁剪。這跟弗朗西斯可描述的鋁作業基本上相符。他們攤開鋁材，用裁片機切割成鋁板，再將鋁板放上沖壓機器，用模具壓製。

這些工作的安排配置，正是她在基輔所學的經濟工程學本質，只是要應用至金屬而非布料上。

她做得到。

她先從徹底的清掃開始。收歸國營三十年後，廠區髒亂不堪，窗戶破洞、屋頂漏水，到處都是垃圾和廢鋁料。她採取母親「善用每一披索」的教誨。瑟內達保留一切事物並重新利用，包括舊襯衫上的鈕釦、夾克上的拉鍊。沖壓鋁的流程並非萬無一失，諾瓦隆的老舊設備更是保證了大量失誤。有缺陷的瓶罐和鍋子從生產線上移除後，工人養成把瑕疵品帶回家用的習慣，或是特殊時期更可能發生的情況，拿去賣錢。在全哈瓦那都有的密室裡，歪掉的水壺被放進坩堝熔化，做成老美國車的裝飾品或其他難以獲得的物品，例如電視天線。卡莉禁止這一切，命令工人將不良品蒐集在固定地點。接著她把這批鋁賣給一間出口廢料的國營企業。她用這筆收入修補諾瓦隆的屋頂，替換破窗戶並修理老舊機器。工人埋怨新措施剝奪他們迫切需要的收入。不過官員注意到她的作為，並且一如往常，跟體制合作自有獎賞。

一天清晨，影子仍拉得細長，中央工作區往外擴展的邊角沒入黑暗，輕工業部長現身鋁工廠並召集工人開會。卡莉穿著她最愛的其中一套衣服闊步走進廠房，下身是原本屬於瑟內達的綴白花藍裙子，以及繡著諾瓦隆商標的灰T恤，在口袋上有一把鋁水壺。部長說，他來這裡宣告一項重要消息。擔任廠長一年後，卡莉讓工廠重回正軌，接下來她將管理諾瓦隆的所有業務，包括位於不同地點的其他廠房及總計四百人的雇員，幾乎全是男性。

當天早上有一百多位工人出席會議。大多數人鼓掌慶祝卡莉的升遷，無論他們喜不喜歡這項決定。但是在陰影後方，有個男人用西班牙語爆出粗魯用語。「該死，」那人高聲喊，「誰他媽的相信有這種事？」

「**同志（Compañero）**，」部長回應那人的評論，「此話怎講？如果你有問題，等等來辦公室我們討論一下。」

「不，」卡莉對部長說，「他不必去辦公室。」卡莉知道，大部分工人對她的年紀、性別或膚色都感到不安，因此從她報到那一刻起就心生嫌惡。停止報廢品的自由拿取並打擊偷竊行為，只有更增添他們的憤恨。她走到那位不滿男人的站立位置，看著他的臉。「你要知道，」她用其他人足以聽見的聲量告訴他，「我沒辦法把自己放進一桶漂白水就變成白人，我也不能把自己變成男人。我是一個女人，我也是一個黑人。大家對這有問題嗎？」

「沒有。」工人們高聲喊。

她直直瞪著剛剛抱怨的男人。「我猜你也只好習慣了。」她對他說。「如果沒辦法，那麼你就得滾。」

卡莉擔任總裁的前幾項措施之一是重啟一條荒廢的組裝線，製作古巴頂級雪茄包裝用的鋁管。多年前機器故障時生產中止，隨後鋁管必須從歐洲進口，可是在那裡製造並運送橫越大西洋的成本較高。卡莉命令諾瓦隆的技師釐清如何能讓生產線復工，接著她用賣鋁廢料的錢購置替換零件。沒多久她就因為生產的雪茄鋁管品質跟進口一樣好、成本卻低得多而獲得表揚。

一九九四年夏天，在卡莉已對新職位和成果擁有自信時，她出發到巴拉德望海灘度年假。這變成一項家庭傳統，一切多虧皮波的父親。他以鐵路職員的身分安排旅程，並暗中確保某些事物保留給兒子一家人。卡莉知道自己跟皮波在艱難年代過得比其他古巴人好，但她想這只是因為他們工作分外努力，並且為古巴犧牲那麼多，從在基輔的時光就是如此。為此，他們值得去海邊待一個禮拜。

同年夏天，赫黑．賈西亞的兒子赫伊在本地俱樂部和酒吧當ＤＪ。他最受歡迎的其中一套演出，地點靠近雷格拉區的尼可．羅裴茲煉油廠（Ñico López refinery），他把在那裡播的一組舞曲稱作**石油迪斯可**（**discopetroleo**）。隨著他的名氣變響亮，夢想愈發遠大，特殊時期的限制對他的影響就更沉重。他是一個坐不住、懷有抱負的二十歲青年，迫切想離開古巴。赫伊發現父親的一位朋友，小名史派克（Spike），出身關那巴科亞的友善傢伙，主辦十五歲慶典且只比赫黑小幾歲，他也覺得自己在古巴沒有未來。史派克跟赫伊開始造一艘簡陋船筏，計畫從科吉馬爾的海岸出發，那裡直到一九七〇年代中期都還屬於關那巴科亞的海岸線，並祈禱浪潮會帶他們前往九十海里外的西礁島。

赫黑發現這件事時，他並不開心。

「聽著，史派克，我不會直接插手這件事，可是如果你繼續進行計畫，最後你會死掉。」他對朋友說。「我求你別這麼做。」可是史派克和赫伊決心離開，不是走就是死。赫黑明白無法阻止他們。事實上，他也不想阻止。古巴的生活變得艱難無比，如果連五十歲的他都這麼覺得，像他兒子這般富有進取心的年輕人，在沒找到離開的路之前不會停手。唯一能保護他的方法，是擬定比乘坐自製鬆散木筏逃離更好的計畫。他又知道什麼？除了服役赴非洲從軍，他從未到過古巴以外的地方，也沒有在外海航行的經驗。但他知道有個人不同，那人海上經驗豐富，事實上還握有管道，能接觸可以輕鬆抵達西礁島和更遠處的船隻。他是一位真正的水手，負責任的漢子，剛好還是自己的家庭成員。

赫黑打算將希望寄託在妹夫拉米爾身上，就是利用閒暇時間，到聖塞巴斯蒂安街房子幫忙拉管線的那個拉米爾。幾乎就在赫黑跟瘦子永結同心的同時，拉米爾娶了瘦子的妹妹艾斯特（Ester）。拉米爾彷彿赫黑從未有過的兄弟，簡樸的鄉下男孩，憑著毅力與工作熱忱往上爬。他在港口穩定晉升，且於一九八七年派往歐洲監督新工作船隊的購買與點交，包括幾艘型號為波拉戈斯（Polargos）的大型現代拖船，配備強力消防水砲。他極其慷慨。每當踏足國外，他都把日支省下來，拿這筆錢買禮物給他的大家庭。有一次，當所有的古巴商店實際上空無一物，他從海外帶給驚喜的赫黑一條漂亮的西裝褲。赫黑再怎麼謝他都不夠。

拉米爾是帶領遠行隊的理想人選，然而赫黑擔心他對黨的忠誠會構成阻礙。拉米爾從小就加入共青團，滿三十歲時晉升為黨員。赫黑知道，想召募拉米爾加入計畫，需要另一個也在黨內的人。他去找另一個家庭成員，瘦子的哥哥艾迪（Eddy），他既是黨員、也是農業部的主任。

赫黑對艾迪直說。

「你得去找拉米爾談，讓他對這件事點頭。」他告訴艾迪。「他不會聽我的，但他會聽你的，因為你們用同樣的方式思考。」

儘管身為黨員且在政府擔任高職，艾迪對於古巴的生活不抱幻想。他已經數度嘗試逃離，沒能成功。艾迪一開始找拉米爾談，立即明瞭妹夫就跟他一樣對生活感到挫折。拉米爾對於自己奉獻了那麼多精力給黨同樣後悔不已，而且他認為前景只有更多失望。更重要的是他在努力對抗糖尿病，擔心留在古巴病情只會繼續惡化。

他們共同策劃想必萬無一失的逃離計畫。拉米爾熟知整座港口的底細，也是一位航船維修與結構專家。這趟航程的理想船隻是其中一艘新進拖船，但是它們受到嚴密監視。拉米爾看中名為三一三**號（13 de Marzo）**的舊拖船，由來是在一九五七年的這一天，一群大學生嘗試進總統府刺殺巴蒂斯塔，未竟成功。發動攻擊的日子就跟七月二十六日一樣成為革命的神聖里程碑。一九九四年初，三一三號經過徹底翻修。巨大馬達換成更新、更強力的五百匹馬力引擎，木製船殼也修整並重新上漆。在三一三號被用來運送數噸的船舶漆，前往約五十海里外的卡巴尼亞斯港（Cabanas）後返航，他相信這艘船能輕鬆抵達九十海里外的西礁島。

拉米爾預計讓妻子跟孫女留在古巴，不過兩個成年的兒子伊凡（Iván）和達里爾（Dariel）決心跟他一起走。拉米爾找來拖船船長勞烏·穆紐茲（Raúl Muñoz）加入，穆紐茲的女友和幾位親戚也要同行。他確保赫伊、史派克、妻舅艾迪·蘇瓦雷茲（Eddy Suárez）有位子，以及他們大家庭的其他成員，包括赫黑的女兒瑪利亞·維多利亞一家子，還有赫黑的大兒子菲力克斯加上妻兒。赫黑婉拒同行機會，他覺得讓年輕人有機會重新開始比較重要。此外，瘦子的身體太虛弱，無法承受這樣的航程。

到了七月初他們準備好要走，那是悶窒夏天中最熱的一段時間，使得特殊時期的匱乏更加難以忍受。參與的所有人在預定離開的早晨各自就位指定地點，不過最後一刻拉米爾喊停。美國利益代表處（U.S. Interests Section）的一艘運補船入港後，海邊的戒備升高，那是一九六一年斷交與大使館關閉後美國在哈瓦那的唯一派駐單位。拉米爾覺得此刻發動遠航風險太高，他寧可再等一個禮拜。隨後他挑好新的出發日——七月十三日星期三。

那晚拉米爾在港口當班。他妻子在家為他們養的杜賓狗太陽（Sun）辦生日會。午夜過後，幾群男女和幼童分頭往關那巴科亞市內與周遭的約定接人地點報到。在赫黑的聖塞巴斯蒂安街家中，十多個人在等待赫黑堂弟菲洛（Felo）開來的小旅遊巴士，菲洛是赫黑叔叔、游擊隊隊長古斯達沃的繼子。菲洛預計要接赫黑的兒女和其他幾位親戚，隨後開往碼頭。

在預計出逃的前幾週，赫黑的大兒子菲力克斯歷經一番良知掙扎。僅僅一年前，他皈依關那巴科亞的衛理公會（Methodist）教會，宗教就此成為他生活中的重要依靠。無法下定決心該跟弟弟妹妹一起走，或是留下來陪父母，他把決定託付給更高的力量。隨機翻開聖經一頁，他閉眼指向一個段落。那是《詩篇》（*Psalm*）第七十四篇：「不要將屬你的斑鳩交給野獸，不要永遠忘記你困苦人的性命。求你顧念所立的約，因為地上黑暗之處遍滿了兇暴。」他將這些字句解讀成不要去的明確警告。不過赫伊和瑪利亞．維多利亞確信他們的時機已到。依然單身的赫伊獨自上路，維多利亞則攜手做屠夫的丈夫埃內斯托（Ernesto），跟他們的十歲兒子胡安．馬利歐（Juan Mario）。她希望能給兒子一個真正的未來，在那裡他不只能懷抱夢想，還有機會實現夢想。全部加起來，赫黑家族中有十七位成員將他們的命運託付給拉米爾及三一三號船。

他們在聖塞巴斯蒂安街的房子等待出發信號時，胡安．馬利歐在祖父的床上睡著了。維多利亞在兒子的背包裝滿零食和飲料，告訴他睡一下，因為他們要搭很遠的車去鄉下，在那裡他可以做很多好玩的事，像是釣魚。他拿自己用木棍和一些線做的釣竿給祖父看，說自己會帶一條大魚回來當晚餐。不知道下次什麼時候能再見到胡安米（Juanmi），一向這麼喊小男孩的赫黑忍住眼淚。

「胡安米，你總是對我這麼好。」

這是一種親密的家庭儀式。「爺爺，」男孩回應，「你總是對我這麼好。」

赫黑送上晚安吻。

旅遊巴士遲到了。菲洛終於現身時，他的妻子莉瑟特・瑪利亞（Lissett María）、他們的四歲女兒吉塞兒（Giselle）、莉瑟特的叔叔吉勒摩（Guillermo）都在車上。當時已過凌晨兩點，赫黑的十多位親友坐上巴士並拉起窗簾。赫伊正要離開，赫黑在門口攔住他，看著兒子的眼睛，既擔心又興奮，隨後他們相擁。赫黑知道他這輩子不太可能離開古巴。他也知道一旦赫伊抵達佛羅里達，他再也不會回來。

「再見，」他對赫伊說，「永別了。」

巴士啟程往圓環開，布蘭卡高速公路從那裡繼續通往海岸。過幾分鐘在科吉馬爾暫停接更多乘客上車，他們隨即掉頭朝哈瓦那港駛去。瑪利亞・維多利亞拉下窗簾，好讓胡安・馬利歐入睡。不久後巴士停頓，她拉起窗簾，預料周圍站滿警察。菲洛卻是停進慈善醫院（La Benéfica）的停車場並關掉引擎。他轉開雷洛電臺（Radio Reloj），從革命前就存在、全時段播放新聞的廣播電臺，在等待的幾分鐘裡讓電臺開著，確保他們精準符合計畫的時間，抵達靠近海邊的會合地點。

接近清晨三點，菲洛發動巴士駛出停車場，離開前向兩個警衛揮手。幾分鐘後，他把車停在哈瓦那的薩爾瓦曼多碼頭（Salvamento Pier）附近，三一三號船的停泊處。大家全都留在巴士上，目光警覺注視柵門。他們的約定很簡單，菲洛守著拉米爾走出來，如果他沒戴帽子，行程取消。帽子戴著，隨即出發。

拉米爾走出柵門時戴著他的帽子。

菲洛關掉引擎，把鑰匙留在點火開關裡。人人迅速下車，一個接著一個通過柵門踏上碼頭。拖船的船員催他們趕快上船，遁入甲板底下。「小心別滑倒。」他們叮嚀想睡的旅客，其中大多數從未坐過船。「遠離馬達，貼緊船身。」

「媽媽，我們要去哪裡？」胡安・馬利歐不停問。

「露營。我們要搭一段車去鄉下。我們會玩得很開心。」

但是男孩繼續嘀咕。連他都知道，他們應該上通往山裡或海邊的高速公路，可是他們還在城裡，跟一群不認識的人在黑暗中搭一艘舊船。

「噓，」她對他示意，「噓。」

儘管拉米爾下令一切保密，消息顯然洩漏傳開，最後一刻比他預料中更多人現身。約莫三點三十分，舊拖船終於駛離碼頭，船上塞進六十八人。其中十五人是孩童，從五個月大到十二歲，另外五十三人是青少年和成年人，年紀最輕的十六歲、最大的五十出頭。

那是個漆黑夜晚，掛著一彎細長弦月。港口十分安靜。瑪利亞・維多利亞待在引擎室覺得不安穩，決定回到甲板上。她丈夫試著阻止，要她留在船員叫他們待的地方，但她堅持在甲板上比較好。她勸他一起來，他卻拒絕，於是她抓起胡安・馬利歐的手沿陡峭階梯往上爬，回到夜晚的空氣中。三一三號從碼頭悄悄駛離，沒把燈打開。拉米爾不認為這時候海上會有多繁忙，他也不希望自己這艘船引起注意。

瑪利亞・維多利亞在船尾找了一個位置，試著讓自己舒服點。她坐在一根撐起遮陽蓬的木桿旁，上頭掛著一個大鐘。胡安・馬利歐坐在她身旁的一卷繩索上。她試著哄他入睡，因為前方還有一大段路程，可是他已經過於緊張。並沒任何時刻能像夜裡無光的海上如此漆黑，令人迷失方向。男孩執意睜開眼睛凝望夜色，當城市在他們身後漸漸縮小，遼闊的茫茫外海在前方展開。

接著男孩覺得他看見某些東西。

【第二部】

Part 2

重整

Reckoning

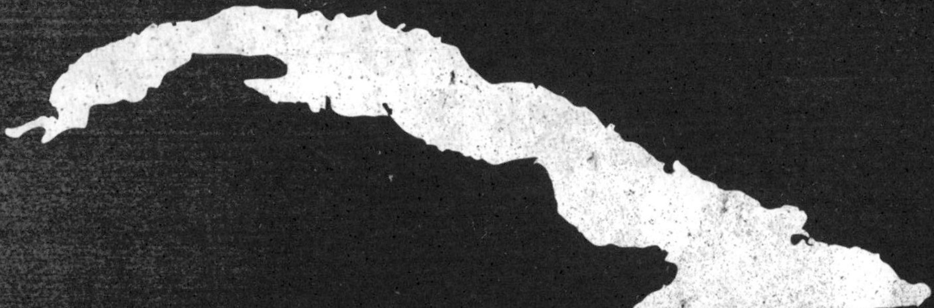

THE CUBANS

ORDINARY LIVES IN EXTRAORDINARY TIMES

第十章 哈瓦那港

・一九九四年七月十三日

「媽咪，那道光是什麼？」

瑪利亞．維多利亞看見了光，要他別擔心。「這只是另一艘船。」但是男孩看出有些事不對勁。他的手在顫抖，雙眼嚇得睜大。

「媽咪，媽咪，它愈來愈近。」

瑪利亞．維多利亞聽見駕駛艙中有人高喊他們被跟蹤了，接著察覺三一三號加快速度。她盡力窺探黑夜，隱約看出現況：在他們身後的漆黑海上有另外兩艘拖船，是幾年前拉米爾協助從歐洲帶回來的波拉戈斯新船。它們比三一三號大、速度又快，配備鋼製船身和消防水砲，發射的強力水柱射程超過一百五十碼。雙方距離不到三十英尺時，後方拖船將水砲瞄準駕駛艙並射穿窗戶。

瑪利亞・維多利亞不確定發生什麼事，緊緊抱住兒子並轉身背對逼近的拖船，試圖護住兒子。水砲發射的水猛力擊中她的背，感覺像釘子錘進皮膚裡。水把她的及腰長髮打得緊貼身體，並扯開她罩衫的接縫。

「媽咪，發生什麼事？」

「別擔心，他們會停下來。」她聽見甲板下其他幾位母親在尖叫。「最壞的情況很快就過去了，」她告訴胡安・馬利歐，「然後他們會放過我們。」

但是兩艘拖船緊追不放，持續把水柱瞄準比它們小的拖船。有些跟瑪利亞・維多利亞一起待在甲板上的女人被打得失去平衡，擔心被沖出船外，於是躲回甲板下方。她們擠進臥鋪或在引擎室裡背緊靠船身，試著安撫嚇壞的孩子。

駕駛艙中，拉米爾命令他帶來的船長勞烏・穆紐茲全速往前行駛。經過自十六世紀起守護哈瓦那的莫羅城堡（El Morro Castle）後，穆紐茲掌舵往外海駛去，試圖直奔西礁島。然而躲在沿岸外的第三艘波拉戈斯拖船加入追擊，迅速趕上同伴，並且像它們一樣，以水砲洗禮老拖船。三一三號只能設法開到離岸七海浬遠，卻沒更靠近自由。追擊的波拉戈斯拖船試圖包圍三一三號，但在公開水域幾乎沒有讓一艘拖船停下來的方法。沒其他辦法，只有一條路。

穆紐茲高喊要其他船往後退，放過他們。「你們沒看到船上有女人和小孩嗎？」他越過海面大吼。他叫一些女人再上來甲板，讓自己被看見。可是她們知道會被水襲擊，許多人留在原處。瑪利亞．維多利亞轉過身來，將胡安．馬利歐舉在前方，希望逼近的船員看見男孩會憐憫他們並停止攻擊。他們也是古巴人，甚至可能來自關那巴科亞，一旦看見船上有孩童肯定會收手。

「這一艘往我們直直衝過來。」胡安．馬利歐尖喊。從他們站的地方看起來，從後方逼近攻擊的波拉戈斯拖船彷彿巨大的鋼鐵鯊魚。他們驚恐看著拖船愈開愈近。穆紐茲要其他艘船撤退，可是它們繼續用水砲重擊三一三號，跟駕駛艙近得讓穆紐茲能看清那些船員的臉，現在他相信他們鐵了心要擊沉他的船。他在國際無線電頻道發送求救信號，懇求援助。

接連受到襲擊且疼痛，瑪利亞．維多利亞感到力量逐漸不支。她在老拖船左右起伏時繼續緊抓遮陽篷的桿子。寂靜夜裡充塞艙內女人的恐懼尖叫與追擊船員的辱罵聲。水砲的水淹進引擎室，噴射而出的蒸汽構成厚厚一團煙霧，有些人甚至覺得三一三號著火了。

這是他們沒人想像過的惡夢。即使情況如此惡劣，沒什麼能讓他們對接下來的發展做好心理準備。

明瞭自己不可能甩掉三艘更新、更快的拖船，穆紐茲把引擎熄火。他心想，最壞的情況是被拖回港口，因未獲許可企圖偷渡出國而遭逮捕。他跟其他男人可能會入獄，不過女人和小孩會獲准回家。這不是他們駛離薩爾瓦曼多碼頭時期望的結果，但他可以接受。

三一三號隨波逐流時，有艘追擊拖船沒關掉引擎，逕直朝他們駛去，接著從後方狠狠撞擊三一三號船。拖船並未就此罷休，而是繼續衝出海面並攀上船尾，壓碎木製甲板。

「我們放棄，」胡安·馬利歐尖叫。瑪利亞·維多利亞感覺得到他在發抖。「我們投降。」

這次撞擊扯開木製甲板並刺穿船身。拉米爾被撞落入海。三一三號船進水了。穆紐茲知道大部分女人和小孩仍然在甲板下，他拚命撬開前甲板的艙蓋，試圖拯救人們別溺死。他跟另一個男人使盡全力拉，他們能聽見女人們敲擊艙蓋並尖喊：「打開它，勞烏！打開它！」艙蓋被厚實的螺栓鎖住，兩人無法撼動分毫。老拖船猛然傾斜，使海水急衝過甲板並沿階梯往下灌入引擎室。穆紐茲推開另一個人，最後一次使出全力嘗試自己撬開蓋子。接著艙蓋底的敲擊倏忽停止，他知道自己太遲了。幾秒後，他察覺甲板消失在腳下。當湧入的海水擠出剩餘氣體，他聽見空氣從後方船身溢出的巨響，這時他明白萬事已矣。

周圍太黑又太混亂，瑪利亞·維多利亞分不清是水在上漲或船在下沉。她連忙將胡安．馬利歐的雙腳擺在腰間，並且要他把雙臂環抱自己的脖子。

「抓緊了。」在海水完全吞噬他們之前，她蓄積所剩的一切力量。「別放手，深深吸一口氣，然後把你的嘴巴閉緊。」

「知道了，媽咪。」

他的聲音微弱到她幾乎聽不見。

用不著幾分鐘，三一三號船就消失在海浪下。

瑪利亞．維多利亞和她的兒子被黑暗大海吞噬，在那可怕的幾秒間，他們只能無助地愈沉愈深。儘管古巴任一點離海都不超過六十英里，一項奇怪的事實是大部分古巴人從沒學過游泳，包括她在內。然而她是將獨子的命運名副其實承擔在自己肩頭的年輕母親，她曉得該踢動雙腿，而且要用力踢。她在水面短暫起伏後又再下沉。她使出更多力氣踢，胡安．馬利歐緊緊抓牢。

「胡安米！」她二度浮出水面時高喊，大口喘氣。胡安米是大家喊這個滿臉燦笑男孩的方式，他永遠不說一句怨言做完家務，想帶一條大魚回去給祖父當晚餐。

「胡安米！」

她沒聽見他回答。他仍然抓著，可是沒什麼動靜。她覺得他昏厥了。

她設法邊踩水邊胡亂擺動手臂，試著找到能抓的東西。在黑暗中，她瞥見一個像板子的輪廓，也可能是木筏。她疾撲過去，卻驚恐發現那不是一塊板子，而是一具屍體。她認出那是羅莎（Rosa）穿的紅罩衫，她曾聽見在引擎室尖叫的其中一個女人。她看得出羅莎死了，卻無從知道羅莎也許歷經心臟病發，才讓她的屍體保持漂浮。瑪利亞・維多利亞當時只曉得自己也會死，除非使出僅有的力氣抓住羅莎。

「救命！誰來救救我。」瑪利亞・維多利亞嘶吼，害怕自己會在兒子仍在背上、他的雙腿仍在腰間、他的細瘦手臂仍垂在她累垮肩膀時溺死。她看著三艘波拉戈斯拖船圍繞殘骸打轉，一度心想船員會拋下繩索救他們。有個人把探照燈朝倖存者照，可是接下來，什麼動靜都沒有。沒人拋給他們救生圈，或搭救生艇駛來。繞行的拖船導致水流旋轉，使她甚至更難保持漂浮。在她四周，人們尖叫求助。她瘋狂尋找丈夫和弟弟，可是到處都沒看見他們兩個。她只能勉強認清其他倖存者的頭在水面載浮載沉。

她不知道自己還能堅持多久，這時她瞥見某個帶來希望的景象。人們攀附在一個從拖船掉落的大保冷箱上。「埃內斯托！赫伊！」她大喊。無人應答。

「抓緊了。」她告訴胡安・馬利歐。她把羅莎的屍體往前推。距離保冷箱一臂之遙時，她放掉死屍，伸手去抓箱子。有個人抓住她的手臂往前拉，讓她能慢慢攀上保冷箱的一側。有幾秒鐘，她放任內心去想他們終將得救。但隨即有個男人從後面抓住她的腳，試圖把他自己拉近保冷箱，使她驚慌失措。瑪利亞・維多利亞撲向保冷箱邊緣，希望這樣可以不被拉下來，可是她的猛烈動作導致整個箱子翻覆。原本抓著箱子的人們失去著力點，翻壓到她身上。臂膀和手掌揮抓拉扯，在混亂之中，拚命嘗試要在無光外海難以想像的際遇活下來，在釀成悲劇前如此天真開展的那個夜晚，瑪利亞・維多利亞察覺唯一的兒子從她背上靜靜滑落。

「誰來抓住他！」她尖喊，「在他淹死前抓住他！」

她眼睜睜失去他。

他死了。

他們全都死了。

第十一章　關那巴科亞

・一九九四年七月十三日

大家都搭上巴士離開後，赫黑・賈西亞知道自己會想念他們所有人，但是他也感到欣慰，就在幾個小時之內，他們將遠離使生活黯淡無望、難以忍受置身古巴目睹下次日出的一切。黑暗之中，他和瘦子談論少了他們的生活將會如何的想像。有一天，假如愚行終結，或許他們的生活能回到記憶中的模樣，那時古巴還沒變成他們不認得的古巴。

他們待在電話旁邊，期盼拉米爾的兄弟通風報信，他在哈瓦那舊城區的公寓看得見港口。他答應一看見三一三號出航就打來，然而沒接到他的消息時他們並不驚慌，電話系統太不可靠了。他們關燈試著入睡，期盼瑪利亞・維多利亞或赫伊很快就會從佛羅里達打來，告訴他們胡安米和其他所有人都終獲自由。

但是過度焦慮讓人睡不久，天剛破曉他們就起床。他們轉開雷洛電臺，喝著習慣的那杯醇厚濃縮咖啡，一邊聆聽陪伴新聞聽眾整天的響亮時鐘滴答聲。還沒喝完第一杯咖啡，他們就聽見令人警醒的消息。一艘不知名的船在離岸數海里處翻覆。有人溺死，人數不明。他們緊繃著想聽細節卻落空，沒提到拖船，也沒說到船上有女人和小孩的事。風勢靜止，只有幾片雲高掛暗空中。拉米爾向他們保證過這艘老拖船狀況很好，絕對沒有什麼事可能出錯。

赫黑的叔叔卡洛斯（Carlos）第一個上門。

「嘿，你聽到新聞了嗎？」他走進來時問。

「我不覺得他們是在講我們的船。」赫黑告訴他，不願設想難以置信的場面，儘管他已經從廣播聽到消息。

九點左右，赫黑往外看時，兩個男人走進這一區的革命委員會辦公室，位於街道下方。當他們跟委員會主委安赫利塔（Angelita）一起乘車離開，赫黑開始擔心有什麼可能真的出錯。拉米爾的拖船引擎故障了嗎？他們遇到詭異的暴風襲擊或撞上礁石？他把憂愁藏在心裡，試著別讓瘦子難過。

大約十一點，瑪利亞．維多利亞丈夫的兄弟帶著壞消息衝進屋內。

「現在他們說翻覆的是一艘遭竊的拖船。」他告訴他們。

新聞報導模糊得惱人，不過毫無疑問，對他們而言，一個消息比一個更糟。中午時分，赫黑的耐心耗盡。坐著等消息令人提心吊膽，更別說是壞消息。拉米爾的妻子艾斯特就住在附近。「或許她知道些什麼。」他說。當他們準備出門，一輛白色拉達牌轎車開往街道下方學校旁的診所。在古巴，人人都知道白色拉達是官方的車。在屋外等妻子的赫黑，看著一位身穿綠色軍裝的男人走進診所。不久後，軍官跟一位本地醫生並肩出來，雙雙坐進拉達車。車輛緩緩沿聖塞巴斯蒂安街開來，停在赫黑家前面。

軍官保持筆挺動作下車。他打開後座車門，伸出手給一個詭異、溼漉漉的身影。赫黑花了幾秒才認出自己的女兒。他嚇壞了。當時二十八歲的瑪利亞·維多利亞，看起來完全不像幾小時前才離開這棟屋子的那個人。她的黑色長髮有如海草般緊貼後背，聞起來有柴油的味道。她的罩衫撕裂，臉、手臂、背和腿上布滿藍黑瘀青。她的鞋子不見了，眼神呆滯。他們進屋時，醫師勸瘦子坐下。赫黑聽見那句話後，做好準備面對最壞的情況。軍官把他拉到一旁。

「我不想跟這件事有任何關係，但是我接到命令。」軍官說，音量低到瘦子聽不見。「那是一場意外。」

赫黑看著他的女兒。渾身顫抖，她說：「爸爸，赫伊死了。」

聽說這樁噩耗，瘦子發出一聲尖叫，相隔幾間房子都能聽見。

「埃內斯托也是。」

「胡安．馬利歐也是。」

官員看著赫黑。「現在我該離開了。」他說。看到拉達車也聽見尖叫的鄰居紛紛上門來探問情況。赫黑把女兒帶上屋頂，讓她遠離人群。

「告訴我發生什麼事。」

她告訴他關於水砲的事，猛烈的水流不斷、不斷擊中他們，反覆不休。她給他看臉和手上的瘀青，水重擊到她幾乎無法呼吸。

「我甚至把胡安．馬利歐舉起來，讓他們看船上有小孩，我簡直無法相信，他們把水砲轉向他，用水射他，直到我護住他。」

「其他人呢？」他追問。「還有誰活下來？」

「伊凡，」她說，「達里爾，跟我。」

「那其他人呢？」

「他們死了，爸爸。他們全部。」

「你們兩個在說什麼？」瘦子緩緩爬上階梯。

他無法告訴她恐怖的真相，包括他們兒子、孫子、女婿、妹夫拉米爾在內的所有人，總計十四位家族成員失蹤，再加上幾小時前還共同歡笑的史派克，以及其他摯友和鄰人。那天登上三一三號的六十八位成人與孩童中，共三十七人死亡。瑪利亞．維多利亞屬於倖存的那三十一人，但是赫黑看得出她身心受創。假使讓瘦子知道慘劇的規模，必定會傷透她脆弱的心。相反的，他告訴瘦子廣播在說謊。雷洛電臺描述這是一場意外，然而瑪利亞．維多利亞的遭遇絕非意外。

赫黑用他唯一知道的方式發洩悲憤。沒有一個古巴記者敢碰他們必須傾訴的故事，於是他訴諸透過養狗工作認識的一位外國記者。費南多．拉弗斯貝格（Fernando Ravsberg）是長期駐哈瓦那的自由接案外籍記者，最近為了英國廣播公司（ＢＢＣ）的一篇古巴報導訪談赫黑和他的杜賓狗。赫黑在沉船當晚打給拉弗斯貝格，告訴他雷洛電臺報導的並非事實。「明天帶你的攝影機來」，赫黑對他說，「瑪利亞．維多利亞會吐露實際發生的真相。」

違背政府的說法一定會有後果，但她不在乎。她還有什麼好損失？她的丈夫死了，兒子死了，她的弟弟、姨丈、表兄弟全都死了。聖塞巴斯蒂安街屋內充滿悲痛與混亂，不可能在這裡進行訪談，於是他們安排拉弗斯貝格把攝影機架在瑪利亞．維多利亞的公公桑提雅各（Santiago）家，他也住在關那巴科亞。當拉弗斯貝格打開攝影機，瑪利亞・維多利亞陳述其他艘拖船如何蓄意撞沉三一三號，隨後又忽視倖存者求援的可怕細節。講到胡安・馬利歐最終從自己背上滑落的地獄時刻，她在鏡頭前落淚，並表明當時是刻意不留生還者。她說有看見古巴海岸巡防隊（Cuban Coast Guard）的一艘巡邏艇在附近待命，卻未伸出援手，直到高掛希臘國旗的途經貨輪駛近。直到那時候海岸巡防隊才拋給他們救生圈，拉他們上船。她沒看見任何人嘗試取回死者屍體，包括羅莎在內。她和其他生還者被載上岸後，女人和小孩受到簡短訊問後釋放，男人被帶往古巴的國安機構總部馬里斯塔中心（Villa Marista）拘留。

瑪利亞・維多利亞的酸楚陳述跟政府的事件說法截然相反。古巴共產黨官方報紙《格拉瑪報》（*Granma*），即此不容許獨立媒體刊登國家的主要資訊來源，報導有一群反社會分子以「不負責任的海盜行為」動武劫走拖船。只要是行為不符合紀律、忠誠與革命熱忱預期標準的任何人，都適用反社會分子的稱號。關於沉船的第一篇文章描述拖船在離岸約七海里處「翻覆」，古巴海岸巡防隊行為營救三十一位生還者時行為「英勇」。報導僅有三段，刊登在七月十四日報紙的第二版底部。文中提及死者「數目不詳」，但是沒有寫出姓名。

拉弗斯貝格製作的瑪利亞・維多利亞訪談設法送到邁阿密，七月十五日在當地的西班牙語頻道五十一臺播出。若非古巴人在必要時刻的創造力，古巴不會有人知道這件事。邁阿密的廣播電視常經由咖啡罐和廢金屬拼湊成的碟型天線接收。只要這些天線不被政府發現，人們就能得知政權不想讓他們知道的事。

但即使善於機智應變，除了關那巴科亞的一小群哀傷親友，古巴相當少人明白那三十七人在離岸七海里處的死亡真相。

接下來幾天，《格拉瑪報》刊出數篇關於事件的報導，卻未對失去這麼多生命表達半句憤慨陳詞。有些生還者遭到延長監禁的威脅，說出跟瑪利亞・維多利亞相反的描述，而《格拉瑪報》從未刊載、更不肯承認後者的事件說法。其中一則對於事發經過最具譴責意味的陳述，來自她的表兄弟達里爾・普利埃多・蘇瓦雷茲（Dariel Prieto Suárez），也就是拉米爾的兒子，當時關在牢裡身受莫大脅迫。他是國安機構成員，擔任一位內務部官員的駕駛。《格拉瑪報》於沉船約十天後刊出一篇社論，引述他在馬里斯塔中心表明死亡責任一方面落在父親身上，另一方則是決定帶小孩涉險踏上非法遠行的每一位成年人。

〈不負責任之輩的痛苦教訓〉是《格拉瑪報》一篇罕見滿版署名社論的標題，意圖為此事件下定論。文中將拉米爾描繪成狡猾的圖謀不軌者，對夜班警衛下藥、割斷鎖鏈、破壞門鎖去偷竊一艘船齡達一百一十五年且已知不適合航海的漏水木船。這篇文章指出，拖船最後一次檢測時在木製船身上發現好幾個滲漏處。據《格拉瑪報》所述，檢測報告論斷三一三號應該「僅限於港內工作」。

《格拉瑪報》敘述，在其中一艘波拉戈斯拖船試圖阻止竊賊偷走屬於古巴人民的財產之際，那艘拖船沉沒了。波拉戈斯意外衝撞老拖船，撞穿了船身。把人數不明、除拉米爾外從未揭露死者姓名的死亡責任，明顯怪罪在拿自己孩子生命冒險的大人身上。「光是船上超過六十人、只有四件救生衣仍要出海的行為，就表明想出這個點子人們的不負責任程度。」《格拉瑪報》斥責。「如果今天他們有三十一人還活著，那是因為半夜奮力拯救他們之人採取的行動。」

達里爾的哥哥伊凡也關在馬里斯塔中心。他設法通過波拉戈斯水砲擊碎的駕駛艙後門，才在沉船時倖存。跟其他許多人不同，他在校時學會游泳，而那或許救了他一命。國安特務審訊他時，要他慶幸自己安全待在牢裡，因為人們對於讓孩童涉險的成年人憤怒不已。他們拿給他一份刊載自己兄弟譴責言論的《格拉瑪報》，卻絲毫未提及瑪利亞·維多利亞說出截然不同故事的電視訪問。

一九九四年的那個夏天創下最炎熱記錄，讓只貪圖過一天算一天的古巴人更添痛苦。導致瑪利亞・德卡門被控以珍貴海鮮非法自肥的懷疑與敵意，使得赫黑和他的家人被有效冠上國家敵人的汙名。他投注莫大心血在聖塞巴斯蒂安街興建的房子，成為快速應變部隊（Rapid Response Brigades）的首要目標，成群忠黨人士站在屋外反覆辱罵，譴責赫黑與家人使得他們帶上拖船的孩童陷入危難。「懦夫！」他們高喊。「反社會的反革命分子！」他們主張這家人受到「邁阿密黑幫（Miami Mafia）」掌控，那群仇視卡斯楚的古巴流亡者不惜一切要推翻他的政權。

赫黑被傷痛與憤怒吞噬，但是他也深感內疚，自己曾撮合艾迪和拉米爾，並鼓勵赫伊和其他人離開。與此同時，政府散播的明顯謊言使他憤慨。拉米爾下藥迷昏夜班警衛？荒謬。竊賊？如果他們要偷東西，菲洛幹嘛把鑰匙留在旅遊巴士的點火開關裡，好讓旅行社能在隔天早上取回車輛？最讓他心煩的是，衝撞拖船的波拉戈斯駕駛被描繪成英雄而非殺人犯。

沉船後不久的某天，有個穿便服的男子現身聖塞巴斯蒂安街的房子。

「我想跟你談一談。」男子說道，「私下談。」

到那時，赫黑對於突然出現在家門口的人已心生懷疑。但是這個人散發某種說服力，他說要吐露重要訊息時態度平靜而堅持。

赫黑帶他上樓，遠離其他家人並且把門帶上。

「有什麼事？」

男子從口袋裡拿出一張紙，上面寫著波拉戈斯船員的姓名與住址。

赫黑不確定該怎麼做。他認得一些在關那巴科亞的地址，可是他無從知曉名單上的人是否確實操控拖船。如果這是某種陷阱，想設計他遭控言語威脅或不實告發怎麼辦？他只知道自己必須做些什麼。他騎上赫伊的腳踏車，出發去找他最需要質問的一個人——名單上指認為撞擊三一三號的波拉戈斯船長。地址很熟悉，跟瑪利亞・維多利亞的公公家只隔幾棟房子。赫黑找到他的目標，在大街上的爭論並不愉快，船長承認他參與扣留三一三號，卻否認自己的船是撞沉對方那艘。（馬蒂電台指認他並在廣播中公開他的名字：赫速斯・馬汀內茲〔Jesús Martínez〕）他拒絕承擔死傷的責任，不過他說的某件事讓赫黑確信三一三號遭到伏擊。馬汀內茲當晚並未排班，他不假思索透露最後一刻接獲緊急呼叫，因為要展開「一項行動」。

當古巴官方媒體忽視或淡化沉船事件，馬蒂電台則詳加報導，描述種種悲慘細節，並屏息指陳哈瓦那的緊張態勢隨著飆升的夏季氣溫一同上揚。古巴政府干擾馬蒂電台的訊號，不過無法完全阻絕。傳聞開始在關那巴科亞和哈瓦那熱氣蒸騰的街道流轉，談論很快就會有私人船隊駛向古巴，馬里埃爾事件即將重演。傳聞只是謠言，肇因於特殊時期受苦數年的疲憊憤怒古巴人的妄想，受到過度樂觀的邁阿密古巴裔美國人複述並誇大，他們太想相信菲德爾的氣數已盡。

首都一觸即發之際，最急切的一群人決定他們再也無法等待。正如瑪利亞·維多利亞和其他人將港口視為通往自由之路，一小群古巴人試圖利用小型的雷格拉渡輪當作出路。三一三號沉沒兩週後的七月二十六日，即一九五三年攻擊蒙卡達兵營失敗、後續引發卡斯楚革命的傳統紀念日，一艘名為巴拉瓜（Baraguá）的渡輪緩緩橫越哈瓦那港時遭到劫持。數名男子控制擁擠的渡輪，將船駛向外海。他們成功抵達國際海域，被一架美國海岸防衛隊（U.S. Coast Guard）的巡邏艦攔截。想繼續前往美國的十五位乘客被接走，渡輪和剩下的乘客則獲放行返航古巴。

相隔不過一週，另一艘渡輪遭到挾持，這次船上有一位不尋常的乘客。赫黑的外甥伊凡才剛從馬里斯塔中心獲釋，但是他的弟弟達里爾還關在裡面。伊凡跟母親要去哈瓦那見一位律師，希望他能幫助達里爾獲釋。歷經三一三號的煎熬後害怕在重回海上，伊凡等了一個多小時的公車，卻一輛都沒來。他跟母親不情願地擠上一艘叫科布雷（La Coubre）的港口渡輪。船上擠到有人攀在無遮蔽的船舷上，懸空的腳只離汙濁海水幾英吋。渡輪徐行越港時伊凡聽見喊叫聲。起初，他想這不過是又一次人們擠得太近而爆發的爭吵。然而當人群散開，他看見有個人緊握看似手榴彈的物品，另一個人則揮舞著手槍和一把刀。他們命令船長開往佛羅里達。

渡輪在柴油耗盡前抵達國際海域。一艘美國海岸防衛隊巡邏艦前來攔截，並且讓船上的一百九十位乘客選擇被帶往佛羅里達或返回古巴。對伊凡而言，如此事件轉折令人不知所措。他父親試圖給人逃離的機會而死，基於某種奇蹟，他現在獲得相同的機會。他只需要做出選擇，就能得到自由。「去吧，」母親勸他，「我會照顧你弟弟，別擔心。」

科布雷渡輪上的一百九十位乘客中，一百一十七位決定到佛羅里達碰運氣。伊凡不在裡頭。不願在弟弟遭羈押時留下守寡的母親孤身一人，伊凡跟她和另外七十一人搭上派來接人的古巴海岸巡防隊快艇。船航向古巴時，伊凡站立在甲板眺望海岸線。游泳、武術和其他體能活動讓他擁有寬闊的肩膀和靜不下來的活力。他聽見嘈雜的聲音抬頭看。一架白藍相間的兄弟救援會（Brothers to the Rescue）小飛機從邁阿密飛來，在空中搜尋企圖逃離古巴的船筏。

海岸巡防隊快艇停靠在古巴時，他們受到呼聲歡迎。拒絕美國人虛偽邀請的真正古巴人在這裡。革命決心的象徵在這裡。

包括伊凡在內。

不過三週前，《格拉瑪報》譴責他不負責任，是反社會的罪犯。

現在他成了英雄。

八月四日，科布雷號事件的隔天，巴拉瓜渡輪再度遭到劫持。劫船客威脅船長，不帶他們去佛羅里達就要傷害乘客。巴拉瓜號這次沒走多遠。沒人多帶柴油，小渡輪還在古巴海域就用光燃料。引擎熄火後，潮水將渡輪推向岸邊。

劫船客是一群瀕臨徹底精神崩潰絕望人民的象徵。接著在八月五日星期五的早晨，又有一艘渡輪被狹持的風聲傳開來。人們湧往海邊看，但隨著群眾愈來愈多，警察把他們往後推。發生一些推擠，還有人開槍。新的傳言開始散播，馬蒂電台一直在報導的船隊即將駛離佛羅里達，把更多人吸引來岸邊。他們擠在海堤邊眺望地平線，尋覓著期盼能帶他們通往自由的船影。

第十二章　哈瓦那港

・一九九四年八月五日

即使在特殊時期最壞的日子，當家中停電的時間遠超過有電；當丙烷瓦斯消失，使她不得不發明一種方式用煙冒得不像話的煤油來煮飯；當她發現自己在囤積大蕉皮，施一點烹飪魔法和暗示的力量就能哄騙成肉的替代品，蜜利安・迪亞茲（Miriam Díaz）明白生活繼續在過，嬰兒照樣出生，少女依然慶祝十五歲，而她的小兒子阿道貝托（Adalberto）打算娶一位關那巴科亞的好女孩。婚禮安排在一九九四年那個炎熱的夏季末。出身關那巴科亞古老家族、育有三子的驕傲母親蜜利安一心想耀眼登場。她可以幫自己縫製洋裝，還有幾件私藏的老珠寶。可是她僅有的一雙鞋早已磨損破舊。在她當夜總會主持人時這雙鞋鞠躬盡瘁，但無論現在是不是特殊時期，穿它們出席阿道貝托的婚禮絕無可能。

離大日子只剩幾個星期，她從關那巴科亞市中心搭二十九路公車到附近的雷格拉區，再乘渡輪去哈瓦那中區找一雙像樣的高跟鞋。她聽聞渡輪先前一再遭到劫持，七月時友人史派克跟三一三號船上多人溺死的消息也使她心傷。但是古巴人有一項特點——無論周遭發生什麼事，他們有辦法高度專注在自身和自己的需求，以至於根本不覺得有任何壞事會臨頭。這段時期既瘋狂且難以預測，不過此刻對她而言，沒有什麼比找到婚禮穿的鞋更重要。而搭渡輪過港是買到鞋的唯一方式。

蜜利安四十七歲，老到足以記得沿著哈瓦那的奧比斯波（Obispo）、加里亞諾（Galiano）和聖拉斐爾（San Rafael）等街道，時髦店家堆滿來自全世界的最新時尚。然而那是在資本主義被逐出古巴以前，距今已有數十年。取而代之的是她支持的共產主義和社會主義，為像她這樣的女性帶來醫院、學校和更大的機會。當然，那些宏偉的舊百貨公司一一消失多有不便，換成只供應低價、不吸引人服飾的國營商店。忘掉鞋子吧！她逐漸接受生活中總是有妥協，直到特殊時期結束前，她只好湊合著穿店裡有的衣物。慰藉是人人都必須這麼做。

小渡輪越過港口時，蜜利安只盼聖拉斐爾大道的寄售店裡，會有一雙別人沒那麼過時的鞋，不讓她顯得老氣。也許她能挑到對的顏色，夠幸運的話還能拿到剛好的尺寸。跟其他乘客一起走下擁擠渡輪時，她的心思全集中在找鞋的事。但當她預期群眾散開，海濱依然滿是人潮，放眼望去看不見隊伍的盡頭。嘉年華會已經開始場佈了嗎？高溫悶熱，她覺得海邊會比較涼爽，可是人多到她無法靠近一步。她橫越到街道另一側，卻撞進更多人群。

「發生什麼事了？」她詢問馬雷貢大道上的某個人。

「船。我們在等船來。」

蜜利安掃視地平線，卻沒看見任何船影。她轉身眼前是茫茫人海。在群眾邊緣，她注意到幾輛警用機車，身穿制服的員警站在一旁。她試著穿越人群走向從馬雷貢大道岔出的一條小路，偶然闖進一群憤怒的年輕男子，在八月的逼人高溫中裸露上身。許多人拿著石頭或棍子，喊話在她耳邊轟然作響。她以往從沒聽過這些事公開表達：「打倒菲德爾！」他們高喊，眼中燃燒怒火。「自由！」有個人爬上一輛白色拉達轎車的引擎蓋並高舉手槍時，一些人開始奔跑。堅守在他周圍的人們喊著：「兇手！兇手！」

接著冒出一輛卡車，人群多到分不清是從哪個方向駛來。一組人站在敞開的車斗上。等車開得更近，她看到他們穿著便服長褲，T恤上印著「**布拉斯．羅加．卡迪里歐分隊（CONTINGENTE BLAS ROCA CALDERÍO）**」的字樣，那是由政府掌控的建築工班，以一位握有權勢的古巴共產黨員命名。不過他們顯然並非建築工人，因為每個人都手持警棍。蜜利安聽說每當發生麻煩，政府就派出喬裝警察，讓人覺得是普通工人，而非警員在試圖平息騷亂。當隊員跳下卡車，有個女人被推出人群朝他們撞去。蜜利安看見那女人的頭沾滿血，覺得相當難受。她聽見周圍的人再度高喊「兇手！」時驚慌不已並試圖脫身，越過坑坑疤疤的街道，再繼續穿過破敗的建物和堆滿垃圾的空地。她彎過街角繼續走，都過了聖拉斐爾大道也沒去找那間寄售店。直到抵達古巴國家劇院（National Theater of Cuba），她才停下腳步歇息。幾個女人站在那裡，帶著小孩和一些大件行李。她們說是聽聞有船來載人離開，才過來市中心。至於妳，她們想知道，妳也在等船嗎？

「我只是來買一雙參加兒子婚禮的鞋。」她告訴他們。「僅此而已。」

蜜利安不知道自己陷入什麼麻煩，她也不想查明。她往公車站走去，希望從騷亂中脫身。鞋只能改天再回來買了。經過長久的等待，公車終於到站。司機說走原路繞行港口到關那巴科亞太危險，他要改開往遠離港口的拉維波拉區（La Vibora）。蜜利安有個阿姨住在那裡，於是她搭上公車，聽司機的建議一路把頭伏低以免石頭扔過來。

那天晚上，蜜利安跟阿姨一起收看電視新聞。主播報導人們被「邁阿密黑幫」的假謠言吸引到海邊，隨後演變成暴力事件，造成兩名警員死亡與三十五人受傷。隨著溫度升高，人群愈來愈多，直到他們往前推湧並打破窗戶。在馬雷貢大道上的杜維爾飯店（Hotel Deauville），也就是蜜利安當時位置的附近，警方跟主播所謂的不良青年、吸毒犯與反社會問題分子間爆發危險衝突。

「那是謊言。」蜜利安告訴她阿姨。「他們說的是謊言。相信我。他們說那些人是吸毒犯？我親眼看見的，完全不是那回事。」

她人在現場，感受到群眾的憤怒，目睹抗議者臉上的失望。她只見證當天馬雷貢大道上事發的一小部分，但在她看來，那絕非不良青年所引起。那是一場自發的反卡斯楚政府公眾示威——她生平第一次遇見，對古巴任何人都是第一次目睹。群眾在抗議上百個日子的停電、酷熱公寓、劣質食物、髒衣服，以及有電時的乏味電視節目。曾經難以置信的事，諸如古巴人民抨擊菲德爾、譴責革命，並且像一群憤怒、絕望暴徒般湧上街頭打破窗戶、洗劫店鋪、疾呼政府下臺，這些全在她住的關那巴科亞一水之隔處上演。古巴只有一個全國新聞節目，關於當天的報導根本違背事實。假如這篇報導是謊言，她不得不去想，那她從電視上聽說、或者在《格拉瑪報》讀到卻未親眼目睹的事呢？被劫持的渡輪呢？史派克和拖船又是如何？

一週後，蜜利安再度搭上渡輪，越過汙濁港灣在哈瓦那舊城區下船，繼續尋找婚禮穿的鞋。這一次她找到了。鞋子不便宜，要花上好幾個月的薪水，但至少她知道在兒子的婚禮能夠體面亮相。一個問題解決了，然而政府欺騙她、欺騙所有人，以及自己以某種方式長久活在謊言中的不安感揮之不去。

九十海里是古巴與西礁島之間的距離，馬雷貢大道上的抗議群眾相信正是這段距離將他們與自由分隔。九十英里也是哈瓦那與巴拉德望海灘的距離，就在馬雷貢大道爆發抗議的同一天，卡莉、皮波和其他家人又度過另一個陽光明媚的假期。

當週稍早抵達巴拉德望時，他們的幸福臻至頂峰。皮波的父親又在伊貝羅斯塔・巴洛溫多飯店（Iberostar Barlovento Hotel）幫他們訂好房間，那裡由西班牙飯店連鎖集團與古巴政府合資經營。住在豪華度假勝地的一週期間，他們彷彿被傳送到另一個國家。蜜利安與赫黑煎煮葡萄柚皮之際，飯店的自助餐檯上擺著真正的肉、水果和麵包，應有盡有，想吃多少都行！這是菲德爾對於失去蘇聯援助的其中一種應對方式，自掌權以來首度向國際旅遊業開放古巴。飯店裡有一座美麗泳池，供奧斯卡與表兄弟玩耍。卡莉和皮波有自己的房間，艾絲貝蘭薩和米格爾也有。瑟內達自己住另一間房，也負責照顧男孩們。價格並不便宜，不過他們能輕鬆負擔。卡莉是一間製造業大公司的總裁，皮波則在朋友建議下，赴科吉馬爾一處活動中心暨國營商店擔任客服主管。在那裡，除了領薪水他還能以折扣價購買日常用品，讓他們省下更多錢，向來無需吃煎葡萄柚皮。

在蜜利安去買婚禮高跟鞋的那個星期五，卡莉和家人希望在假期的最後一個整天能玩得盡興。炎熱天氣下，巴拉德望的清澈海水依然涼爽，他們白天幾乎都待在潔白沙灘上。剛過中午，他們回巴洛溫多飯店吃中餐。穿越大廳時，卡莉剛好瞥見電視，畫面使她驟然停步。飯店有外國電視臺的訊號，包括美國有線電視新聞網（CNN）。卡莉站在大廳看著憤怒暴徒在馬雷貢大道狂奔，打破窗戶、扔石頭棍棒的畫面，高喊著令她不敢置信的口號：「打倒菲德爾！」

「看啊，」瑟內達說，調侃卡莉，「這就是妳的哈瓦那。看著吧，就在妳眼前垮了。」卡莉和艾絲貝蘭薩敬愛自己的母親，但是她看待古巴革命政府的觀點跟兩姊妹愈拉愈遠。瑟內達曾經全心相信菲德爾與革命，他帶給古巴的變革也使她本身獲益。可是年輕時，瑟內達聽過自己的母親咒罵影響牙買加的社會主義，而生活遭逢挫折失望重新燃起她心中的恐懼與憤恨。長久尋找住房使她留下積怨，特殊時期又耗盡她對革命的最後一絲忠誠。她已經年長到無法離開，去某個地方展開新生活。但是她顧慮家人的現況，尤其是卡莉，她似乎把黨看得比家庭還重。

卡莉擺出瑟內達心目中的**忠貞黨員**（**partidista**）姿態，回應母親的嘲諷：「那不是古巴。」她說，指著電視。「這只是敵人把影像剪在一起，讓人覺得是這裡發生的事。」

「噢，妳這麼覺得？看哪！看清楚這是怎麼回事！」

卡莉注視電視時，瑟內達的嘲弄話語在耳邊迴盪。她仍然不願相信眼前的景象為真。「妳知道敵人的能耐。這只是他們把找到的影像剪接在一起，好讓畫面看起來像在抗議。但這不是真的。」她衝出大廳，把奧斯卡拉到樓上房裡。她轉開電視，憂心忡忡看著更多馬雷貢大道暴徒的情景充斥螢幕。

卡莉拒絕承認那是本國人民的行徑，以如此不知感恩的方式攻擊政府財產，並高喊仇恨言語。她知道特殊時期對其他人而言比自己艱困許多，她在鋁工廠天天都見證這一點，但是古巴從一九五九年以來歷經多次挑戰，人民從來沒有過這樣的反應。**也許是特殊時期跟他們吃的東西使他們瘋狂**，她心想，**惡劣的遭遇使他們盲目，看不出這只是途中的坑洞，絕非一條死路**。她這一代人為了建立新國家傾注所有，難以想像有任何成員會反叛黨，或做出劫持渡輪逃往佛羅里達般的冒險舉動。

她試著不去想馬雷貢大道的情景，而是專注在假期剩下的寶貴時間。隔天他們要啟程回到雷格拉，何必浪費時間擔心根本不存在的事？

蜜利安・迪亞茲偶然撞見抗議最激烈的部分，古巴人大多從未目睹她看見的情景。他們也接觸不到卡莉在外國新聞節目中所見。在多數古巴人眼中，一九九四年八月五日發生的事，並非古巴人不滿卡斯楚治下古巴而發起前所未有的群眾抗議，而是人民對於領導者情感的堅定展現。國營媒體淡化抗議，定調為少數不良青年遭到忠貞建築工人逼退，並聚焦於菲德爾的綠色軍用吉普車停在馬雷貢大道那一刻，指揮官親自干預，使一群憤怒暴徒迅速變身為崇拜聽眾。

「我聽說有暴力行為發生，來這裡是我的必要職責。」卡斯楚告訴被指派記錄他到來的古巴記者。「我必須來看發生什麼事，最重要的是，來此促成鎮定與冷靜。」

卡莉當晚看著電視播出這一幕。這正是她欽佩的菲德爾，不畏懼面對人民的領導者，即使人們怒火正盛。「當然了，這並不讓我感到意外。」菲德爾站在車門敞開的吉普車外說道，身旁圍滿人。「這些挑釁都經過事先規劃。」接著他把那個夏天的所有事件串在一起，從渡輪劫持事件到當天馬雷貢大道上的騷亂，再到發動這一切的單一事件。「美國有史以來最惡名昭彰的行徑，就是他們在拖船意外的所作所為。」他說，人人都知道幾週前三一三號的真正情況。「實際上是拖船工人不想讓他們奪走船，盡其所能阻止劫持事件。不幸在工人嘗試時意外悲劇地發生。」

卡斯楚隨即使出最新險招，將愈演愈烈的危機徹底轉向。古巴並未阻止人民離開，而是在保護美國的安全。「我們採取特別措施。我們事實上是在守護美國的海岸，換得的是每當有意外發生，任何意外，他們就聲稱我們殘忍、謀殺等不實指控。」

卡莉接受這個想法。如今她相信在飯店電視上看見的並非假造、而是一場真正的抗議，但如菲德爾所說，來自美國藉由操弄與欺騙所引發。「這是蓄意挑釁，」菲德爾說，「這正是美國想要的。」

一位古巴記者顯然在重述來自邁阿密的傳聞，問菲德爾是否考慮放行另一批馬里埃爾偷渡客。「我們不反對任何事，讓想離開的人離開。」接著他直接威脅美國政府，指控華府煽動騷亂並鼓吹劫船，以及政治化三一三號沉船事件。

「他們如果不導正這些事，我們就會停止守護美國海岸。」

卡斯楚樂見自己替美國塑造的困境。他控訴美國總統比爾・柯林頓（Bill Clinton）利用拖船事件激起反古巴情緒。柯林頓曾描述三一三號沉沒是人類的悲劇，以及古巴政權暴虐的另一例證。

「我們再來聊聊拖船的沉沒。」馬雷貢的動亂發生後數週，卡斯楚在電視新聞節目《今天》（*Este Día*）上表示。他控訴柯林頓暗指拖船被蓄意撞沉以詆毀古巴，並以開啟這整個過程的事件，表明他對於沉船與船上三十七人死亡的看法。

當卡莉與皮波結束海灘假期回家，卡斯楚兌現他的威脅，命令古巴安全部隊不准阻止任何人走水路逃離島嶼。那是個暖熱的夏季夜晚，他們聽見街上喧鬧，於是走出SP七九的公寓去看發生什麼事。卡莉抱著奧斯卡，目睹一群年輕男女坐在馬車裡，後頭拉著綁木板的充飽氣卡車內胎。人們跟在馬車兩旁跑下街道，歡呼高喊，「他們要走了！他們要走了！」

卡莉沒見過這般情景，她難以釐清頭緒。馬里埃爾事件發生時，她在基輔讀書。現在看著乘木筏的人招搖過街，彷彿前往嘉年華會，她有股想哭的衝動。見到她這一代的人決心豁出去，把自己扔進鯊魚群，令她傷心不已。她絕不會忘記搭乘哈薩克號的感受，當海洋變得醜陋，浪捲得跟大船甲板一樣高。無論古巴的糧食多麼匱乏，或者哈瓦那的街道入夜多麼漆黑，她無法理解怎會有人甘冒犧牲一切的風險，乘坐脆弱的自製木筏橫越佛羅里達海峽。

她當時沒想到自己扮演著幫助他們離開的角色。

木筏偷渡客利用他們能找到的任何材料拼湊製作船隻，載他們漂向自由。建船材料的唯一來源是國營企業，包括卡莉服務的鋁工廠。起初是木棧板，那是在內胎上搭建固定平臺的理想材料，就像卡莉在公寓外見過的木筏。不過諾瓦隆鋁業還有更具價值的材料。卡莉在廠裡的一位盟友私下來找她，告訴她工人偷鋁板並以每片約一百美元的低價兜售。這種金屬可塑性高，很容易改造成自製木筏的船首。她內在的忠黨之心感到忿忿不平，自己手下的工人竟然在幫助人民遺棄國家，還可能淪為鯊魚的食物。她必須採取行動。

那年八月某天，卡莉在早班輪值前召開會議。一百六十多人聚集在中央工作區的敞開大門附近，清晨的陽光加深了廠內陰影。卡莉知道自從幾個月前接任總裁並在相同地點召開會議，這群人就厭惡她。她知道必須小心應對提及偷竊問題的方式，因為古巴的狀況絕望至極，連毯子都被裁剪，跟番茄醬和洋蔥一起煮爛，塞進麵包做成三明治。

「我們活在歷史性的一刻，當人民、大批的人民決定離開這個國家。」她身穿裙子、T恤和廉價的橡膠底運動鞋，這是特殊時期唯一能買到的新鞋。工人們專注看著她慷慨陳詞捍衛革命，以及她心目中國營企業勞工的愛國責任。

「這次會議的目的不是勸你們任何人別離開，那是你們自己的決定。但我們身為國營企業的職責，我身為公司總裁的職責，要為這裡的一切物資負起責任，並提醒你們這些全都屬於國家財產。由於在此我就是國家的代表，我只呼籲審慎行事。別拿走應該製成我們產品的金屬，賣給投即將身大海的人。別這麼做，請別這麼做。」

全場一片靜默。「你們贊同還是不贊同？」她問道，看著一張張沒有表情的臉，毫無反應。「有人想說什麼嗎？」

最後，一位年長工人、也是政權的堅定支持者發聲。「妳是對的。我們會確保沒人偷走任何東西。」

少數幾個人歡呼，大部分低語表示同意，隨即轉身離開。卡莉從來不相信光是請求員工別偷東西，就能防止更多竊盜行為發生。但是她覺得必須盡自己的力量捍衛革命，並且在公開的場合這麼做，以表明她的忠誠。不過，在她認為國家的未來一片光明時，看見這麼多人遺棄古巴仍然使她懊惱。事態已有轉機。冷酷的經濟情況迫使政府裡的老傢伙修正社會主義觀念，並將部分古巴業種對外開放。菲德爾不是已經讓受鄙視的美元合法使用？身為諾瓦隆的總裁，她如今有權在政府共同簽署下用公司戶頭開支票，彷彿這是她自己的公司。古巴必然走向更大的開放與機會，但這麼做並不違背革命核心的平等承諾。

從某些方面來看，古巴在革命後第一個十年的社會平等取得無可匹敵的進展，提升窮人的生活水準，不過代價是限制任何人賺得比別人多的能力。種族歧視經一九七六年的憲法宣告違法，而今女人也有機會擔任領導者。這一切在她眼中清清楚楚，然而馬雷貢大道那群人卻不這麼看。還有把自己餵給鯊魚的人，他們怎能如此盲目？

瑪利亞・維多利亞看著胡安・馬利歐從身上滑開的一個月後，她和她父親、那趟注定失敗航程的其他生還者，以及關那巴科亞的眾位親友，計畫悼念逝去的人。蜜利安想到場，去哈瓦那東區（East Havana）的某段海邊拋一支花到浪潮中，好證明她的朋友史派克和其他人的死不被遺忘。她曾做過相同舉動以緬懷西恩富埃戈斯的失蹤，他是菲德爾手下個人魅力名列前茅的游擊隊指揮官，搭乘的飛機在近一九五九年底時莫名墜落，而她相信三一三號的遇難者就跟他一樣重要。不過在計畫中為拖船舉行儀式的幾天前，一位當地警員出現在聖塞巴斯蒂安街的赫黑家。關於儀式的消息傳出去了。警員來這裡告訴他們不能在那天聚會，因為八月十三日是菲德爾的生日。

「我們不會允許你在那一天辦任何形式的聚會。」他警告赫黑。

「他的生日對我們來說不代表任何意義。」赫黑說道。

「你不能這麼做。」

「我們要在八月十三日拋擲花朵到大海裡。你去做必須做的事，我們也是。」

赫黑改變計畫，不過只告訴近親。蜜利安和其他人被蒙在鼓裡，沒能趕上。在八月十三日清晨，赫黑從關那巴科亞繞路到名為阿拉麻（Alamar）的龐大公共住宅社區，決心甩掉任何有可能試圖跟蹤的警察。他們沒被攔下、成功抵達海邊，不過隨後發生兩件怪事。

他們看著一群男子乘自製木筏離岸，航向佛羅里達。他們祝這群人好運，深知眼前面臨的危險。接著他們拋擲花朵入海。當花漂向大海，幾隻鴨子游過來。赫黑心想，牠們可能是從聖德里亞信仰的某種儀式中逃脫。

其中一隻鴨子搖搖擺擺走出水面，朝瑪利亞·維多利亞直直走來。鴨子跟在她身邊，回到車旁。她把鴨子帶走。在種種短缺下，要找到東西餵鴨子並不容易，但他們設法辦到。無論情況變得多壞，他們全都知道自己絕不會把這隻鴨子殺來吃。

那個混亂的八月快結束時，試圖逃離島嶼的古巴人潮險些淹沒佛羅里達南部。柯林頓總統命令海岸防衛隊在海上攔截木筏偷渡客，將他們移送至關塔那摩海軍基地。僅僅一週內，美國海岸防衛隊就載走一萬零一百九十人。最後共有三萬多個古巴人拘留在關塔那摩，等待辦理程序並獲准入境美國。柯林頓隨即對古巴施壓，禁止古巴裔美國人寄錢給島上家人，限制飛往古巴的包機班次，並威脅要在聯合國譴責古巴侵害人權，包括三一三號沉船事件在內。

馬雷貢大道的騷亂演變成古巴歷史上的轉折點，削弱菲德爾的吹噓，指稱缺乏公眾抗議證明人民支持他和他的政策。對於古巴人民而言，那天日後被稱為**馬雷貢起義**

（**Maleconazo**），幾乎島上每一個古巴人都以某種方式記得這一天，端視他們的政治立場。卡莉和皮波對騷亂感到沮喪，瑟內達則視之為革命腐化的證明。那年夏天瑪利亞・德卡門在海濱工作，她聽說那場騷亂時，慶幸自己身在科洛法索街大門深鎖、舒適安全的家中。瑪利亞・德卡門請假一天照顧無法下床的母親，她的腎功能逐漸衰竭。

阿圖洛和瑪利亞在關那巴科亞郊區的新家，看著一小群興奮、恐懼、不顧一切的人歡呼著邁向大海。但是街上發生的事影響不了他們。就跟蜜利安一樣，自我中心使他們能忽視大環境，只關注自己的生存。他們計畫在關那巴科亞的聖塔菲區（Santa Fe）家中栽種果樹，靠著微薄薪水勉強度日。阿圖洛種水果的想法難以實行。當他準備構思一幅靜物畫，不得不向鄰居借一顆番茄。鄰居要他承諾會歸還番茄，她女兒的午餐就靠它了。

第十三章 關那巴科亞

・一九九四年八月

菲德爾生日那天，赫黑在阿拉麻社區把花抛向浪潮後，他對於拖船沉沒當晚的恐怖再也不抱幻想。即使沒找回一具屍體，政府也無意撈起三一三號的殘骸，他的十四位家人已離世。永永遠遠。他被傳喚至監管政府食物補充計畫的辦公室時，突然意識到這件事已成定局。史派克的妻子掌管關那巴科亞的辦公室，她要求赫黑簽署文件，把赫伊、胡安・馬利歐和瑪利亞・維多利亞的丈夫埃內斯托從配給簿正式移除，儘管不曾有死亡證明發給他們或任何一位遇難者。

他對小兒子說的最後一句話「我們永別了」在心頭揮之不去，聖塞巴斯蒂安街的情況則愈發嚴峻。快速應變部隊持續騷擾他和他的家人。瑪利亞・維多利亞丟掉關那巴科亞店鋪的工作，她曾與埃內斯托在那裡共事。赫黑不被允許教書、開車或從事任何公職。他甚至被逐出本地的救援隊。他住了一輩子的關那巴科亞變成一座牢籠。

但是他決心不屈服。他還有一副金嗓子跟從非洲帶回來的錄音機，他既賣流行歌卡帶也主持少女的十五歲慶典，善用這兩項工具苦撐度日。瘦子依然在他身邊，她的巨大悲傷將脆弱心臟逼得幾近崩潰。他還有瑪利亞・維多利亞，儘管難以想像，歷經這場惡夢後要怎麼繼續相安無事度日。他也還有狗，即使犬類運動俱樂部副主委的職位遭到拔除。

赫黑自覺欠死者一個公道。令人難受的是政府顯然只想要官方事件說法為人所知，揭發事實需要付出極大努力。瑪利亞・維多利亞繼續訴說她的故事。幾個月前接受《華盛頓郵報》（*Washington Post*）訪談時，她說她認為菲德爾真的相信事發是意外，因為身邊所有人都欺騙他。「他必須知道真相，這是一場謀殺。」

赫黑知道不能讓女兒一肩扛起散播真相的責任，他必須插手。他不是想尋仇，重要的是讓人們聽見被壓抑的聲音。《格拉瑪報》（*Granma*）歸咎於某些生還者的譴責證詞，不能是這樁犯罪事件的唯一記錄。他只知道一種方法好讓人們得知那晚的恐怖真相，無論需要多久時間，指望有朝一日討回公道。

他牽出赫伊的中國製腳踏車，展開對於真相的探索。他認識登上三一三號的許多人，也熟悉關那巴科亞的每一條街巷。從幾週、幾個月到幾年的時間裡，他慢慢追查到登上拖船六十八人的全部故事。有時瘦子跟他同行，側坐在自行車架上。他蒐集所有溺水者的照片，並且設法向他們的家人探問一些細節，好讓死者不只有名字被記得。他找出最年輕的遇害者赫蓮·馬汀內茲·安立奎（Hellen Martínez Enríquez），溺死時還差六天就滿六個月大，擁有父親的黑眼睛和大腿上的白色胎記。最年長的死者馬努艾·卡約（Manuel Cayol）是一位退休工人，在登上三一三號時，他的成年子女早已住在美國。

赫黑一一追查三十一位生還者，有些人不想跟他說話。赫黑在她家同坐時，蘇珊娜·洛哈斯·馬汀內茲（Susana Rojas Martínez）年僅十歲。她雙手顫抖著回憶拖船如何迅速沉沒，她母親戴西（Daisy）、三歲的小妹妹戴德尼（Dadney）從一側落海，而她掉下另一側。「我長大以後，」她告訴赫黑，「我要成為律師，這樣我就能替遇到問題的人辯護。」

赫黑碰了三次壁才找到拖船的船長勞烏·穆紐茲，當他終於找到人，穆紐茲從一開始就表明事發並非意外。「從航海的觀點而言，在世界上任何國家，任何大洋，任何海域，一艘船都不應該試圖接近另一艘船。沒有情況也沒有理由是例外。更何況逼近的那艘船載著人，甚至是孩童，有些才幾個月大。」

二十五歲的船長說話直截了當。「這是一場屠殺。他們早已決定要擊沉三一三號，而非攔住它。」

有時赫黑必須使詭計擺脫快速應變部隊，他們持續監視生還者家以阻止他們發言。當他騎車前往古斯達沃．馬汀內茲．古鐵雷茲（Gustavo Martínez Gutiérrez）的公寓，不得不撒個小謊來找到試著幫穆紐茲扳開三一三號艙蓋的三十八歲電工。

「不好意思。」他在馬汀內茲．古鐵雷茲住的街區向兩位年長婦女搭話。「是這樣的，我剛從莫斯科回來，我想見一位工作上朋友的家人。但是我離開兩年了，不記得地址。我到過這裡，可是現在所有的樓房看起來都一樣。」

「那人叫什麼名字？」

「古斯達沃。」接著他補上一句，「他太太的名字是尤利安娜（Yuliana）。」

老婦人疑慮地看向彼此，隨後其中一人叫他跟著她。

赫黑等待好幾個小時馬汀內茲才現身，半推半就同意談話。他描述自己聽著困在底下人們的尖叫聲，一邊試著幫穆紐茲打開艙蓋，他知道自己的妻子和女嬰赫蓮都在甲板下。只有他十歲的兒子央迪（Yandy）倖存。馬汀內茲是一位電工、不是水手，他從沒游過泳。他說波拉戈斯繞著拖船殘骸打轉，譏諷他們：「這就是你們的下場！」他終於抵達兒子攀附的漂浮保冷箱，男孩一看見他就開始哭泣，問媽媽跟妹妹在哪裡。馬汀內茲說她們沒事，已經獲救了。但他知道並非如此。

一次又一次訪談中，赫黑聽見同一個故事。沒人剪斷鎖鏈或對任何人下藥才抵達碼頭。其他艘拖船從一開始就攻擊他們，用水砲當作武器。拖船沉沒後，其他船員不曾伸出援手。一位生還者使赫黑再度落淚。街坊喊他賓皮（Pimpi）的赫黑・路易斯・庫巴・蘇瓦雷茲（Jorge Luis Cuba Suárez），在拖船遭衝撞時，跟赫黑的兒子赫伊一起在船艙裡。赫伊拿下掛在頸間的瓜達露佩聖母（Virgin of Guadalupe）銀項鍊，要賓皮替他保管，也許有了自己逃不出去的預感。賓皮剛把項鍊收入口袋，海水就湧了進來。他設法游往金屬梯並及時爬出來。

赫伊沒有做到。

賓皮跟其他生還者一起被扔進監獄。獲釋隔天，他造訪聖塞巴斯蒂安街的屋子，把項鍊交給赫黑。

訪談期間，赫黑也蒐集資訊駁斥政府的論點，即三一三號的狀況從一開始就注定失敗。他問到一位海軍學校的畢業生，主張拖船不可能像政府宣稱的已有一百一十五年船齡。撇開實際船齡不談，拖船的木製船身必定維護良好，才會依然入水並在繁忙的港口效力。《格拉瑪報》的文章指稱，超過六十五人登船導致三一三號嚴重超載，赫黑覺得這個論點相當諷刺。他跟所有同齡的古巴人都知道，一九五六年菲德爾和勞烏搭乘嚴重超載的格拉瑪號海釣艇，共計八十二人和武器、彈藥、燃料、食物登船越過墨西哥灣。

格拉瑪號配備木製船身。

瑪利亞・維多利亞・賈西亞・蘇瓦雷茲與外國記者的有力訪談，對古巴官員並未產生顯著影響，卻有助於促成古巴以外的調查。一九九五年一月，美國參議院外交委員（U.S. Senate Foreign Relations Committee）聽取生還者的證詞，他們在沉船後的幾個月間設法逃離。雖然知道古巴的家人可能遭到報復，還是有幾個人發言譴責政府的行動。在三一三號駛離碼頭那晚，瑟吉歐・佩洛汀（Sergio Perodín）跟拉米爾的杜賓狗連袂慶生，數週後他乘自製木筏離開。他被美國海岸防衛隊攔截，帶往關塔那摩等待獲准入境美國。

佩洛汀告訴委員會，他在基地遇見一位木匠，出航前的幾個月負責維修三一三號。佩洛汀表示，木匠告訴他政府事先命令波拉戈斯追擊被劫持的船隻。「假如有任何拖船試圖投奔自由，」那人說，「命令是把對方擊沉。」

美洲國家組織（Organization of American States）聽取多位生還者證詞，包括在事件中失去二十八歲兒子赫黑的阿奎米德・里布利吉歐（Arquímedes Lebrigio）。《格拉瑪報》報導里布利吉歐說沉船是因為太多人登船。「船上超載，」報紙引述他的話，「這艘船非常老舊而且是用木頭做的。我一登船就意識到它撐不久。在那裡發生的事，只要再多航行個幾海浬照樣會發生。」

沉船不久後，里布利吉歐再度嘗試逃離古巴，這次搭乘一艘木筏。他跟佩洛汀一樣被美國海岸防衛隊攔截並帶往關塔那摩，最終抵達佛羅里達。一九九五年，坐在美洲國家組織面前，他訴說跟《格拉瑪報》報導全然不同的故事。他說政府審訊者逼他說拖船有滲漏。三一三號起錨時他待在甲板下，到處都沒看見滲水。在他看來，如果不是受到其他船隻攻擊，這艘老拖船能夠輕易抵達西礁島。

美洲國家組織指責古巴並未試圖打撈遇難者屍體，即使兄弟救援會提議飛越這片海域搜尋遺體。當美洲國家組織要求古巴政府對沉船提出說法，古美斷交後取代大使館的駐華府古巴利益代表處給予回應。七個段落的聲明論斷，這起「不幸意外」完全歸咎於出航隊伍的帶領者。

國際特赦組織（Amnesty International）呼籲古巴政府展開全面調查並公開結果。由於政府置之不理，國際特赦組織自行投入調查，於沉船數年後的一九九七年公布結論：

「有鑑於生還者的嚴厲指控、矛盾的官方事件說法，加上古巴當局未能進行公正完整調查並公開結果，以及尋求調查或僅僅紀念此事件之人面臨恫嚇與騷擾的事實，國際特赦組織認為質疑官方事件說法具有充分理由。」國際特赦組織不採納尾隨船隻船員自主行動的政府說法。國際特赦組織論斷這很可能是官方行動，「該事件導致的死者是法外處決受害者。」

儘管遭受廣泛譴責，古巴政府從未動搖菲德爾一開始勾勒的立場，且於兩週後的一場演說中，再由時任古巴軍方統帥的勞烏闡明。

「我們全力拒絕圍繞這起事件精心策劃的虛偽、惡毒反古巴政宣。」勞烏強硬宣稱。「我們也拒絕美國或其他國家干預我們的主權國家內務。國務院、國會或柯林頓總統沒有絲毫權力，干涉古巴共和國主權政府專屬管轄的事件。」

第十四章 關那巴科亞

・一九九四年九月

在古巴生活從艱難變得無以為繼。人們像牛一樣擠進戲稱為「駱駝」的長拖車上下班。高樓電梯停止運轉，使得悶熱公寓變成牢籠。女人拆開舊電池，用裡頭的黑色糊狀物染髮。卡莉發現諾瓦隆的一位工人偷刺激性化學物質，用途是在鋁上漆前加以清洗蝕刻。工人在自家廚房爐臺的鍋中煮沸這種化學物質，再把融化的黏液倒進製冰盒冷卻，隨後用變硬的工業級清潔塊當作家事皂。

除了被帶往關塔那摩的三萬木筏偷渡客，以及人數不明的海上失蹤者，還不夠絕望的古巴人被迫面對革命殘骸，繼續棲身於古巴的現狀，無論現實與夢想之間存在多少差距。瑪利亞・德卡門又獲得一次機會離開，朋友在自製木筏替她留了位置。但是她生活中有太多曾祖母尤絲托奎亞的影子，戴在左手代表信仰、希望與仁慈的琺瑯戒指，提醒她曾祖母絕不冒險出海的誓約。更重要的是瑪利的母親艾蜜利亞（Amelia）病重，她常留在家照顧母親度過最後的日子。由於洛曼通常在海上，父親和達達姨婆又在幾年前過世，只剩瑪利能幫忙。

科洛法索街上的小房子曾是尤絲托奎亞的庇護所，如今也成為瑪利的庇護所。馬雷貢大道爆發抗議那一天她都躲在屋內。騷亂過後幾週她也在家中接獲命令，要在一艘漁船駛離哈瓦那港之前進行不定期衛生條件檢驗。她告訴上司當時無法丟下她的母親。她覺得自己可以在那艘船抵達馬坦薩斯港（Matanzas）之際及時趕上，距離約六十五英里，不過她沒辦法在入夜前趕到，一想到要在晚上登船就使她害怕。瑪利請求將檢驗延到隔天早上，她的上司答應了。安排是有人載她前往馬坦薩斯，接著由一艘拖船帶她到離岸約一海里的下錨處登船，等她完成工作載她回來。

隔天清晨六點左右，她把幾包點心和工作所需的溫度計放進後背包，查看母親的情況，鎖上大門，在屋外等載著三位同事的車停下。他們開上布蘭卡高速公路，繼續往東行駛，早上八點抵達馬坦薩斯。一艘拖船在碼頭邊等他們。三位男同事站上甲板後，她把背包遞過去準備登船時，一位國安人員喊住他們。

「你們要去哪裡？」警衛質問。

「他們要帶我去那艘船，讓我做檢驗。」瑪利回話。

警衛心生懷疑。拖船遭劫持的記憶猶新，還有傳聞說馬坦薩斯的其中一艘拖船，甚至可能就是瑪利和同事準備搭上的這一艘，曾遭劫持並帶往佛羅里達，隨後獲放行回國。

警衛想知道她準備在船上進行哪種檢驗。瑪利告訴他，她通常在船隻停靠哈瓦那時檢查溫度和衛生情況，但是這艘船行程緊湊，在她有時間查核前就駛離哈瓦那。他不相信她。他沒聽說排定任何檢驗，此外，讓一個女人登上漁船前所未聞。在那幾年裡，瑪利屬於跟漁船隊、或在古巴任一處海濱工作的少數女性。

「給我看妳的文件。」警衛強烈要求。瑪利不得不承認她沒拿到任何文件。

「不，我們不能讓你們通過。」警衛說。「你們最好跟我們走，等我們釐清這件事。」她跟同事被帶往馬坦薩斯港蔗糖出口碼頭的海關辦公室接受訊問。

拘留期間，瑪利試著解釋哈瓦那港的船長准許她登上拖船，其他人只是陪同她。當時沒有電子郵件，要花好幾個小時聯絡哈瓦那的知情者、找出授權文件並送到馬坦薩斯。等到文件送抵，官員的疑慮抹消，時間已經入夜。隨後瑪利在黑暗中登上拖船，載去離岸一海里的大型漁船，正是她希望避免的情況。

接下來的許多年裡頭，瑪利都會想起那些艱難時光。鄰居知道她在港口工作，不少人問她，在悲痛的一九九四年夏天究竟海上真正發生什麼事。而她到公教學校對街望彌撒時，會見到奇蹟之家的同學卡里達・蓋拉（Caridad Guerra）窩在老舊的長木椅中，雙手緊緊合十祈禱。瑪利知道卡里達的女兒、孫女、兄弟、女婿菲洛（也就是赫黑叔叔古斯達沃的繼子）全都溺死在三一三號船。但是瑪利從不認為向朋友問起悲劇、揭開她的瘡疤是正確的。如果她想聊發生的事，瑪利願意傾聽。在那之前，她只能為朋友祈禱。

那年夏天過後瑪利不再搭乘雷格拉的渡輪，唯恐又發生劫船事件，也擔心政府制定的新安全措施。警衛開始翻查乘客帶上船的手提包、背包和包裹，尋找可以當成武器的任何物品。這在其他任何國家、甚至在其他任何時期的古巴顯得微不足道，然而瑪利避免搭渡輪也是因為，要是沒注意手提包裡放著指甲刀或眉毛夾，會被太嚴格的警衛沒收。幾乎不可能找到替代品。這些當然是小東西，可是對瑪利而言，保持體面是她對抗古巴禮節衰敗的其中一種方式。她決定乾脆放棄渡輪，改搭公車。或許要花上幾個小時，但是她幾乎可以斷言，沒人會試圖劫走一輛公車。

只有洛曼繼續出海。由於政府現金不足，無法購置替換零件或支付維修費用，他跟鮪魚船隊共同撐過一段艱辛時光。到了一九八八年，古巴鮪魚船隊幾乎不復存在。船隻若非賣掉，就是放任在碼頭邊生鏽直到報廢。昔日卸漁獲的碼頭任憑腐朽。瑪利被迫換工作，不過她留在港口附近，幫雷格拉一間冷凍運輸公司監控品管。洛曼在一艘牙買加漁船找到工作。他的新老闆出差來古巴時，洛曼要瑪利到機場見他。她穿上最好的裙子和罩衫，即使身處古巴夏季的高溫，也一如往常套上絲襪。她踩進洛曼某次旅程帶回來的紅色厚底涼鞋，鞋子是古巴女人的夢幻奢侈品。在航站爬樓梯時，一邊涼鞋的鞋底掉了。幸好包包裡剛好有一卷膠帶，她用來固定鞋底。洛曼跟船老闆握手，並向他介紹瑪利。儘管發生意外，至少她覺得自己留下好印象，這樣的印象在古巴依舊重要。

至少對她來說，依舊如此。

第十五章 雷格拉

・一九九五年十月

「卡莉，我們有麻煩了，情況緊急。」說話的人是紡織工會會長佩德洛・赫南德茲・利法斯（Pedro Hernández Rifas），在古巴這個職位形同產業的領導者。赫南德茲意外現身ＳＰ七九住宅區的二十四號公寓門外。他在會議上認識卡莉，聽她捍衛自己在鋁工廠做的改革，認為她知道自己在做什麼，也能完成工作。

透過辛勤工作與無窮抱負，卡莉讓許多人留下深刻印象。一九九三年，她加入共產黨的雷格拉區委員會，幾年後她成為黨內的哈瓦那省經濟委員會主委，位於國內經濟方面最重要的地區。那個職位使她得以密切觀察，古巴如何應對蘇聯解體及國內經濟衰退超過一半的衝擊。情勢很明顯，想避免一九九四年馬雷貢大道的情況重演，革命的極端理想主義勢必要放緩。卡斯楚已經吞下某部分的社會主義自尊，撤銷可恨美元的法律禁令。接著他開放專賣店，讓外交人員、遊客和古巴人用美元購買電器、衣物和食物，而這些物品在只接受古巴披索的國營商店並未供應。

到了一九九四年底，需要更激烈的改革以防止經濟崩盤。古巴修改外國投資法，讓海外人士更容易參與旅遊業與其他產業。即使最近的市場美國仍難以觸及，古巴相信可以從加拿大、墨西哥、西班牙和義大利吸引眾多遊客，以及俄羅斯和解體蘇維埃陣營的其他國家。政府忽視哈瓦那多年後，新給予城市歷史學家尤塞比歐・萊亞（Eusebio Leal）龐大權力，去修復飯店並開設迎合遊客的餐廳和專賣店。他讓菲德爾放任衰敗的哈瓦那舊城區煥然一新，使這座傳奇城市的部分區塊重現往日光輝。隨後萊亞做了一件革命後在古巴前所未聞的事。他將收益投資在哈瓦那都市核心的其他計畫，重建更多飯店並成立職業學校，教導修復的專門技能。

從喪失蘇聯援助中恢復是緩慢痛苦的過程，期間常有挫折。一九九五年十月，古巴受到另一個毀滅颶風侵襲，在整座島留下破壞痕跡。赫南德茲告訴卡莉，颶風摧毀多座製造廠房，包括大型國營企業朋特克斯（Puntex）營運的幾座工廠。朋特克斯是紡織業的重要成員，但即使在風暴來臨前就問題重重。公司由同一個人領導超過二十年，行政管理和營運都一團糟。維修延誤導致大量機臺閒置，而且無論從哪種標準衡量，公司的會計事務混亂，供應鏈又不可靠。朋特克斯應付不來更多問題。

「我們希望妳接手。」赫南德茲說道，讓卡莉大吃一驚。她早已知曉自己獲得培育接任更高的管理職位。共產黨留意擁有理想才能與適當態度扛下更多責任的個人，引導他們從一個職位歷練到下一個。但這對她而言不只是往上爬一步，而是一次大躍升。

朋特克斯是一間龐大的國營企業，擁有二十六座紡織廠和兩千五百位工人，其中大部分是女性。身為朋特克斯的總裁，卡莉也要掌管織品進出口公司特克斯朋（Texpun）。朋特克斯的廠房遍布哈瓦那中區、關那巴科亞和哈瓦那省，生產T恤和男女內衣，經常採用特克斯朋進口的物料。位於聖地牙哥的一座新工廠也由她主管。

卡莉回到本行，經手她最熟悉的紡織業營運。她不必再把鋁卷想像成布軸，現在縫線、材質與布料再度構成她的世界。她定期從哈瓦那前往聖地牙哥，學習更多業內知識，並第一手見證革命在國內其他區域如何影響古巴人的生活。聖地牙哥新工廠的工人懇請她增配紅色紗線，因為代表共產黨的紅色在古巴第二大城銷路長紅。

卡莉認為她在朋特克斯見證了明確的解決方案，能化解讓這麼多古巴人冒生命風險出海的絕望。這裡有供古巴運轉的新方式，更接近瑟內達灌輸卡莉的進取心態，能為她的家園與革命重新樹立尊嚴。但是她也發現，儘管歷經數十年的平等承諾，有些事不曾改變。

就像在鋁工廠一樣，她被推落充滿嫉妒、憎恨、細微卻無可否認的種族歧視巢穴。她接手的中央辦公室十人督導團隊裡，幾乎所有成員都是男性且沒有一個黑人。在二十六座紡織廠中，僅有一位經理跟她擁有相似膚色。她發現自己正式介紹給朋特克斯職員時有著令人苦惱的熟悉感，帶給她莫大失望。她的團隊在哈瓦那中區康科迪亞街（Concordia Street）的朋特克斯總部集合。她走進有著劇院座椅的小會議室，發現前三排座位空無一人。當下她察覺，空蕩的座位形同他們不願接受她的跡象。

「別害怕，靠近一點。」負責介紹她的部長說道。他不得不點名，好讓員工移往前三排空位。卡莉從在這裡工作的一位朋友得知，她被視為準備不足的闖入者，一位晉升太快的綁髮辮年輕黑人女性。她熟悉這些暗語，並預期得到跟諾瓦隆同樣的冷淡對待。不過這一次，她面對的並非工廠工人，而是如她一般有大學學歷與相當職場經驗的經理和廠長。有些人心懷嫉妒，因為他們在崗位上投入多年，寄望獲得晉升卻被忽略。接著擁有經濟工程學位的卡莉來了，不管那是什麼，她卻沒有製作一雙襪子的充足實務經驗。或許她了解複雜的人力流動，能夠策劃製作鋁壺的生產流程。但她從未涉足或經營紡織廠，更別提年紀僅僅二十六歲。

部長結束介紹發言後，把現場交給卡莉。她花了幾秒鐘掃視新同事。她已經變成解讀臉色的專家，而坐在她面前的員工表情絕非欽佩。她接收到的訊息很明確：「**我跟被逼走的總裁共事二十年了，但現在我得跟這個什麼都不曉得的人一起工作？**」他們的抗拒使得室內氣氛緊繃，卡莉心想，如果她對員工平等相待，就能贏得人們的心。

「你們是我的同事，」她用最專業的語氣說，「我的學校朋友。」她試著讓他們知道，儘管大權在握，她不覺得少了他們還能完成工作。「自從我們在十五年前畢業，我歷經不同地方的不同工作，而你們呢，你們一直在這裡，真正知悉這個地方如何運作。我知道你們在這方面比我更優秀，所以我想說清楚，我需要你們。」

事實上，她不需要他們每一個人。她改造全體員工，拔擢一些有新鮮點子，以及她認為支持自己的人，同時溫和告知在這裡待太久的老員工，他們最好到別的地方工作。她以禮貌的方式處理協商，順利推動大部分改革。然而有位經濟學家不滿這些措施。「我在資本主義時期就跟這裡的老闆一起工作。」他爭辯道，對於某個沒有經驗的人要求他放棄職位感到憤慨。到頭來她贏了，而他走了。

隨著卡莉啟用年輕人換掉朋特克斯的守舊派，她的領導地位更加鞏固。由於擁有進出口能力，她將朋特克斯推往從未涉足的營運領域。她直接跟外國買主談判，開美元支票支付歐洲供應商。新的自由令人陶醉卻帶來風險，她在談一宗獨特綠色T恤的大筆合約時有所體悟。

新的外國投資法通過後，義大利是古巴官員爭取的國家之一。義大利人已經接手部分的古巴老舊電信公司，那是卡斯楚掌權後從美國國際電信電報公司（ＩＴＴ）沒收得來。當另一間義大利企業招標購買大批橄欖綠色T恤，沒人對此感到訝異。古巴的薪資低廉，使得朋特克斯擊敗印度與其他開發中國家的競爭者。

首批訂單下單一千件T恤樣品，指定一種非常獨特的綠色調，需要混和數種染料調配。義大利商派出一位專家，協助古巴機臺整備要送去染色的線。義商滿意樣品的色澤和品質後，示意準備下二十五萬件T恤的完整訂單，附帶日後追加至少等量訂單的選項。

T恤製作期間，卡莉的電話響起。

「卡莉，妳知道這批T恤要送去哪裡嗎？」對方詢問。

「我們要賣給義大利人。」

「對，我們曉得。但妳知道義大利人背後是誰嗎？」她不知道。「敵人。」

這種橄欖綠染色之所以如此獨特，是因為義商計畫把T恤賣給北大西洋公約組織（ＮＡＴＯ），賺取可觀利潤。

「社會主義的古巴國營企業賣T恤給北約，這成何體統？」卡莉受到質問。不過既然

T恤已完工，它們悄悄賣給義大利公司，接著轉賣給另一間公司，再將古巴製的T恤交貨給北約。

卡莉接獲嚴格指示，千萬別再嘗試類似的事。

北約的過失並非她唯一一次發現，總裁身分無法完全掌控她營運的事業。當時是一九九九年十二月中，她跟一位同事連著兩天慶祝各自的生日。往年他們都一起辦派對，聯合慶祝的方式帶來更多樂趣。在派對之後，她凌晨兩點到家並立刻就寢。電話響起時將近三點半。

「我立刻聯絡部長。」

卡莉擔心是她的其中一座工廠失火，或遭逢別種災難。

「放心，卡莉。」部長說。「一切都好。但是我們必須立刻找妳談。妳能非常迅速處理一筆大批T恤訂單嗎？我不知道確切數量，但我想是在二十萬件左右。」

「我當然可以。」她回答，回想起數量更大的北約訂單。

有一個問題。「我們月底就要。」

她迅速做了心算。這個月只剩十二天，每天必須生產兩萬件T恤來完成訂單。她認為可以把朋特克斯二十六座工廠的二十座挪去生產T恤，這麼一來準時交貨就十拿九穩。

「可以，我確定。」她說道。在這個時間點接到部長的電話，事關個人尊嚴。「我們早上就可以討論細節。」她說。

「不，卡莉，」部長回答，「我現在就過去妳家。」不久後他現身卡莉在關那巴科亞的新家門口。她和皮波最近放棄SP七九的公寓，換來另一間住房。儘管當時古巴沒有合法的房屋銷售市場，政府放行一種稱為**交換**（**permuta**）的非正式換屋制度，人們依據各自需求交換住家。透過一系列複雜的交易，卡莉和皮波拿名下的雷格拉三房公寓換巴伊亞（Bahía）的一間公寓，從他們家近得能看見瑟內達的陽台。當時這麼做很合理，因為奧斯卡下課後由瑟內達照顧，皮波在附近的科吉馬爾工作，卡莉有國家配的汽車。兩年後他們再度交換住家，這次搬進關那巴科亞的獨棟房一樓，位於新哈瓦那區（Habana Nueva），屬於二十世紀中期現代主義房地產開發的單戶住宅，擁有車道和庭院，在一九五九年之前動工卻從未落成。卡莉在諾瓦隆時期認識的公司會計繼承這棟房屋的一樓，距離鋁工廠只有幾個街區。

「聽著，卡莉，這是一件非常重要的任務。」卡莉在關那巴科亞的屋子應門時，這是部長開口說的第一句話。那時她才知道，這筆訂單可能是由菲德爾親自下達。月底將有一場浩大集會要求釋放埃利安・岡薩雷茲（Elián González），五歲古巴男孩母親和其他人的船筏沉沒後，一位美國漁夫在距離羅德岱堡（Fort Lauderdale）海岸三海里處發現他。埃利安的照片要印在T恤上，發給即將到前美國大使館門前聚集的群眾。卡莉熟知那張照片，大部分古巴人也是，而那令她擔憂。照片中的埃利安身穿彩色條紋套頭衫，臉頰粉紅，頭髮深黑，眼睛呈墨黑石子色。她在朋特克斯待得夠久，明白以所有顏色印製男孩的圖像需要通過印刷機多次。而國內只有兩、三架印刷機能印出這麼多顏色。

卡莉找朋特克斯最有經驗的其中一位生產經理核對，詢問能否像她向部長保證的一樣輕鬆完成。她失望得知假如以四色印刷，到月底期限他們只能交出不超過五萬件T恤。他告訴她，達到原始目標的唯一方式是採用黑白印刷。最終決定權不在她手裡，但她心想可以試著影響決策。

卡莉要公司設計師做五種版本的埃利安T恤，有些用四色，有些用古巴國旗的紅、白、藍三色，有些呈現黑白色調。她找一間西班牙紡織公司幫忙趕製T恤現成品，隨後等待印製圖樣決定。

卡莉希望，備齊菲德爾的集會T恤比衣服上的顏色重要。黑白款式中選時她鬆了一口氣。她相信可能是菲德爾親自做最後決定，這讓她認為，儘管有說大話的名聲，菲德爾真正願意聆聽其他人，至少有些時候如此。

以前她見識過一次菲德爾講道理的一面，並為之傾心。當時是一九九七年的第五次共產黨代表大會期間，奧斯卡要在那一天獲頒**共產主義先鋒（pionero por el comunismo）**的領巾。卡莉痛恨錯過兒子的典禮，但身為黨的哈瓦那省經濟委員會主委，不可能從大會匆匆脫身。改由皮波代替她去學校。

大會在哈瓦那的巨大禮堂舉辦，也就是全國人民政權代表大會（National Assembly）素來的開會地點。第一次坐在禮堂中鋪軟墊的椅子上，她感受到數百人準備接受單一共同願景的催眠氛圍，而那願景在當下也跟她自己的期望相符。每當號召投票，人人舉起手表示贊同。在那天菲德爾以六小時演說描繪的經濟概貌中，她察覺一種看待古巴的新觀點能承諾更光明的未來，儘管古巴社會正承擔著革命最黑暗階段裡，最壞一年中最不幸的時刻，因此處境惡劣。

她坐在哈瓦那歷史學家尤塞比歐身邊，他告訴她做好準備，因為菲德爾可能會問她問題。她已經預見類似情況。「**嘿，黑妞，**」幾天前諾瓦隆的共產黨官員打給她時說，「指揮官談到進口替代時可能會點妳。」她決定利用賣鋁廢料的部分收入修理雪茄鋁管生產機臺，顯然引來菲德爾的關注。

大會繼續進行，當討論轉向經濟，輪到卡莉報告準備好的數據。她拿出當時感知的所有革命情懷，補充說機臺修理好，雪茄鋁管生產線也**神速**復工，這個標準看似適用於政府所做的一切重要事務。就在這時，黨的第一書記暨國家主席菲德爾打斷她，提出一個問題。

「不過一個女人怎麼管理全都是男人的工廠？」

「是的，指揮官，我是一個女人，我也管理工廠。」聲量不大但語氣堅定。

她跟其他數百位黨員一同坐在廣闊講堂裡，可是她感覺到菲德爾的目光投在自己身上。她對菲德爾有信心，將他視為必不可少的領導者，一位歷史人物。

她道歉說自己應該講得更大聲一些。

「我聽得見。」菲德爾說。他問她一根進口鋁管的成本是多少。十一分錢，她回答。你們做的呢？六分錢。

她盡可能自信地說，不假思索朝麥克風放聲說出工廠生產數據。

「做得好，**工程師**（**Ingeniera**）。」菲德爾對她說。「繼續拿出好表現。」

討論繼續進行。她只跟菲德爾對話幾秒鐘，但對她來說已經足夠。她知道如果你長篇大論、說得太多，牴觸黨路線的某些話可能脫口而出，使你陷入嚴重麻煩。最好保持簡短，針對問題回答，隨後坐下來並回味指揮官直接跟你說話的片刻。

隨著卡莉在職場與古巴統治階層的地位愈爬愈高，皮波滿足於在家中扮演輔助角色。他自身的綜合技能是採取小心翼翼的漸進方式解決問題，這種取向加上相當程度的耐心，使他既能完成五層樓集合住宅的監工，也善於排隊買全家的雞肉、食用油和各種日用品。他讓卡莉規劃他們的共同生活。他騎自行車前往科吉馬爾區的活動中心上班，因為卡莉不認為應該利用她的國家配車和司機載他過去。

科吉馬爾活動中心裡有一間叫海岸（La Costa）的聯誼俱樂部，皮波偶爾在那裡幫忙。有天他在俱樂部注意到一位新員工，是個在舞會放歌的健壯、平頭年輕男子。他住在這一區，但皮波不認識他。他名叫伊凡・普利埃多・蘇瓦雷茲（Iván Prieto Suárez），日後皮波聽說他是三一三號拖船注定失敗出航帶領者的兒子。傳聞說，同一個伊凡從拖船沉沒生還後，登上一九九四年夏天遭劫持的其中一艘雷格拉渡輪。

二度從海上被帶回國後，伊凡對國安機構養成深刻長久的猜疑。他忘不了在馬里斯塔中心的三個星期受到的粗暴至極對待，他也知道弟弟達里爾吃了更多苦頭。現在他重拾熱愛，放音樂炒熱場子。但是當他得知皮波跟共產黨的種種關係，他保持距離，在沒有任何證據的情況下，就認定總是忙著丈量尺寸的瘦傢伙是告密者。在古巴，每個人遲早會懷疑其他所有人是告密者，基於某種原因替政府工作，並且獲取一些回報。

第十六章　關那巴科亞

一九九四年

借用鄰居的寶貴番茄繪製一幅靜物畫，並且看著家人朋友放棄古巴到他方尋求更好的生活，阿圖洛重新考量自己在關那巴科亞的拮据日子。他的夢想是從事藝術，不是教其他人如何從事藝術。他厭倦了藝術學院的官僚作風，認定在古巴和蘇聯接受的訓練是要成就比課堂更偉大的事物。跟大多數古巴人相比，他已經享有莫大自由，他們僅能勉強維持生計，更沒有機會追求本科領域的職涯。但是這對他來說並不夠。在古巴仍困頓於停電、食物短缺與嚴格的必需品配給之際，請求妻子支持好讓他能埋首於藝術，這顯得毫無可能。當瑪利亞·尤亨尼亞說她願意，他辭去高等藝術學院繪畫系主任的好工作，在關那巴科亞的小巷重拾畫筆和畫布。

他終於獨立自主，可以隨心所欲作畫。不過他了解政權能容忍的限度。當時是一九九四年，正值特殊時期的低點，乘木筏逃離是表達異議而不致入獄的唯一形式。菲德爾的命令「順從革命，什麼都可以。違反革命，一切都不行」依然是每位古巴藝術家的首要戒律，阿圖洛也不例外。他的靜物畫沒有惹惱誰，外國觀光客喜歡他處理古巴日常生活事物的方式，他畫中關於硬與軟、暗與光、新與舊的反差結合，以及他在莫斯科學會的巴洛克風格大面積陰影。

有段時間，賣畫需要幾乎跟畫畫同等的創造力。跟來自哥倫比亞或墨西哥的觀光客談成交易後，他必須在買主的飯店外等待付款。接著，彷彿冷戰間諜小說中的場景，他跟買主朝彼此走去。兩人靠近時，阿圖洛從買主手中拿過一個信封，再繼續往前走。觀光客用美元付款，讓阿圖洛有機會採買黑市供應的一切物品，然而當時任何古巴人被抓到攜帶幾張綠色美鈔就可能鋃鐺入獄。直到政府許可美元流通，賣藝術品終於容易許多。在此巨大變革後，哈瓦那引入與美元掛鉤的可轉換披索（convertible peso），並保留舊披索用於薪資給付與配給店的銷售，使古巴平民的生活變得無比複雜。

阿圖洛賣掉幾幅畫，大部分換得美元或可轉換披索，並在哈瓦那辦了幾次小型展覽。不過他持續奔波，直到再度體會跟體制合作的好處。一九九五年初，朋友與藝術學院的同學何塞・維拉・索貝隆（José Villa Soberón）鼓勵他加入古巴作家與藝術家協會（National

Union of Writers and Artists of Cuba）。阿圖洛在共青團的經驗使他不願再參與國家支持的組織，然而躋身古巴頂尖雕塑家的維拉·索貝隆，說服他好處遠遠超過任何壞處。

加入後不久，阿圖洛明白維拉·索貝隆所言不虛。正如在共青團時，阿圖洛藉由納入體制的藝術階層得利。他受邀參加在法屬圭亞那首都開雲（Cayenne）舉辦的古巴文化展。這是他從蘇聯回國後第一次出國旅行，離開島上體驗到的自由使他渴求更多。

地理一直是古巴人的支點。有些人沉醉於加勒比海最大島的地位，在此有幸擁有理想的氣候、豐富的生態多樣性，以及好幾處世界級壯麗海灘湧來的溫暖透徹海水。對其他人而言，同樣的地理特徵使古巴成為牢籠、而非天堂。阿圖洛即為其中一人。在島嶼生活的想法使他不安，他時常引述古巴詩人維吉里歐·皮涅拉（Virgilio Piñera）的句子，描寫海洋如癌一般包圍他。即使有著獲政府支持藝術家的優越地位，他覺得周圍水域令人不得不承受革命時期古巴的暴政。他寧可住在遼闊的大陸之中，任何地方都好，他知道可以坐進車裡開呀開，永遠開不到大地的盡頭。

從法屬圭瓦那回來後，阿圖洛變得坐立難安，但還不到試圖搭自製船筏逃離的地步。一九九六年，他發現離開古巴的門票。他在體制內的良好地位再度助他一臂之力。古巴人若未先取得政府發放的出境簽證則不准出國，而政府嚴格管控簽證。僅有少數幾位藝術家獲得放行出國，但不准帶配偶或小孩——這是共產黨政府確保他們在國外謹言慎行、也不致叛逃的方式。文化部長阿貝爾・普利埃多（Abel Prieto）認為有更好的方法。普利埃多相信給予忠誠藝術家更多旅行自由，能降低他們在古巴國境外批評政府的可能性，他鬆綁管制並准許阿圖洛帶著瑪利亞・尤亨尼亞出國。阿圖洛此時已經擁有智利的工作簽證。一位智利商人提供他絲襪公司設計師的職位，讓他有辦法在智利合法居留。

阿圖洛和瑪利亞・尤亨尼亞搬到瓦爾帕萊索（Valparaíso），他在那裡立起畫架並開始畫畫。很快他受邀在一間本地藝廊展出作品。畫作立即大受歡迎，藝廊主人邀請他教授專業藝術課程。他漸漸打進智利的藝術圈。隨著名聲茁壯，他善用新得來的自由拓展市場。他送一些畫到美國的藝廊展出，賣畫帶來可靠的美元收入。跟闕那巴科亞的特殊時期、黑暗日子相比，他的生活幾乎完全扭轉，可是他還無法完全發揮藝術潛能。如今限制阿圖洛的不是他在古巴譴責的那種政治束縛，而是頭頂的智利天空。

困繞他的是光線，或說是缺乏光線。瓦爾帕萊索位於智利中部的太平洋沿岸，比哈瓦那濕冷多雨，而且一年之中大多被海上湧入的厚霧籠罩，使光線變得發散。有時陽光連日消失，令人沮喪。他受夠了蘇聯的冬天，確信缺乏陽光影響他在那裡的工作品質。

古巴平均每年放晴三百三十天，讓古巴人對陽光上癮。對許多人而言，島上的日光跟自我覺醒一樣具有啟發性，像母親的吻一般令人記憶深刻。雖然他覺得在智利受到歡迎，也享受在這裡擁有的自由，忍受寒冷與大霧三年後，他渴望某個更溫暖、陽光更充足的地方，但不是古巴。瑪利亞・尤亨尼亞在墨西哥城的堂兄弟有份好工作，住在舒適的洛馬斯德查普特佩克（Lomas de Chapultepec）郊區。一九九八年，他邀請阿圖洛和瑪利亞・尤亨尼亞來同住。他甚至清空一間車庫，好讓阿圖洛拿來當畫室。

在墨西哥城不到一個月，阿圖洛完成三幅畫。他請畫商來看，他們很快就把畫賣出。這筆收入讓阿圖洛夫婦得以找個自己的地方，兼做住家與畫室。就像在智利一樣，他融入本地藝術圈，在文化與商業界累積人脈。賣畫的收入讓他能舒適度日，在墨西哥的聞名陽光下穩定工作。

阿圖洛賺的錢足夠供他在南佛羅里達（South Florida）置產，並往返古巴照顧生病的岳父。老人依然住在關那巴科亞，也依然相信菲德爾。

那段日子是阿圖洛的好時光，隨著名氣變得響亮，他發現古巴熱切宣稱他是一位成功的本國藝術家，儘管他早已遠離家園和社會主義政府體制。二〇〇四年，他分別辦了四場個展，三場在古巴，一場在邁阿密。在哈瓦那舉辦十五幅畫的小展覽時，他交了好運，引來墨西哥開發商凱密爾・利茲克（Kemil Rizk）的關注。利茲克是熱心的藝術收藏家，前來古巴尋找辦公室掛的畫。利茲克在墨西哥逐漸熟知阿圖洛的作品，看展後十分著迷。

「阿圖洛的畫作讓我想起深深喜愛的俄羅斯印象派畫家。」利茲克憶述。他向畫家提議一項方案。利茲克願意把十五幅畫全部帶去墨西哥的一間藝廊，他有把握能在那裡找到買主然而事與願違。之後，他聯繫在科羅拉多州度假勝地韋爾市（Vail）擁有藝廊的一位舊識。藝廊老闆詹姆斯．泰利希（James Tylich）熱衷收藏俄羅斯藝術品。他對於阿圖洛結合俄羅斯畫風正統訓練與古巴背景很感興趣。古巴對多數美國人來說仍是禁區，使得任何古巴藝術品都帶有某種特殊地位。然而泰利希不確定阿圖洛畫作在美國度假勝地的銷售反應。他同意展出，條件是在第一個月至少賣出其中兩幅。開展不到三週，已有五幅畫找到買主，其餘隨即賣出。泰利希想追加畫作，阿圖洛寄去更大幅的油畫和一些畫在紙上的作品。全都反應熱烈，大筆收益匯入他的美國戶頭。

阿圖洛與利茲克的關係愈發深厚。幾年後，利茲克在墨西哥的普拉亞德卡門（Playa del Carmen）興建新的度假村，他採用六幅阿圖洛的畫去製作彩繪玻璃，裝設在度假村裡的高級餐廳。

阿圖洛在墨西哥事業順遂，不過他知道少了某些東西。他仍然不讓政治涉入畫作。他既不為體制而畫，如同蘇聯藝術家被迫去做的，他也不為反對體制而畫，儘管在自我放逐期間大可這麼做。相反的，他在畫中注入必要的古巴反諷特質，以靜物畫的靜態物品排列暗藏幽微的社會評論。物品間時常有著彼此矛盾的關係，傳達他看待古巴人認識體制的方式，人們生活在其中，卻從未自由投票給予認可。如十字鎬或斧頭等日常物品擺在一片嬌弱的水果旁，前者代表侵略進取，後者是柔軟或服從。或者把長條鋼筋靠在參差不齊的混凝土臺階上，一件物品完整，另一件破損。

他在墨西哥城的高級住宅區看不太到那種矛盾，少了這方面的靈感來源，他專注在對立兩面的相互作用，以及光與暗之間的關係。彷彿他受到光的糾纏，卻又害怕失去光。古巴人跟光有著深刻的關係，這種力量（或有時是弱點）構成**古巴人特質（cubanidad）**的一個面向。古巴人可能會著迷於家鄉的陽光，即使分離，這項耀眼特質依舊長存心中。「對於撲天蓋地的光，古巴人難以割捨，」古巴作家卡洛斯·埃爾（Carlos Eire）曾描寫，「即使只在這地方生活一天就被匆匆帶走，但陽光會永遠留存在他們血液中。」

住在墨西哥期間，阿圖洛和妻子成為墨西哥公民。但是依據古巴的「一日古巴人，終身古巴人」法律，他們仍被視為古巴國民，只要在國內就要遵守古巴人民蒙受的種種限制。阿圖洛·蒙托托手裡同時握有古巴和墨西哥護照，在整個半球建立扎實聲譽，如今名聲響亮到只要說出姓氏就為人熟知。他搬回關那巴科亞，準備好跟從未接納的革命、不曾尊敬的體制與絕非所願的生活和解。

代價是換回他的燦爛豔陽。

第十七章　關那巴科亞・一九九八年

赫黑從一九九四年以後不曾參與政治集會或勞動節遊行，他也不擔心錯過的後果。他不需要維持任何偽裝。他自認為已經沒有退路，只剩下對卡斯楚政權的憤恨。一九九八年他撰寫一篇評論文章，投往古巴人權與全國和解委員會（Cuban Commission on Human Rights and National Reconciliation）舉辦的競賽並獲獎。微薄獎品是五百披索和一臺收音機，在埃利查多・桑切茲（Elizardo Sánchez）家中的小型私下儀式頒給他。桑切茲是古巴的重要異議人士，與關那巴科亞的里卡多・波菲爾（Ricardo Bofill）共同創辦這個委員會，也是古巴島上率先致力於人權的團體。

得獎文章中赫黑概述捍衛人權史，並尖銳批評古巴政府有系統的違背國民人權。「儘管古巴政府在教育、文化、體育和衛生方面締造成就，」他寫道，「政府一直是僅存人權的系統性違背者。」

典禮不久後，身穿便服的兩個男子在他門前現身。他們說有興趣買幼犬，但是他心生懷疑。最後他們坦承自己是國安人員。

「我們要搜索房子。」一人說。

赫黑知道無法拒絕他們入內，但還是詢問發生什麼事。

「我們得知你有一臺電腦。」

「古巴每個人都知道我這裡有電腦，我用它來工作。」

「從醫院偷來的電腦。」

「等等，這不是你們在找的電腦。」那是他用在西班牙出版杜賓狗著作收入買的奧利維帝牌電腦

「我們必須搜查這間房子。」

電腦就放在視線可及處。特務人員把電腦連同赫黑的印表機、一疊ＣＤ及其他電子設備搬上一輛貨車，隨後將他押上巡邏車，告知他被捕了。這是老把戲。他們不會起訴他偷電腦，但因為他拿不出收據，他們會指控他收受失竊財物。赫黑相信他寫了那篇評論文章會受到懲罰，不過這更可能是他持續為三一三號遇難者討公道的報復。他被帶進關那巴科

亞的警察局，正式遭控從事「非法經濟活動」，這項罪名包山包海，幾乎無可辯駁。指控寫成白紙黑字，他得知只要簽署認罪文件就能獲釋。

他拒絕照辦，堅稱自己沒做錯事。當他跟警員在辦公桌前爭執，局長走了進來。

「赫黑，你在這裡幹嘛？」

他說明整件事。「進來我的辦公室。」局長說。

那兩個男子不是陌生人，他們都長年住在關那巴科亞。局長嚴厲的看著赫黑，要他坦白交代電腦的事。當赫黑保證是用杜賓狗著作的收入購買，局長說他會看看有什麼辦法能撤銷控訴。但首先他有個請求。

「我一直在找一隻獵犬，一隻指標犬。」要公狗，黑白斑點毛色。

赫黑站在有權讓他生活淒慘的男人面前。他相信正是這種貪腐使古巴淪喪，對此感到鄙視。但他決定這一次要順從權力，交換和平籌碼。

「成交。」赫黑說道。

儘管赫黑避免與警方的重大衝突，在古巴生活仍讓他愈來愈難以忍受，困苦遙遙無期，直到一系列意想不到的事件扭轉局面。在赫黑被逮捕的同一年稍早，教宗若望保祿二世（Pope John Paul II）歷史性巡牧古巴，這是首次有教宗踏足島上。外國記者湧入哈瓦那各地，而在等待教宗期間，他們探訪其他的故事。泰德・寇佩爾（Ted Koppel）的《夜線》（*Nightline*）節目製作班底在美國媒體看過拖船事件，於是聯繫赫黑。美國廣播公司電視臺（ABC）為教宗到訪在哈瓦那租下一間公寓，赫黑和瑪利亞・維多利亞在那裡錄製長時間訪談。節目播出後，美國利益代表處聯繫赫黑，提議幫他在美國尋求庇護。隔年五月，赫黑跟家人以難民身分前往佛羅里達的文件辦妥。瘦子和瑪利亞・維多利亞迫切想離開，但在最後一刻，赫黑的兒子菲力克斯裹足不前。他在《格拉瑪報》讀過太多美國的暴力與毒品新聞，不想在那裡扶養兩個兒子長大。此外，他的家庭與關那巴科亞的衛理公會教堂關係日漸加深。他們會留下來接管聖塞巴斯蒂安街的房子。

剩下一個問題，而且是大問題。儘管警察局長保證會用一隻小狗的代價來解決事情，赫黑仍因非法經濟活動罪名在等待開庭日期。假如機場的移民官員看到這筆記錄，赫黑不會獲准離開，其他人可能同時被拘留。他們也因為三一三號成為著名的政府批評者，必須在不引起注意的情況下開溜。離去那天，他們把打包好的行李箱留給菲力克斯拿，走出聖塞巴斯蒂安街的房子時，隨身物品不比五年前瑪利亞・維多利亞和其他人登上三一三號船帶的多。他們沒跟鄰居或朋友道別。

抵達機場後他們分頭走，如此一來假使赫黑被拘留，女生還是可以逃出去。從移民官員前方的站立處，他瞥了一眼在別道窗口排隊的妻女。他記得向兒子赫伊說再見那一刻，心裡想著此生會不會再見到她們。官員查看他的護照，替他拍照，按了幾下電腦鍵盤就揮手放行。

瘦子和瑪利亞・維多利亞也順利通關。他們就快辦到了。赫黑把行李袋送進安檢處的X光掃描機，當安檢人員從輸送帶拖下袋子倒出內裝物，他大驚失色。掉出的幾件物品中有一個塑膠CD盒，封面貼著黛安娜王妃的照片。盒裡有兩張CD，儲存赫黑接受過拖船沉沒所有相關訪問的文字記錄。

「就是這個觸動了機器。」官員說。

赫黑必須趕快動腦筋。「聽著，我是黛安娜王妃的粉絲，我一直把這帶在身邊，裡面有她到車禍身亡前的所有身世。我能不能把它帶走？」

安檢人員盯著他，又看看CD。赫黑摒住呼吸。

「走吧。」

他把CD盒跟其他東西放回袋子裡並踏進等候室。看見瘦子和瑪利亞・維多利亞時，他眨眨眼讓她們知道一切都沒事。他們搭上墨西哥航空（Mexicana Airlines）的噴射機短程飛行至坎昆（Cancún），再轉乘美國航空（American Airlines）班機到邁阿密，飛過三一三號船五年前嘗試跨越的相同海域。

他們在一九九九年五月二十五日平安抵達邁阿密。兩天後，他們在古巴裔美國人全國基金會（Cuban American National Foundation）召開記者會。即使來到新的國家，一個遠離關那巴科亞的世界，那一晚的悲劇並未離他們而去。

赫黑發誓永不淡忘。

父母和妹妹離開後，騰出許多額外空間給菲力克斯和家人。聖塞巴斯蒂安街的屋子大到夠他開一間照相館。他辭掉救護車司機的工作，自己開業記錄生日派對、婚禮和其他活動。隨著古巴展開從特殊時期脫身的漫長過程，轉進卡莉在朋特克斯試圖精通的混合經濟，菲力克斯則在新商業世界和剛投身的宗教之間開拓自己的生活。見證諸多悲劇的屋子成為一個舒適穩定的地方，讓他滿足於現有生活，將一九九四年摧毀他一家人的事件拋在腦後。

他相當投入教會和生意，幾乎沒注意到在二〇〇三年，即三一三號遭撞沉的近十年後，不顧一切想逃離古巴的一群男子劫持老舊的雷格拉渡輪，要求開往西礁島。這讓歷經一九九四年夏天的古巴人勾起痛苦回憶，也使卡斯楚政府擔憂馬雷貢大道的暴力事件重演。

當渡輪在哈瓦那港外約三十海里處耗盡燃料，緊追不捨的古巴海岸巡防隊快艇說服劫船者，讓他們把渡輪拖回馬里埃爾港加油。這只是詭計，船一進港劫船者就被逮捕了。

這一次古巴政府無意容忍類似一九九四年的任何騷亂。劫船失敗的一週內，劫船的十一人全數受審定罪。菲德爾親自介入，命令法官量處最重刑以示嚴正警告。遭控帶頭的三個人被判死刑，並於當天槍決。

第十八章　關那巴科亞・二〇〇〇年十二月

無論發生過多少次，只要一輛掛著白車牌的白色拉達車停在卡莉家門前，她都假定有什麼事出錯了。掛白車牌的白拉達車專供古巴政府最高階部長使用。如果有一輛停在門外，必定代表麻煩即將來臨。身為朋特克斯和特克斯朋的總裁，她試圖掌握所有動態，包括惡劣天氣與勞工騷動，但有時這根本不可能。

「發生什麼事了？」她打開門詢問。

「放心，卡莉。」站在外頭的是輕工業部長，近二十年前她從基輔回國就在他手下工作，也跟他的兩位副部長共事。

「有誰病了嗎？」

「不，不是那種事。」

那是什麼事?她心想。她搞砸了嗎?或者他們還對北約或埃利安的T恤耿耿於懷?

「你在朋特克斯表現良好。」部長說道。卡莉鬆了一口氣。不過,那他們想要什麼?

「**嘿,黑妞**,關於妳的所有匯報相當令我刮目相看。」與此同時,他說,上級一直示意他輕工業部領導階層太多白人男性,而那有時導致他們忽略女性最看重的事。

「所以現在我要解決這個問題。」他說。卡莉在諾瓦隆和朋特克斯的經驗,在基輔受的訓練以及黨員身分,使她成為他們尋覓接任重要職位的理想對象。

「除此之外,」他補充,「妳是一位黑人女性。」

卡莉並未細想部長的語氣是否冒犯,但她聽懂了。從膚色被認識是她生活中的現實,人們對於一位非洲裔古巴女性的聰明才智感到訝異,是她聽過許多次的無心侮辱。共事的朋友與她喜愛的人時常告訴她,「卡莉,妳根本不像黑人」,並且真心把這句話當作稱讚。

部長提議拔擢她擔任古巴全國的輕工業副部長。

皮波和艾絲貝蘭薩鼓勵她轉換新職位,不過瑟內達直白地要她小心。政府在利用妳,她說。他們選妳只是因為需要一個黑人女性在當局任職。妳會受到傷害。

卡莉再一次不顧母親反對並接受這份工作。儘管部長說過需要像她這樣的人,很快她就明白,並沒有那麼容易因為身分而受到接納。會議中,她不安地跟其他副部長同坐一桌，全都是男人。他們毫無歉意地使用粗俗語言，彷彿她不在場。承認她的存在時，他們會說，「**嘿，黑妞。**」她習慣了，這就跟古巴瘦女人被喊作「**瘦子**」一樣，並不更侮辱人或較不明目張膽。說到用外觀來指稱個人，古巴人口無遮攔。他們習慣在前臂摩擦兩根手指暗示一個人的膚色，愈用力代表膚色愈黑。不顧他人感受的情況沒有極限。長久以來，人們在背後不敬地稱勞烏·卡斯楚為**華人（El Chino）**，因為他跟菲德爾在山裡的時候留不出濃密鬍子。壯漢習慣叫**肥男（El Gordo）**，**金髮（La Rubia）**可以是任何白人女性，無論髮色為何，或者是舉止像白人女生的黑人女生。像卡莉這樣的黑人女性永遠叫**黑妞（La Negra）**。

卡莉明白，只是在古巴當局任職無法保護她免於既存的種族和性別歧視，儘管已投入長久努力以扭轉觀念。她在朋特克斯跟員工見面那刻起就有所體會。一次，她正要踏入豪華的梅利亞科希巴飯店（Meliá Cohiba）主持朋特克斯主管會議時被攔下。保全人員在奢華飯店入口看見一位年輕黑人女性，於是擋住她的路。「妳不能進去。」警衛告訴她。卡莉不得不拿出身分證和朋特克斯總裁的名片，警衛才肯相信，在哈瓦那試圖走進高檔飯店的年輕黑人女生能有著妓女以外的身分。

當卡莉跟其他副部長同桌開會，她再度察覺自己受到輕視。同事帶著偏見認定她的方式尤其令人惱怒，完全基於她的種族和性別分配不受歡迎的工作或任務，毫不考量她的才能。他們派卡莉去國內另一端發生勞工問題的工廠，期待她能應付那群工人，因為她們同為黑人女性。她奉命調查國有工廠的竊盜行為——不是價值一百美元廢鋁的小竊案，而是大規模偷竊國家資源，意味著工廠主管本身收受賄賂。這種任務不會幫她贏得任何朋友，反而很有可能樹敵。

儘管如此，卡莉明白自己攀上職涯高峰，這是她搭上前往基輔的遊輪時無從想像的事。然而她才剛適應新職位，生活卻起了天翻地覆的變化。她母親五十五歲退休，到達當時女性的標準退休年齡，而今七十二歲時診斷出晚期結腸癌。當母親逐漸病重、需要更多照顧，於是搬進卡莉在關那巴科亞家中的客房。

在古巴的全民醫療制度下，住院治療免費，但是個人通常無法選擇在哪裡接受治療。每個街區有一位當地醫師和初級診所，提供諮詢並處理特定的健康問題。更嚴重的病例送到附近的診療中心，最危急的病患轉診至離街區最近的大醫院。但是當瑟內達需要住院，她不是送往慈善醫院，位於關那巴科亞這附近的普通綜合醫院。由於身為副部長的母親，瑟內達被緊急送往古巴最好的醫院，也就是哈瓦那的阿梅黑拉斯兄弟醫院（Hermanos Ameijeiras）。這棟二十五層的磚造高樓是城中最雄偉的建築物，在巴蒂斯塔治下動工時是要容納古巴國家銀行。經過漫長擱置，菲德爾下令將建物完工，於一九八二年開張展示古巴的醫療力量。

在阿梅黑拉斯兄弟醫院，瑟內達不被看待成退休的助理護士，而是一位重量級貴賓來照顧。醫生對她關愛有加，確保她什麼都不缺。卡莉經常接到中央政府官員的來電，慰問她母親的病況，詢問還有什麼事能為她去辦。出院後，瑟內達回到卡莉在關那巴科亞的家，然而特殊的關照持續出現。氧氣瓶送上家門並定期補充，市面難尋的成人紙尿布放在門口。瑟內達並未被迫使用難以貼合的中國製低價造口袋——只有最好的才給她。坐上輪椅幫助她四處走走？其他人也許要等幾個月到幾年。至於瑟內達，一架輪椅立刻送抵。

當醫師告訴卡莉，她母親只剩幾個月的生命，他們提議採取安寧照顧。卡莉請以前SP七九的鄰居，後來變成她專屬司機的弗朗（Fran），用她的國家配車送母親去醫院治療。每次療程結束後，弗朗載瑟內達回關那巴科亞的家。

在最後的日子裡，瑟內達日漸憂愁看著卡莉從家裡匆匆去工作，又再趕回家。她對於勇敢女兒的成就感到驕傲，但依然擔心政府在利用卡莉。有天她把卡莉喊進臥房，交給女兒一張紙。她列了一份清單，第一項寫著「改善商業」，接著是「薪資與獎金制度」、「貪腐」、「不法行為」、「黨」、「東部省」，最後是「馬蒂恩佐家族[7]」。

「這是什麼？」卡莉問。

「那些是妳的優先要務，卡莉達。」

臨死之際，瑟內達覺得卡莉有天會後悔自己放棄那麼多，換得的卻那麼少。卡莉把清單夾進一本書。她不想在母親病重時起爭執，但她確信自己的工作並非浪費時間。

二〇〇二年十一月二日，瑟內達・艾文在關那巴科亞的家中過世，有卡莉陪在身旁。依照古巴習俗，幫母親的屍體做好下葬前準備是卡莉的責任。原先擔任護士，瑟內達早就不再對死亡大驚小怪，但她曾經告訴卡莉，「你們完全不曉得怎麼埋葬死者。」有個老人過世時，她說，沒人知道幫她穿什麼衣服下葬。為了讓卡莉理解，瑟內達把乾淨的白床單放在一旁，再將他們需要的其他所有衣物擺進抽屜，包括內衣、要換上的衣服和兩雙襪子。

卡莉清洗母親的身體，灑上爽身粉，噴一點俄國紫羅蘭牌（Violetas Rusas）香水，這款花香調在古巴從嬰孩到老人都愛用。接著她幫母親換上抽屜裡準備好的衣服。鋪上床單覆蓋屍體前，她在母親腳上覆上一雙襪子，另一雙襪子則覆於雙手。她知道兩、三年後是時候從墳中挖出遺骨，放進另一個小墓室。當他們開啟墳墓，必須在破布和舊鞋間挑出她

7 馬蒂恩佐是皮波的姓氏，指卡莉自己家人的順位放在最後。

所有的骨頭。而瑟內達四肢的細小骨頭，將會像袋中的彈珠般整齊收攏在兩雙襪子裡。

在古巴，死後的現實意味著要找到地方安放死者，而這就跟生者找到地方住一樣困難。握有一塊墓地的家族會不斷反覆使用，把剛過世的屍體放進墳墓，幾年後取出遺骨，好讓空間能再度利用。然而瑟內達是從塔卡霍來到哈瓦那，在兩地都沒有家族墓園。死前她告訴卡莉，她不想要任何葬禮或墓碑。「無論妳到哪裡，我將依然同在。」她對卡莉說。「如果妳在溫暖的一天感覺微風拂過臉頰，那將是我伸出手觸摸妳。」

在雷格拉的殯儀館舉行傳統的瞻仰與守夜後，瑟內達的屍體放進市中心的一座公墓。幾年過去，到了挖掘瑟內達遺骨的時候，卡莉在鋁工廠的前祕書胡安妮塔（Juanita）帶著乘裝的超大鋁盒前來。在墓園辦公室，皮波為了遺骨墓室跟經理商議。這位經理對於古巴往生者的現況習以為常。

「如果你沒有自己的地方，我們會放在這裡保管。」她告訴皮波，指著辦公室裡的盒子，長的腿骨在一個盒子，較短的手骨放另一個，頭顱分開放置。不過如果有其他想法，若支付一定費用，她說她或許能找到合適的地方。他們花了相當於兩個月薪水的四十美元，好讓瑟內達的遺骨放入保留給雷格拉區美髮暨理容師工會成員的墓室。瑟內達從未擔任美髮師，但一直是雷格拉區美容師迪莉亞（Delia）的常客，那一點再加上四十美元，足以讓她永遠納入他們的行列。

卡莉仍在哀悼母親的死亡，她全心投入部內工作，寄望用額外的工作職責掩飾悲傷。每當銜命赴遙遠的工作場所處理問題，她毫不遲疑跳上飛機或鑽進車裡。她與弗朗經常在國家配的拉達車裡，歷時多個小時前往遠地的工廠或倉庫。卡莉坐在後座閱讀報告和備忘錄，擁有充足的思考時間。有幅畫面她無法擺脫，關於母親在阿梅黑拉斯兄弟醫院受到無微不至的照顧。卡莉每週啟程離家數百英里，將大量時間精力投入工作，並且懷抱對古巴體制的深切長久信念。正是這個體制興建並撥款給那間宏偉醫院，訓練出殷切看顧母親的出色醫護。儘管卡莉不想接受，她知道如果自己不是副部長、不是高階共產黨員，母親就會在一間地方醫院受苦，得不到需要的照顧。

卡莉仍然相信革命，但她無法再忽視這種明顯的差別待遇。跟她母親需要相同照顧的其他人，只因為他們是誰或不是誰，就被迫忍受難以言喻的痛苦不適。體認不平等的醜陋現實，加上母親過世帶來的長久哀傷，她的壓力大到開始磨牙，磨損到最終需要裝假牙的程度。她很掙扎，因為心知她該對母親並未受苦心存感激。她確實如此，但與此同時，她敏銳意識到不像自己有種種特權的人，不公地被迫設法將就。而這種情況不只發生在醫院。卡莉發現自己跟同事爭論平等問題時陷入公開衝突，在她心中激起怒火。在副部長會議，商討讓一間工廠的工人輪值兩班以提升產量的計畫，她問道，「你會增加他們的餐費嗎？」不，卡莉達，她得知沒有經費那麼做。「好吧，可是我們沒人能逼他們工作到死。」她主張為表現良好企業的中階經理加薪並提供獎金，但同樣遭到否決。

二〇〇四年秋天，卡莉被派去關塔那摩處理一起勞工糾紛，那是她在四十八年前的出生地。印行《格拉瑪報》的地方印刷廠因偷竊遭損，原因並非人們為報紙上的新聞爭搶，而是新聞紙常用作短缺衛生紙的替代品。損失的規模要科拉薩部門（Coraza）安全警衛合作才可能發生，而那屬於她的職責。她的任務是讓警衛們恢復正常運作。跟印刷廠經理開會時，卡莉首度感到胸口疼痛。發作一陣子後停息，會議結束後，她要弗朗開車回關那巴科亞，路程超過十六個小時。回到家時，她的雙腿比平常腫好幾倍。情況使她擔憂，但並未過度焦慮。她既年輕又強健。她沒告訴皮波，心想腫脹會消退。她只需要沖個澡，好好睡一覺。

隔天卡莉恢復到足以進辦公室，但她的生理或情緒都感覺不對勁。她在關塔那摩時，有種想法油然而生。她在那裡交談的對象似乎比哈瓦那人脆弱，許多人衣衫破舊。他們的房子更簡陋，需求更迫切，偷竊的動機比她想像中更巨大。她逐漸意識到以往未察覺的差異，因此感到心神不寧。赴關塔那摩出差兩週後，她醒來感覺十分難受，只好缺席每週的總裁會議。相反的，她步行前往街區的診所，請醫師幫她檢查脈搏。只有三十五。她告訴醫師自己的心率一直偏低，這就是她的身體運作方式。他把卡莉轉到她所屬的診療中心，一位中心醫師、也是卡莉的朋友指示照心電圖。報告出來時，他不喜歡自己看到的結果。

「我認為妳可能需要裝心律調節器，但別擔心。」醫師告訴她。「回家吧，我來打幾通電話。」

皮波下班回家陪著她休息。當醫師打來通知救護車在路上，卡莉表示反對。她不想讓鄰居看到，但醫師堅持這麼做。聽見救護車停在家門口，卡莉決定自己走出去。皮波扶她起身，不過他們只撐到前門，她就得坐下等醫護人員來接。

他們匆匆趕往外科醫學研究中心（Centro de Investigaciones Médicas Quirúrgicas，CIMEQ），瑟內達在這間菁英醫院接受安寧治療。入院接診醫師詢問他們的地址。當皮波回答關那巴科亞，那位醫師低聲說「你們不屬於這裡」，要他們改去米格爾安立奎（Miguel Enríquez），正式名稱為慈善醫院，一間沒那麼好的地方醫院。皮波想避免可能激怒卡莉的衝突。不過在他們離開前往慈善醫院前，院長沿著走廊朝他們大步走來。

「卡莉達．里蒙塔，妳要去哪裡？」院長問。

「我們得知要轉院至米格爾安立奎，所以我們正要前往。」皮波告訴他。院長輕蔑地看了接診醫師一眼，命令將卡莉帶往一間單人房，有專屬的電視。房間非常宜人乾淨，各方面都完美無缺。

而那正是讓她不安的原因。

卡莉一輩子篤信革命思想，即所有古巴人皆平等，國民擁有相同的權利，古巴經常自吹自擂的免費醫療制度，人人都能平等享有。她懷抱此等驕傲抵達蘇聯，手提跟其他古巴人同款的行李箱，身穿人人一模一樣的鞋褲及有著「古巴製」標籤的內衣，相信菲德爾、勞烏與切的種種承諾，反覆訴說社會主義為所有古巴人實現平等，不分膚色黑或白、男或女、政府官員或普通勞工。

她不能再包庇幾乎從基輔回國那天起就迴避的事實，對於古巴自誇創建的人人平等新社會充滿理想主義式、甚至天真的幻覺。在她工作的紡織業辦公室，她曾目睹某些工人得到的比別人多，以及獲得升職者不因為工作多麼辛勤，而是跟誰有關係。隨後當她多次流產進出產科醫院，她察覺細微跡象，一些女人因為認識的朋友而獲得較好待遇。她刻意忽視菲德爾承諾的無階級社會是幻影的種種線索，直到母親病重。顯然若非她身為副部長，母親不會住進古巴最好的醫院。家裡也不會有氧氣瓶，或者輪椅。

自己的健康遭逢不測時，她對革命的疑慮變得確鑿。如今她目睹自己受到幸運背景的優勢保護。跟多數古巴人不同，她生活中未能滿足的需求即使有也很少，直到她的母親罹病。面臨最親近的人垂死，她需要管道獲得古巴的最好醫療照顧，她也得償所願。但是她自身堅貞的社會正義感，如今逼迫她睜開雙眼面對現實。社會主義的古巴承諾社會公義與公平的資源分配。社會主義教條理應確保所有物品與服務平均分配給有需要的每一個人。但是卡莉和她的母親在有需要時受到悉心照顧，並不因為她們是古巴人、不因為她們是社會主義者、不因為她們相信。

而是因為她們比其他人更重要。

第十九章 哈瓦那・二〇〇五年五月

醫師在卡莉的胸腔裝入心律調節器後，她迅速康復並急切重返職場。然而她心臟旁的新奇裝置似乎沒發揮應該有的作用。當卡莉提出抱怨，醫師告訴她心律調節器正在運轉，她必須給它時間。最終是醫院的一位醫科學生做出正確診斷——心律調節器植入時她受到感染，直接波及心臟。

致命的診斷加深了她的擔憂，自從瑟內達拿顛倒的優先順序清單譴責質問，憂懼感隨之滋長。卡莉知道自己心生厭惡，不過她還是重返工作崗位，付出全力支持欺騙她的體制。她投入大半輩子在體制中升遷，肩負愈來愈多責任，忽略皮波和奧斯卡，即使她歷經一切苦難才成為母親。如今，原本應該幫助她的手術，導致她費盡千辛萬苦成就的一切岌岌可危。醫師警告她，治療心內膜炎的開心手術只有微渺的成功機會。要是她撐不過去？

奧斯卡才十三歲，他需要雙親健在。她已經後悔並未付出原本能跟他相處的時間，只因一心想奉獻所有給菲德爾的古巴，捨棄她自己的人生。

推進手術室時，她暗自唱著「問星星」免得感到恐慌。外科醫師切開她的胸腔，接上人工心臟，接著移除受感染的心律調節器並清除心臟的感染。隨後他們在靠近她腰部的地方植入一個新的心律調節器，盡可能遠離感染點。

卡莉花了幾個月復原，到她覺得狀況好到足以回去工作，她要求解除副部長的職位，自覺不再有力量或想望繼續從事高壓工作。她獲得一個特殊的職位，幫接替她的女性副部長擔任助理。然而她隨即發現，儘管職稱改變，她的工作依然繁重。為了避免過勞，她付錢給最近搬來街區的一位女子，幫助她打理家務。卡莉跟她的新鄰居背景相似。小名莉莉的瑪莉亞・露易沙・杜蘭・赫南德茲（María Luisa Durand Hernández）同樣跟著母親，從古巴遙遠東部的產糖小鎮搬來哈瓦那落腳。卡莉對莉莉產生好感，雖然她們年齡相隔十歲，歷練與成就天差地遠。儘管如此，隨著她們彼此熟識，莉莉逐漸覺得卡莉是一位模範共產黨員。卡莉對莉莉也有同感。

莉莉出身巴內斯（Banes）的務農家庭，這座小城離塔卡霍不遠。她還小母親就去了哈瓦那，把她留給祖父母照顧，在自給自足的小農場長大。她的革命思想灌輸很早就開始。她就讀吉隆灘英雄學校（Heroes of Girón School），十四歲加入當地的革命委員會。祖父母關愛孫女卻固守老派的行事作風，跟她眼中的革命古巴精神顯得脫節。他們不准她參加派對或舉辦十五歲的慶祝會。成長到上高中的年紀時，她告訴他們想搬去聖地牙哥，跟做碼頭工人的父親何塞一起住，在那裡還有姑姑和表親可以照顧她。

莉莉從小崇拜菲德爾並仇視巴蒂斯塔，這位獨裁者也生於巴內斯。她在聖地牙哥初次參加勞動節遊行，身旁圍繞誓言投身革命的數千人，熱情在她心中激盪，她發誓要永遠坦然驕傲地展現對共產主義的奉獻。應該照看她的姑姑和叔叔不怎麼盡責，十七歲那年莉莉懷孕了。她將孩子命名為胡安．何塞（Juan José），紀念他缺席的父親與意志堅強的祖父。她完全沒準備好要扶養一個兒子。她把人人喊他何塞埃多（Joseíto）的嬰兒留給聖地牙哥的姑姑，自己則動身前往哈瓦那。她聽過那座偉大城市的傳說，激動人心的事物在街上脈動，她想置身其中。

古老都城矇騙眾多來自東部的年輕男女，他們懷抱遠大期待踏上旅程，卻發現這裡的生活就跟出發地一樣艱難。莉莉到卡薩布蘭加（Casablanca）跟母親會合，這座由擅自占地者形成的村落越過港灣與哈瓦那舊城區相望。逃離東部省分的數千人在此搭建棚屋，或在他們能找到的任何地點住下來，甚至包括一座舊蘇聯電廠。隨著首都過度擁擠的情況加劇，政府施行新的限制，若無授權不准從家鄉省分搬到哈瓦那，使許多人淪為自己國內的非法移民。少了許可證他們不能工作，也沒資格請領住房或配給簿。

不過在莉莉搬去卡薩布蘭加與母親同住的一九七九年，相較之下一切容易得多。她可以在附近的海軍醫院找工作，於手術後清理急診室和開刀房。她在哈瓦那一間精神科醫院附屬的技術學院修課，隨後回到海軍醫院履行社會服務。

有天深夜她在醫院，救護車載來一位因嚴重車禍受傷的軍官。他需要動手術，然而在推進開刀房前，菲德爾出現了。醫院職員在走廊上排成一列，發出興奮的低語聲。菲德爾就像一位普通探病者穿過走廊。他向莉莉和其他醫護人員打招呼，問候他們，隨後詢問受傷軍官的情況。他拿到外科口罩和穿在軍服外的長袍，好讓他進入軍官等待開刀的準備區。那位軍官仍有意識，莉莉看著菲德爾向推床俯身，告訴受重傷的人一切都會沒事，醫師會給他最好的照顧。

近距離見到菲德爾，使莉莉對指揮官的崇拜孺慕更加堅定。她從小聽著革命的英雄故事長大，心中燃燒革命熱忱。她實現年少時的誓言，參與幾乎每一場集會、每一次遊行、每個勞動節盛會。對她而言，革命擁有生命力，是她看得見、感覺得到的一股力量。革命給她讀書的機會，提供她一份有意義的工作。在海軍醫院服務十年後，她到國營企業擔任安全警衛，輪值十二小時的夜間巡守或日班櫃檯站崗，其中包括諾瓦隆。

古巴從來就不完美，莉莉知道這一點。然而追隨菲德爾的榜樣，她相信古巴人能成就遠大目標。「我是一位革命共產黨員，」她自豪地向任何願意聽的人傾訴，「我喜愛我的共產主義，我喜愛我的國家。」若不是從她出生前受到美國禁運孤立，她確信古巴能取得更大的進步。儘管登上美國的敵人名單帶來困苦，她知道古巴在世界上有許多盟友，並且憑藉極少物資達成莫大成就。「在我們國家醫療免費、教育免費。在這裡，如果有個小孩生病或罹患有生命威脅的疾病，這是一件神聖的事。我在說什麼？不只是孩童，老人、任何生病的人，他們全都獲得照顧。」

莉莉堅信革命的正義。一九九四年夏天，她與母親和弱智的妹妹同住在卡薩布蘭加，但她對三一三號沉船事件所知不多。不同於赫黑和瑪利亞·德卡門，她不認識任何一位遇難者、生還者或悲痛親屬。政府的解釋是有群犯法者威脅警衛，偷走一艘破舊的船，魯莽地企圖帶著財產逃離，這些解釋對她來說就夠了。

二〇〇六年春季某天，卡莉正在跟同事一起吃午餐，聽他們抱怨工作。她靜靜坐在那裡，擔憂著自己不適合的新職位及內心翻湧的不滿。她跟自己理應輔佐的新任副部長處不來。或許從一開始這就是不可能的組合——兩位固執、獨立的女性，都習慣下指令、而非接受指令。全都在處理相同的問題卻少了做決策的權力，加上失去母親的長久傷懷，以及社會主義體制失衡的日益幻滅，層層壓力使她難以承受。

她起身離開。「別趁我不在場時談論我。」她告訴桌邊的同事。「如果你們有什麼話要對我說，現在就告訴我。」

「卡莉，沒這回事，」他們告訴她，察覺到她的壓力，「坐下吧，妳太緊繃了。」可能是她中午吃的魚，或是糾結的心緒，她回到辦公室時把午餐吐了出來。卡莉發現身體在告訴她某件事。她抓起桌上少許的個人物品，包括一張她母親在關那巴科亞家中露台放鬆休息的照片。接著她打給弗朗，要他把車準備好。「我要回家了。」她說道。

弗朗駕駛新的起亞轎車（Kia）載卡莉繞過港灣，白色車牌在她擔任副部長時配發。回到家後，她告訴皮波決定辭掉部裡的工作。「妳瘋了嗎？」他說。沒了她的職位和特權，家中的舒適生活場景將會崩塌，使他們全都無以為繼。

這對卡莉而言是算總帳的一刻。突然間，古巴的強烈陽光似乎照亮她從未見過的事物。就像有一次，她請弗朗載她去關那巴科亞的一間診所。開到科洛法索街時，她從車窗往外看，注意到公教學校附近堆積大量垃圾，幾乎就在瑪利亞・德卡門家正對面。

「嘿，弗朗，這裡怎麼了？這些垃圾全都是哪來的？」

「那裡一直是這樣，卡莉。」他回話。

「我沒看過。」

「那是因為妳從不看車窗外，妳總是把鼻子埋在報告裡。」

他說得沒錯，卡莉心知肚明。如同她現在明白，瑟內達列出的顛倒優先順序清單向來準確無比。長久以來她活在自己創造的泡影裡，無法認清周遭的現實世界。真正的平等從來不存在。她擁有的一直比別人多——更多假期、更多教育、更多食物、更大的公寓、國家配的汽車和電腦。正如她毫未察覺科洛法索街的垃圾堆，對黨忠誠的僵化觀念使她盲目於古巴的現實，從塔卡霍的泥巴路到關那巴科亞的碎裂柏油路歷歷在目。卡莉曾出差走遍古巴本島，儘管至今才意識到，她目睹過即使在最惡劣的時期，哈瓦那跟島上其餘地方相比仍屬衣食豐足。

轉變在她心中滋長，原因既非不滿、也不是對革命缺乏忠誠，而是她剛睜開眼看見的現實世界。她年屆五十，胸膛滿是疤痕，記憶裡充滿破碎的承諾，而一顆心，儘管因病衰弱，依然滿溢著對她苦難島嶼家園的愛。隨後，彷彿要證明革命本身病了，在二〇〇六年七月，一位面如死灰的全國電視新聞主播宣告菲德爾因不知名的疾病倒下，由弟弟勞烏暫代總統。

革命就像在古巴街道上緩行的許多笨重美國車一樣陳舊，如同那些老化的龐然大物，菲德爾和他的革命早已不是原本的自己。但是有一件事永遠維持不變。從卡莉有記憶以來，只要她活著一天，所有古巴人的生活，古巴的每分每秒，島上產的每一顆玉米粒或每一升蘭姆酒，全都仰仗菲德爾的巨大身影。走遍古巴沒有一尊他的雕像，沒有任何學校或醫院以他為名。沒有這個需要。

菲德爾是古巴。

古巴是菲德爾。

那麼，假如菲德爾病了……。

【第三部】

Part 3

反思

Reconsideration

第二十章　關那巴科亞

·二〇〇六年

卡莉站在鏡子前面哭泣。她的目光直盯著右乳房上的醜陋疤痕，第一個心律調節器從這裡植入，而後不得不扯出來。新的心律調節器移往軀體左下，在奧斯卡剖腹產疤痕上方幾英吋處，植入縫合留下另一道長疤。她舉起手觸摸幾乎從胸骨連到肚臍的肉卷，一條厚實的蟹足腫疤痕組織，看起來像是某個笨拙的裁縫把她縫補起來，恰如她對自己人生的看法。卡莉不再擔任副部長，那項職位證明她的成就與辛勤工作，她也拋開讓家人日子好過的種種特權，這一切換得什麼？

這不是鏡中景象第一次惹她哭。她第一次開刀，即初次植入心律調節器的相對輕微手術，留下使她反感不已的疤，於是請求朋友杜妮亞（Dunya）縫製一件新的高領罩衫好遮住疤痕。杜妮亞試著勸她別對傷疤難為情，告訴卡莉這是她克服阻礙的象徵。但是卡莉不僅固執，而且她坦承，自己還很虛榮。鏡中景象使她厭惡，她確信任何人看到了也會有相同感受。她跟皮波發生親密關係時甚至把身體蓋起來，不想讓他看見自己如今的模樣。

其後新增的疤痕讓一切變得更糟。她感覺彷彿自尊和未來全被剝奪。

卡莉有許多一度視為朋友的人消失無蹤。當她辭掉副部長，放棄她的配車、司機、手機和電腦，所有她假定在古巴擔任高官賦予的好處。她跟皮波要靠自己了。他們存了一點錢，但金額不多，他們知道無法長久。她已正式退休，約有每月十二美元退休金。那買不了多少東西，一磅洗衣粉可能要一美元，一件棉布洋裝則索價五十。奧斯卡還是個青少年，他需要她。皮波需要她。而她需要感覺自己依然活著，還能反擊，仍舊掌控自己的命運，一如當年在塔卡霍泥巴路蹦蹦跳跳的少女。

連日來她把自己關在屋內，試著想清楚接下來要做什麼。感覺什麼都不對。接著有一天，她晃進母親的舊房間，約莫有兩座大衣櫃那麼大。她不記得自己在找什麼。也許根本沒有，只是某個在尋找答案的人無精打采隨意漫步。架子上有些布料，盒子裡放著用不到的鈕釦和拉鍊，母親曾教她要好好保留。角落擺著一架聯特牌（Union Special）老式腳踏縫紉機，瑟內達送她當作完成基輔學業的禮物。

卡莉極度懷念也常常想起母親，尤其當她飄忽在不工作的那些灰暗日子。瑟內達生前列舉關於卡莉優先順序的斥責清單浮上心頭，如今確知母親一直以來都是對的，使她飽受折磨。她容許自己的世界上下顛倒，把全副精力、基本上是整個人生，獻給實為虛偽的政治意識型態，應驗了母親的警告。瑟內達會怎麼看待女兒的下場，她的渾身疤痕與失望？當追隨聖德里亞信仰的阿姨告訴卡莉，瑟內達來到她夢中，讓卡莉的感受更糟。阿姨說瑟內達在哭，母親的眼淚對卡莉發送強烈訊息。妳對自己人生的所作所為讓媽媽難過，阿姨對她說。接著她提議施作祈禱、咒語和祕密儀式，試著為卡莉安撫瑟內達的靈魂。

在卡莉感覺如此低落時，這舉動超過她所能承受。連同她逐出生命中的一切，她已經受夠了聖德里亞信仰。她比任何人都熟悉自己的母親，儘管兩人意見分歧，她確信瑟內達並未對女兒失去信心。「妳看到的哭泣女人不是我媽，」她告訴阿姨，「如果媽咪在天堂，我知道只要我活著，她就會為我開心。」她請阿姨別對她生氣，只是在歷經這一切之後，她的心靈傷痕累累，需要尋找在她心目中比聖德里亞更富精神意義的寄託。

卡莉確定一件事：瑟內達從未懶散觀望，等著她想要的事物到來。她的雄心抱負源源不絕，總是伺機而動，永遠準備好利用遇到的所有可能性。為了生存，卡莉也必須這麼做。而瑟內達送的老縫紉機正是她尋找的答案

但首先她必須解決一個小問題。她不知道怎麼縫衣服。

卡莉在紡織業二十五年，熟知布料的一切。在朋特克斯與設計師共事，她養成見多識廣的時尚品味，且歷經海外出差的磨練。她曾監管數十萬件T恤、數百萬雙襪子和內衣的生產，但她連一件罩衫都不曾親手縫製。她盯著瑟內達的聯特牌縫紉機。要讓它動起來必須踩踏板，她只知道這麼多。卡莉也了解將布料與織線、拉鍊和鈕釦等個別元素，組合成人們願意購買成品的背後原理。假如她能監督鋁壺和高級雪茄管的產製，也能在幾週內交貨二十萬件印花T恤，並使全古巴的工廠運作得順暢又安全，她肯定可以操作一臺老縫紉機，不是嗎？

一旦立定路徑，卡莉就像應付其他種種目標一般決心做到，深思熟慮逐步邁進。她前往雷格拉，知道那裡有間店在賣舊飯店床單。如同諾瓦隆將鋁板製成鍋子和水壺，她把髒汙破損的床單視為原始材料。回家後，她將床單攤在桌上，剪掉汙點和破洞。她的想法很簡單。根據傳統，古巴女人會買**全套嬰兒用品（la canastilla）**給新生兒。禮盒中包括小床單、蓋毯和枕頭等必需品，以及將閃亮滾邊或卡通人物縫在蚊帳上的趣味飾品。時局也許艱難，不過新手媽媽似乎總是籌得出錢好好裝扮嬰兒。卡莉坐在縫紉機前，腦海中浮現想製作的清晰畫面，但無論多麼努力嘗試，她的雙手無法隨心所欲。她看過朋特克斯作坊的裁縫，用機關槍射擊般的速度車過一碼又一碼的布料，可是她的聯特牌就是不肯照她要的方式移動。布料皺成一團，針腳瘋狂彎曲，接縫不密合。

她花了一整天，數度灑淚，才完成一套自認為品質或許能賣給鄰居的嬰兒用品組。日復一日，她坐在縫紉機前，決心做得更好。很快她一天就能做出三組嬰兒用品，包括她在哈瓦那舊城區買的蚊帳材料。如果每組賣四美元，光是一天她就賺到一個月的退休金。然而現實通常無法如願。關於銷售，她該學的跟縫紉一樣多，並意識到自己兩方面都不太拿手。如果來買嬰兒用品組的女人錢不多，她會降低價格。卡莉知道那讓她成為差勁的推銷員，不過感覺這麼做是對的。

這是新生活的開始，但稱不上完美的起點。卡莉知道自己需要幫忙，她有個點子。她回過頭去找雙輪馬車，那是她仍為紡織業明日之星時，協助艾斯平在哈瓦那舊城區創辦的女性賦權計畫。她報名雙輪馬車開設的一項課程，學習老縫紉機的正確使用方式，並獲得如何更有效率測量、剪裁與車縫的實用技巧。到課程結束時，她已經準備好攬下更多工作。每個月有幾次，她從關那巴科亞搭上老舊的五路公車前往哈瓦那，或走到雷格拉搭渡輪越過港灣。偶爾她跟當時在哈瓦那舊城區工作的艾絲貝蘭薩碰面，兩姊妹一起逛遍市裡找舊床單和便宜的花邊成品。她的製作跨出嬰兒用品。穿著牛仔褲不再被視為反社會，於是她購買二手男裝牛仔褲，剪開車縫成女裝牛仔裙。她會拿一件二手罩衫縫綴五顏六色的花邊，再出售賺取利潤。當她把自己做的衣服拿給朋友和鄰居看，她很訝異他們願意花辛苦賺的錢來買。

有了最初的銷售收入，卡莉買進更多材料。隨著縫紉機用得愈來愈熟練，她製作床罩、床包和其他家用織品出售，大幅提升從國家退休金得到的微薄收入。她的自我感覺好多了，放任瑟內達的精神指引自己。瑟內達臨終前常要卡莉讀聖經給她聽，次數頻繁到卡莉能背誦《詩篇》第二十三篇，並且同樣在那撫慰字句中得到力量。她曾在心臟科醫院的開刀房走過死蔭幽谷，如今她理清生命的優先要務，相信自己的靈魂獲得修補。她想也沒想就接受朋友杜妮亞（Dunya）的邀請，到雷格拉一間充當教堂的小屋子聆聽週日福音佈道。隔週她又再現身，在那之後的週日也是。最終她獲得一本自己的聖經，並且在牧師何塞・路易斯・皮諾（José Luis Pino）佈道時，拿一支綠筆在重要段落下悉心畫線。

慢慢的，她修補自己的生活，重新擬定對她而言做一個古巴人意味著什麼。而加入共產黨不再是公式的一部分。當她試圖繳回黨證，黨不接受她退出。「等一等」，他們告訴她去參與關那巴科亞的地方黨部。但是她拒絕接受。她不再對未能實現革命承諾的體制抱持信心。最終她獲准脫離黨部。當她與黨完全無關，掙脫黨要求的一切盲目忠貞，她發現自己不再是革命者，但她從未停止當一位愛國者。

她依然愛古巴。

隨著自我感覺改善，卡莉不再往疤痕抹藥膏，並接納它們是自己的一部分。她是獨立的商人，在尚未正式承認私人企業的國家屬於異類，儘管古巴已經開始接受少數小規模的生意。自從糟糕的一九九四年夏天起，古巴允許個人在家中開設**家庭餐廳（paladares）**，嚴格管制桌數且不准雇用家庭成員外的任何人。理論上，古巴人不被准許背著別人獨享財富。巴拉德望高檔度假飯店的服務生和管家會對此先決條件提出異議，但名義上，社會主義的正統觀念仍是共通規則。

勞烏於二〇〇六年接任總統後開始對古巴有所作為，並且遠比菲德爾更朝資本主義的身影開放。管理古巴武裝部隊近半個世紀，勞烏習慣將實際需求擺在意識型態之上。無需太多遠見就能看出古巴逐年落得更加窮困，中央統籌的經濟停滯不前，導致流行語「他們假裝付我們薪水，我們假裝工作」似乎成為教條。勞烏的政府判定，激勵成長的最好方法，是讓有限的古巴人獲得為自己工作的機會，創造一種混和經濟，藉此縮減缺乏生產力的國家勞工，讓他們跟受到謹慎管理、嚴格約束的非國家部門共存。

卡莉非常明白那種語言。一開放她立即申請並獲得自營裁縫的工作執照，這個角色她已經私下擔當多年。沒過多久，半開放市場的現實成真。突然間，首都周遭的其他女性都萌生相同點子，創業縫製嬰兒用品組、家用織品和改造二手衣。此外，持有旅行特別許可證、富有創業精神的古巴人，從墨西哥、巴拿馬和其他拉丁美洲國家批進量產服飾，定價時常比卡莉還低。她又一次想起瑟內達，那個念頭把她帶回在心中占據特殊地位的古巴城鎮。

每年有幾次傍晚，她在哈瓦那公車總站搭上跨城巴士，帶著在家裡車縫的一袋袋罩衫、床罩和嬰兒用品組趕夜車。如果巴士沒有太擠，她可以睡上大半路程，隔天早上一抵達奧爾金就準備開始兜售。她會把一袋衣服和寢具，留在答應幫她賣的一位朋友家。隨後她趕搭另一輛巴士開往塔卡霍，她的產糖小鎮家鄉，谷佳會幫她賣掉剩下的存貨，並從收入中抽一點給自己。在瑟內達極需幫助時，谷佳的母親曾兩度收留她。

在塔卡霍，卡莉發現縱然離她住在這地方已相隔數十年，生活仍舊圍繞著糖廠，以及宣告每次輪班起始的沉悶哨聲打轉。芙洛拉颶風摧毀大半個城鎮後，一整片新的區域興建起來。他們稱之為蛙鳴區（Canta Rana），因為到處都是不斷嘓嘓叫的青蛙，有時還溜進屋裡。塔卡霍的居民與外界隔絕，而且相當貧窮，所以很少購物。他們會把衣服穿到破為止。卡莉在這裡賣衣服的價格比哈瓦那低，但那沒關係，因為她知道人們能動用的錢比較少。

隨著卡莉重建生活，並且對現況感到滿意，她不斷意識到自己實際上多麼難以掌控命運。有次身體檢查時，醫師告訴她心律調節器的電池需要更換，他們想利用這次機會把調節器從現在的位置，也就是腹部附近，往上移到左胸的正確位置。這代表要再開一次刀，留下另一道疤，不過這一次她不在乎。她已經開始穿清楚展露疤痕外觀的罩衫。比較難接受的事實是手術將迫使她停止造訪塔卡霍，直到康復為止。隨後發生的兩件事卻再度改變她的生活。

二〇一一年，勞烏下令全面改革古巴的中央管控社會主義經濟，宣告古巴經不起繼續扮演人民不必工作的唯一國家。他企圖推行措施，削減約一百萬個缺乏生產力的國營職位。數字日後砍半，然而將五十萬工人扔上街頭還是有可能造成混亂。打著開放經濟的名號，古巴大幅增加自營工作執照至兩百多種。家庭餐廳的某些限制獲得鬆綁，使得哈瓦那和其他城市的私人餐飲業顯著成長。但是許多自營業種的限定十分荒謬，永遠無法撼動古巴的嚴重經濟問題。執照持有者限定去做諸如剝果皮、清理汽車火星塞，或經營羊拉兒童拖車等一人行業。事實上，政府並未提供人民改善自身生活的自由，而是在政府無法再供給的情況下，准許人們勉強維生。除了對人民的創業願景與財富累積能力強加限制外，政府要求未來的資本家以相當可觀的費用購買執照並繳納重稅，使得從未繳稅的人感到震驚。政府表明，目標是要讓古巴成為一個沒有富人的富裕國家。

卡莉取得生產服飾的其中一種新執照，擴展她的經濟可能性。現在她可以合法雇用至多五位員工，這對她而言相當重要，允許她提供其他女性經濟機會。可是正當她拼湊新計畫，皮波面臨自己的健康危機。他在哈瓦那港一間貨運公司擔任經理，監管用來移動貨櫃的重機具維修。二月的某天早晨，一架中國製設備的重要零件軟管破裂。他檢查備品記錄，派一位工人到倉庫取回替換軟管。設備停工的每一分鐘，企業的生產力都在下降，對他的績效造成嚴重負面影響。過了幾分鐘，工人空手回來。他查看軟管應該放置的地方，卻不見蹤影。皮波聽過這個藉口無數次。他在基輔學會的存貨控管與定期維修，對於勞烏安插到許多古巴企業、包括港口營運的軍官來說依然顯得陌生。這令人沮喪，那天早上隨著皮波的沮喪感湧現，他感到胸口一陣疼痛。突然間他呼吸困難。

他不覺得自己有辦法等救護車，感覺不對勁。最近的醫院是慈善醫院，這次他不在乎那裡的名聲。此外，卡莉不再是副部長了，他不能期望特殊待遇。他只想盡快讓醫生看診。皮波的公司沒有一輛車能載他去醫院，但一位摩托車裝有邊車的同事說可以立刻帶他過去。皮波緊緊捂住胸口，癱坐在邊車裡上路。

皮波蹣跚走進急診室時狀況很差，醫生不得不用電擊恢復他的心跳。他歷經一次嚴重的心臟病發，醫師簡直是從死亡邊緣把他救回來。住進加護病房幾天後，他被送往外科醫學研究中心，也就是卡莉植入心律調節器的心臟病學研究機構，由照顧卡莉的醫師診治皮波，他們是從小在卡德納斯一起長大的舊識。審視檢驗結果後，他不認為皮波靠心律調節器、支架和藥物治療就能發揮效用。帳單金額：零元。

皮波出院後請了病假。在他休養期間，卡莉再度停止遠赴塔卡霍。相對的，她專心擴展家中業務，在一個不完全信任私人企業的國家，應付做為自營業者的種種挑戰。幾乎拿不到信用貸款、稅務制度不合理，最糟糕的是沒有合法的批發市場讓私人企業購買所需的基本物料。

缺少批發市場，古巴自雇者苦苦掙扎。他們用 **Inventando（發明）** 來描述尋找原料的過程，但在本質上與偷竊同義。對許多企業來說，國家是唯一的批發市場。政府雇員從工廠和倉庫挪用物料賣往黑市。藉著禁止合法的批發市場並限制進口，古巴政府無意間在鼓吹貪汙。一九九〇年代卡莉曾經試圖在諾瓦隆（Novalum）禁絕的順手牽羊，如今擴及古巴經濟的每個角落，無論是擁有小生意的創業家或者為晚餐想辦法的父母，幾乎每一位古巴人都成為某方面的罪犯。「發明」多半取代古巴口語裡的「偷竊」，公民社會的規範也發生變化，只要竊取的物品來自國家，而非鄰居或朋友，偷竊行為就能獲得寬容。在新古巴，「發明」是一種塑造公平競爭環境的方式，彌補國營工人少得可憐的一美元日薪。

歷經半個世紀的社會主義中央計畫經濟、冗員充斥與生產力低落，取得執照並跨入私人事業的古巴人，多半缺乏成功所需的實務技能。政府似乎對於新興的私人部門心存疑慮，容忍卻不予支持，也不允許它的成長超越容易管理並侷限在非常有限的規模。這是在定速巡航下運轉的資本主義，速度設定為每小時兩英里。

皮波在康復的同時下定決心，像卡莉一樣，他不再熱衷於共產黨。為共青團和共產黨投入四十多年光陰後，他繳證退黨。然而如同卡莉的遭遇，黨起初不接受他的決定。當皮波堅持該是自己退黨的時候，黨採取懲處手段，把他的案子送交關那巴科亞的地方黨部。在那裡，他的革命活動和長期黨內記錄受到嚴格審查。考量到皮波善盡管理職責，地方領導人撤銷懲處並准許他繳回黨證。他保有公民社會的良好地位，在入黨大半輩子後，背離共產黨並未使他承受任何後果。

皮波才五十六歲，退休還太年輕，回碼頭工作又嫌身體虛弱。為了找些事讓他做，同時幫家裡多賺點錢，卡莉把一些服飾掛上衣架，布置於屋外的圍籬。皮波坐在罩衫和T恤旁，跟路人閒聊，看看能賣掉什麼。結果讓他們意外，這位一絲不苟的工程師頗有一番銷售本領。而且他喜歡賣東西。

然而，政府實施的種種限制，以及夫妻倆健康危機導致的中斷，卡莉的事業陷入停滯。當朋友邀她參與能帶領事業更上一層樓的教育計畫，她決定應該放手一搏。

全新的私人籌辦計畫在一棟古老建築集會，地點離哈瓦那港不遠，革命前曾是天主教神學院。菲利克斯瓦瑞拉神父文化中心（Centro Cultural Padre Félix Varela）形同天主教會與古巴政府之間的非軍事區。文化中心獲准開放討論「古巴人快樂嗎？」等普遍主題，只要不公開鼓吹反抗政權。在佛羅里達古巴流亡者的資助下，中心開辦名為**古巴開創（Cuba Emprende）**的商業培育計畫，提供八十小時的商業實務與倫理培訓。

二〇一二年六月，卡莉出席第一堂課。她至少有其他人的兩倍年紀，而且從基輔回來後就不曾坐在教室裡。她已經自己做生意六年，也熟悉許多商業詞彙與經濟概念，但不包括自由市場的觀念。她預期課堂會是某種金融進修課程，不過教室中的體驗使她開了眼界。這完全不像她在基輔修的課，也不同於她在古巴上過的任何課程。她的教授首先要求學生自我介紹，但不使用他們自己的姓名。相反的，他要同學挑選一種動物，跟自己的名字擁有相同的開頭字母，並且描述自己跟那種動物有何相似。輪到卡莉時，她脫口而出浮現腦海的第一個畫面：**馬（caballo）**。她說馬兒強壯、敏捷，充滿生命力。但她並未透露當下的真實感受——有過種種歷練後，她體內的馬已是一匹疲憊的動物，精疲力竭且過勞。

這些課程傳授企業經營的細節，包括財務、會計、商品銷售與折扣。卡莉學到的許多知識違背二十年來控制經濟工作的經驗，卻正向證實了她對於經營自己事業的本能感受。這一切都有幫助，她學到一個關鍵概念：擁有經驗、才能、掌控自身命運的深沉渴望，這些使她成為自己事業最重要的資源。不是國家，是卡莉。課程結束時，她確信自己能在改變的古巴體系中事業興隆。

受到嶄新的自信心鼓舞，並將自身就是公司最寶貴資源的建言放在心上，卡莉想出一個摻雜她自己影子的企業名稱。她把公司命名為普羅卡列（Procle），以縮寫結合商業化生產（produciones comercializadora）和她名字露易莎・艾文（Luisa Ewen）的一部分。她設想普羅卡列能生產販售多種產品，從寢具到哈瓦那迅速增加的私人餐廳制服。她向舊識求助，從歐洲進口五架工業紡織機。二〇一二年過完之前，皮波拉了一條二二〇伏特的電線圍繞關那巴科亞家的客廳周圍，把空間變成一個小作坊。她雇用失去國家差事的女人。最重要的是，她將事業藍圖留下空間，讓現年二十一歲的奧斯卡最終能接管——如果那是他所想要。普遍認為，想辦法留住國內年輕人是古巴的主要危機之一，構成官員、知識分子、行政人員的痛處，尤以父母最為傷感。卡莉希望打造足夠的機會，好讓兒子相信他在新的古巴擁有未來。卡莉認為古巴正在轉變，而且在某些方面，終於實現她與眾多古巴人窮盡一生等待的承諾。

第二十一章　邁阿密・一九九九年五月

抵達邁阿密隔天，在暫住的赫黑姊夫埃利歐（Elio）家門口，一輛黑色轎車來接赫黑、瘦子和瑪利亞・維多利亞，隨後開往古巴裔美國人全國基金會總部（Cuban National Foundation），即邁阿密的強大反卡斯楚政治團體。他們走進塞滿電視臺攝影機和記者的房間，並召開記者會。「我們非常傷心此刻古巴政府撇開責任。那次事件是謀殺，而政府持續宣稱是意外。」瑪利亞・維多利亞告訴記者。她在三一三號船事件失去家人已經過了五年，傷痛未曾減輕。「少了他們，我們的生活就不是、也永遠不會是真正的生活。」她描述從拖船沉沒至今的不安生活。「即使是今天，我還是會回頭看，忍不住想可能有誰在跟蹤我。」她說。「我們今天在這裡說出來，好讓古巴生活的真相為人所知。」

她父親第一次在古巴境外主張，不像卡斯楚政府所聲稱，五年前的三一三號沉船並非意外，而是一次暗殺。赫黑描述，當他認定為國安特務的人帶著名單來家裡，他當下的衝動是抓起一把刀去尋仇。「但後來我重新考慮，學習跟胸中的痛苦共處。」

自革命勝利起有一百五十萬古巴人出國流亡，如同其中的許多人，赫黑依舊是根深蒂固的古巴人。他仍然愛古巴，愛那個他年少時永存心底的古巴，在關那巴科亞公園四周度過陽光明媚下午的古巴，他依戀有著大型狗、家人朋友滿屋的古巴，而不是他逃離的古巴。在邁阿密一處船塢附近租下低矮木屋，赫黑試著把另一個古巴拋在身後。他隨身攜帶的物品非常少——幾件衣服，把訪談和文字記錄藏在黛安娜王妃肖像照下的光碟片，還有一些相片。他把一張相片掛在用來當成辦公室和工作室的裡屋。那是他兒子赫伊的照片，直視鏡頭笑得開懷，看不出悲劇就要吞噬自身和家人的跡象。

在一個新國家重新開始對赫黑並不容易，尤其是該國總統競選活動漸趨白熱化，由涉及埃利安·岡薩雷茲的邁阿密連串事件掀起戰火。赫黑抵達佛羅里達的幾個月後，這個古巴男孩在海上被美國漁夫救起。男孩在邁阿密的家人收留他，但留在古巴的父親要求歸還兒子時，引發一場激烈的國際鬥爭，不僅觸怒菲德爾，也暴露古巴裔美國人社群醜陋、極端的一面。卡莉設法印製埃利安的T恤，供駐哈瓦那使館外的大型抗議集會使用後，美國司法部長珍奈特·雷諾（Janet Reno）授權突襲搶奪男孩並送回古巴，給了菲德爾他尋求的勝利，同時可能讓艾爾・高爾（Al Gore）失去或能扭轉大選結果的佛羅里達選票。

赫黑初次在邁阿密就職時五十四歲，擔任時薪五美元的保全人員。幾個月後，他在古巴裔美國人全國基金會交了好運。憑著在關那巴科亞製作錄音與主持十五歲慶祝會的背景，他開始嘗試基金會更新穎的錄音技術，幫基金會的廣播電臺**聲音**（**La Voz**）錄製廣告。當聲音電臺在二〇〇一年停播，赫黑把全副精力投入編寫西班牙文書籍《三一三號拖船沉沒事件》（*El hundimiento del remolcador 13 de Marzo*）。他以熱忱指引寫作，將他知道的一切拋進書中，有時欠缺明顯秩序或嚴謹的時間先後，也沒有編輯的幫助。他涵括生還者的激動敘述，以及遇難者家人的悲傷陳詞。他刊印登上拖船六十八人的模糊黑白照片，甚至在赫伊的相關頁面放入一張瘦子的照片。在那張照片裡，她流露深沈悲痛的眼神凝視鏡頭。書翻到一半，夾在生還者與遇難者故事中間，赫黑複印了拖船狀況及其適航性的專家報告。

古巴研究基金（Fund for Cuban Studies）是古巴裔美國人全國基金會的分支，該機構少量印製了這部著作。為此赫黑得到兩百美元，作為多年辛勞的唯一報酬。成功流傳到古巴的本數很少。阿圖洛從一位美國外交官手中拿到一本，留存於他在關那巴科亞創立的私人圖書館。

赫黑回去當保全，上司得知他在古巴的杜賓狗經歷後，提議讓他訓練警衛犬。他也在**力量電臺（La Poderosa）**找到工作，那是一間位於邁阿密的西語高功率廣播站。他跟瘦子勉為度日，兩人在佛羅里達扎根的嘗試，與改變他們人生那場災難的苦澀回憶互斥。瑪利亞・維多利亞再婚時瘦子得到寬慰，得知菲力克斯在聖塞巴斯蒂安街的屋子快樂過活並參與教會日深，也讓她安心。但失去孫子與赫伊使她受損的心隱隱作痛，這個小兒子原本不應降生人世間，卻平安出生，隨後又從她身邊，殘忍奪走。

瘦子過於虛弱年長，無法在邁阿密更新教學證書。她改在一間小療養院做清洗熨燙，試著賺一點錢，可是從未把自己的病情告訴院裡的主治醫師。她的體重持續下降，變得更加虛弱。隨後於二〇〇七年七月十三日，在海上失去赫伊和其他人的十三年後，她被緊急送往邁阿密的西徹斯特醫院（Westchester Hospital）。

赫黑當時正在邁阿密的遊艇碼頭值夜班。他妻子住院幾個晚上後，瑪利亞・維多利亞在他值班時打來，要他立刻趕赴醫院。他完全明白那意味著什麼。赫黑待在瘦子身邊一整晚。凌晨四點，他看著她的身體瞬間僵直，此刻監視器發出嗶的一聲。她的心臟就算受損，就算多年來承受莫大哀傷且多次心碎，在宣告腦死後還繼續跳動二十五分鐘。

他們結婚四十四年了。

赫黑仍在試著接受妻子已離世時，一位護士走進病房，要他去一趟醫院的行政辦公室。

「你幫她找好葬儀社了嗎？」醫院行政人員問他。

「不，還沒。有什麼問題嗎？」

「停屍間沒有空位了。你確定你還沒跟任何一間可以把她接走的葬儀社簽約？」

他一直在為一塊墓地繳費，不過還沒跟葬儀社談好任何事。他不知道自己必須這麼做。死亡在美國跟在古巴遠遠不同。現在才早上五點，醫院行政人員就在向他施壓。赫黑打給邁阿密小哈瓦那（Little Havana）的一間葬儀社，面臨在美國死亡的另一個現實。他眼前有多種等級的服務，最低花費從七千美元起跳。

「有沒有降低價格的方法？」他詢問。光是提出削價的想法都令人沮喪。他們歷經討價還價的難受過程，壓低死亡的價格。取消警察開道護送——減六百美元。拿掉棺材上的十字架——減一百八十美元。前來帶領禱告的天主教神父捐獻——減五百美元。當他們刪掉移除後尚能維持體面的一切，赫黑掏出信用卡。接著他得知他也必須跟墓園談，那裡的一位員工說明，雖然他買下一塊墓地，啟用必須另付兩千五百美元。如果他想要一塊墓碑寫著伊莉沙的名字和生卒年，刻字費用兩百美元。若要額外加字，一個字母五美元。

他再度掏出信用卡。

在瘦子過世前，赫黑已經積欠大筆債務。來自古巴的他，對於自己能輕易取得信用卡，以及這一小片塑膠代表的購買力量感到驚奇。但他並不完全理解信用卡的危險。當菲力克斯隨衛理公會赴美宣教，赫黑幫兒子買下價值一萬美元的專業錄影設備供古巴的工作使用，記在他的信用卡帳上。瘦子的葬禮過後好一陣子，赫黑試著清償債務，可是利息不斷疊高，當赫黑終於領悟自己現在欠的錢比妻子過世那天還多，他雙手一攤宣告破產。

身無恆產、精神潰散，赫黑辦理退休，靠社會福利金與做配音的微薄收入過活。他繼續寫書，於二〇一七年發行少量的第二版。他決心為屍身仍在海底的家人討公道。

赫黑的生活被掏空，靈魂也是。他從小接受天主教信仰長大，而早在一九九四年，前來聖塞巴斯蒂安街屋內慰問家人的修女寬撫了他的哀痛。在逃離前，他很感激主教卡洛斯．巴拉德隆（Carlos Baladrón）在奇蹟之家禮拜堂的講壇上，譴責他與家人受到的壓迫。然而隨著時光流逝，菲力克斯跟他的教會愈走愈近，赫黑卻背離他的宗教。他認為該對拖船沉沒負責的卡斯楚從未受到審判，也許永遠都不會了，這讓他痛苦不堪。他在公教學校接受的信仰撐不住悲痛與憤怒的重量。

即使比赫黑承擔的個人不幸少得多，許多古巴人也遠離了天主教會。在望彌撒會招致懷疑的漫長期間，受洗為天主教徒的眾多古巴人逐漸轉向聖德里亞信仰，或者完全放棄宗教，專注在隔天的飯菜而非來世。至於教堂本身，其中有些年代久遠，受到古巴的濕氣與雨水侵蝕、欠缺維護修理資金，加上會眾迅速縮減，使其最終淪為廢墟。大教堂的際遇比奇蹟之家等較新的禮拜堂更惡劣。公教學校神職修士會教堂的石牆因黑色霉菌變得汙穢，門口常垂吊獻祭給聖德里亞神祇的死雞和腐爛水果。後廊的屋頂塌陷後，灰泥與塵土覆蓋耶穌像，信徒入內禱告時驚惶不已，唯恐整片天花板砸向他們。好比瑪利亞・德卡門悲傷的友人卡里達・蓋拉（Caridad Guerra），她在三一三號船事件失去家人。

洛曼在家時，瑪利亞・德卡門持續跟他去神職修士會教堂或奇蹟之家望彌撒。他在海上工作直到二〇〇九年，當時他的船被派往非洲。在那段航程中，他開始發作劇烈頭痛，不得不在西班牙上岸。恢復到一定程度後，他在加那利群島（Canary Islands）的拉斯帕瑪斯（Las Palmas）跟船員會合，從那裡航行到安哥拉。但他的健康狀況再度惡化，隨即送往一間診所經醫師診斷為肺癌。在二〇〇九年十一月一日，他回到古巴。

洛曼返家不久後過世。瑪利大為悲痛震驚，以致她的右手起疹子，發炎紅腫一夜之間爆發。她把這當成內心悲傷的具體展現。當其他情緒激動的時刻紅疹也曾出現在她手上，隨後就像發作時一樣，突然消失。

洛曼離世一個月後，瑪利在林皮亞斯聖克里斯多福禮拜堂為他舉辦一場彌撒，那是他們兩人相遇與結婚的地點。他在海上討生活，沒遺留多少財產，只有他的大宇牌（Daewoo）藍色老車。不是福特車，但開得動，他的兒子維吉里歐很高興能擁有它。

瑪利從未經歷赫黑身受的政治報復，她的個人不幸也不像赫黑家人的遭遇如此深遠。即使如此，她同樣開始思索自己的生活怎麼走到這一步。她工作四十年，可有什麼成就？她住在繼承得來的房屋，凱薩和拉斐爾半身像、沙發、甚至她坐的搖椅，全由父母留給她。洛曼從海外帶回他們的音響和小電視。那她的貢獻呢?她完全看不出來。而今她也老到無法離開古巴，乾脆放棄又太年輕。她該如何度過未來的年月？

只有一個答案，從年幼時支撐她的同一個答案：西班牙舞蹈。卡斯楚關閉所有私人學校後，她繼續上舞蹈課，追隨暗中在家裡開課的喜愛老師。每週兩、三個晚上，父親開福特車載她去上課。二十多歲時，她跟著古巴佛朗明哥舞大師奧蘭多．巴爾加斯（Orlando Vargas）修課。瑪利偶爾心想，假如她拿舞蹈、而不是檢驗死魚當職業會怎麼樣。對瑪利而言，西班牙傳統舞蹈是一整個世界，由熱情與感官組成，舞者的一舉一動富含意義，相對於她過的生活，幾乎全無意義。

隨著年歲漸長，傳統舞蹈的節奏依然在她血脈中。她有工作，但到了下班後，她前往加泰隆尼亞慈善機構（Catalan Beneficial Society）在哈瓦那中區或西班牙大使館舉辦的舞會。每逢週末，她協助教導年輕學生舞蹈的祕密，希望將她這輩子珍視的至愛傳授下去。

瑪利的兒子不像她熱愛西班牙舞蹈，但他投入空手道的程度一如她的佛朗明哥舞。他晉級到黑帶並在關那巴科亞參加比賽，地點在公教學校對面的建築物，過去曾開設進步聯誼俱樂部（Progreso social club）。他繼續練習空手道，直到進大學念書並成為一位牙醫。

瑪利在客廳瓷器櫃裡保有一張維吉里歐身穿白色空手道服、繫黑帶的相片，擺在一小尊耶穌塑像下方，以及她年幼時收到的迷你瓷器茶具組上方。有些時候，當瑪利在安靜的下午坐進搖椅，細數她的人生，她看著那張相片，意識到那是整間屋子裡她可以真正看作自己成就的一件事物。

而且永遠不會被奪走。

第二十二章　關那巴科亞

・二〇〇八年

阿圖洛與瑪利亞．尤亨尼亞一搬回關那巴科亞，他熱切想再度置身古巴燦爛陽光下作畫。前十年他的成果斐然，畫作獲得好評。但他不滿意某些作品，認為是智利與墨西哥的光線使他作畫時受到阻礙。如同歷經漫長海上航程的洛曼．卡爾沃，阿圖洛很快就發現，這個國家跟他十三年前離開的大不相同。卡斯楚兄弟依然掌權，但眼前的古巴物資短缺、官僚主義阻礙、禮節衰退得令人沮喪，日復一日考驗著阿圖洛。勞烏推行他哥哥主政時難以想像的經濟改革，然而唯有跟特殊時期最低落的日子相比，在古巴生活才顯得差堪容忍。

食糧仍是日常挑戰。煎葡萄柚皮的日子過去了，可是從他離開後農場的生產力下降，枯萎病消滅柑橘類果樹，因此葡萄柚徹底消失。忘掉牛肉，市場上連任何一種魚都難尋蹤影。阿圖洛渴望綠色葉菜沙拉，以及夠多的成熟番茄好製作義大利麵醬。回想起母親的炸鱈魚餅，他執迷地尋覓鱈魚（bacalao），卻很少找得到。

沒嘗到炸鱈魚餅令人失望，但尋找工作需要的顏料、畫布和其他材料時不斷空手而歸，使他質疑起自己回鄉的決定。對他而言獲得需要物品最可靠的方式，是從國外買再搭機帶回來。但是阿圖洛必須應付重量和尺寸限制，隨著安檢變嚴格，他難以帶回油彩、稀釋劑，甚至壓克力顏料。他被迫使用次級的材料，或者在找不齊所需材料的情況下放棄創作計畫。

名列古巴最知名的藝術家，這位光影大師的作品以古巴人難以想像的價格售出，他跟政府的關係也改變了。國家媒體聯繫他，熱切報導畫家在國際藝術界的地位。他受邀在全古巴的藝廊販售畫作。最重要的是，他的聲譽加上擁有雙重國籍，允許他造訪墨西哥和美國，也包括歐洲與世界其他角落，無需擔心政府阻撓。阿圖洛一如往常跟政權及其理念保持距離，基於自身名聲抹消橫遭報復的恐懼，他對體制的嘲諷日增，儘管他依然拒絕用藝術為政治目的服務。他看著年輕古巴藝術家在邁阿密賣反政權作品輕鬆賺大錢，任何批評菲德爾或勞烏的創作在那裡都很搶手，阿圖洛對他們的成功感到厭惡。在他心目中，那種作品是毫無技巧的粗糙挑釁，儘管它們創造的收入似乎在嘲笑他所受的多年訓練。他樂於順從跟政權協商的交換條件，用諷刺作為主要武器在體制內生存。他享有諸多特權，因為他的藝術並未公開批評體制。不過他的個人觀點必定摻雜蔑視體制的意味。一晚外出跟朋友聚會，他到吧台點了一杯「哈哈哈（Ha-Ha-Ha）」。又稱作是自由古巴（Cuba Libre），蘭姆酒加可樂，但想到古巴離自由一點都不近，在他看來這種調酒是殘酷的笑話。

古巴藍天下的光線讓回國值得。阿圖洛相信自己夠堅強、夠獨立去應付古巴迎面襲來的挑戰，只要他能在故土的耀眼日光下作畫。但如同古巴人不斷重提的一句話，生活相當複雜。歲月耗損著阿圖洛，他重回關那巴科亞後不久就必須開刀，治療疼痛到常使他無法工作的兩次腹股溝疝氣。手術後的併發症讓他幾個月沒能重拾畫筆。即使痊癒後，他沒有力氣長時間站在畫架前。阿圖洛暫時擱置藝術創作，集中精力在一項計畫——結合畫家的過去種種與他想望的古巴未來。

阿圖洛從沒忘記自己受過的美術教育如何改變人生，幫助他從只知道「佛羅倫斯巨匠」的鄉下小孩，轉變成廣受國際認可的藝術家。憑著國外的豐厚收入，他設想創辦一間兼營藝廊、展覽空間和教室的藝術工作室，供新世代古巴人如他一般接觸美術進而改變生活。他覺得關那巴科亞有著與里庫歐那、蒙塔內及其他古巴文化大人物的連結，是實現計畫的好地方。秉持對於這座城市建築遺產的知識，他深信可以找到一個實體空間容納夢想。他也相信生活在哈瓦那市中心附近，而不在其中，給予他依照自己方式做事的自由。

阿圖洛尋覓的空間要夠大，足以容納遠大計畫的所有要素，而他找到了，在關那巴科亞遭忽視的其中一棟歷史建物。這處大型廢墟坐落於公教學校神職修士會教堂正對街，鄰近鎮上的歷史中心，過去曾屬於進步休閒社團（Progreso Society of Recreation）和有色人種教學中心（Instruction of Men of Color），即成立於一八九九年的非裔古巴人文化機構。長年來，進步俱樂部的會堂扮演本地黑人社群的著名文化表演場館。卡斯楚政府接收後，這棟建物成為社交聚會場所，包括私人生日會，阿圖洛的妻子瑪利亞・尤亨尼亞小時候曾在這裡慶生。日後此地用來當成武術道場時，瑪利亞・德卡門的兒子就在場內比空手道。

特殊時期下維修經費流失，儘管具備重要意義，人們放任建物淪於破敗。部分屋頂塌陷，從裂縫中長出野草，迸開樑上的水泥。隨著情況惡化，這棟建築在關那巴科亞的角色發生改變，它對於非裔古巴人的重要歷史遭到遺忘。本地人逐漸將這裡視為建材倉庫，把自己建案需要的物品全都拆下來。當每一扇窗周圍的金屬框被偷走，立面上每一件裝飾物被挖下，每一塊可再利用的石材和混凝土都被拖走，建物剩餘的部分淪為垃圾場。

無論阿圖洛跟誰說，他想把進步俱樂部會堂改造成藝術工作室，一律得到不可思議的眼神。這棟建物、或者說它剩下的所有，正處於倒塌邊緣。事實上，相連的一棟建物確實崩塌了，曾經撞倒一根電線桿並壓死一位路人。那棟樓的遺跡被拆除，由銀行自動櫃員機進駐空地。進步俱樂部會堂的屋頂長出垂榕，樹根像巨蟒般攀附牆面。有幾處垃圾山高度及腰，死雞和其他聖德里亞祭品的臭味使路人避開人行道，走入繁忙的馬克西莫戈梅茲街（Máximo Gómez Street）。

阿圖洛看得比灰塵與碎片遠，預想這個獨特空間將成為社區的資產，也是他自身作品的試金石。如果能拿到必要的許可，阿圖洛擁有承擔這項計畫的資金，他的繪畫在國際藝術機構開價超過一萬美元。當他術後康復並習慣古巴生活的新處境後，他跟瑪利亞·尤亨尼亞提出這棟建物的整體設計圖。他比以往更投入打造藝術中心的點子，透過教學和展覽，盼能重建他認為古巴自一九五九年喪失的某些文化。他幾乎天天面對介入古巴生活大部分面向的微小貪腐。竊盜與違反規矩猖獗，任何最基本的服務只有施加威脅或賄賂才能獲得。

阿圖洛每天以輕微程度面臨這種新的現實，無論是應付粗魯的店員，或者急著搭上塞爆公車的不守規矩人群。然後還有真正激怒他的事件，好比有一次他認為電費帳單超收。打電話沒能解決，於是他前往關那巴科亞市政大樓稱為「關懷公眾（Attention to the Public）」的部門，位於前廳的主要櫃檯旁。古巴幾乎每一座城鎮都有類似的辦公室，讓個人申訴政府缺失，好似期望獲得某種解決方案。他敲敲辦公室的門，無人應答，他試著開門卻上鎖了。

他並不驚訝。他曾試著對其他問題提出申訴，但這間辦公室似乎總是空無一人或緊閉，儘管它應該在每個上班日接受民眾投訴。阿圖洛把超收帳單直接帶去政府公用事業部門，那裡有自己的「關懷公眾」辦公室。

這一次辦公室敞開，而且裡面有人。一位服務人員坐在櫃檯抽著菸，讓整個小辦公室煙霧繚繞。

「不好意思，我這張帳單……」阿圖洛開口說，但香菸使他呼吸困難。

「可以請妳熄掉嗎？」他客氣詢問。「在這裡面我沒辦法呼吸。」

辦公室另一頭有兩位年輕女子在聽雷鬼音樂。服務人員熄掉她的菸，但阿圖洛仍然覺得不舒服。

「請問妳們能不能把音樂關掉，好讓我說話？」他說，努力試著控制脾氣。

那對年輕女子互看一眼，嘆口氣並關掉音樂。

「好了，你有什麼事？」服務人員問道。她的眼神透露眼前又是一個苛求自大的古巴男人。

他渾身僵硬，接著脫口而出：「問妳？No！」

最後他利用身分地位來解決問題。文化部有一間跟關那巴科亞類似的辦公室，在「關懷文化領域名人」的名號下給予藝術家特殊待遇。

「別擔心，阿圖洛。」那裡的人告訴他。「這件事會有人處理。」他收到指示，下週一再去公用事業地方辦公室一趟。這次他現身時，直接被帶進局長辦公室。他的電費帳單獲得調整，問題立刻解決，然而阿圖洛離開時心想，進不去關懷文化領域名人辦公室的古巴人，又該如何應付他們的問題。

接下來三年的時間他大多在跟政府協商，希望獲得動工整建進步俱樂部的許可。地方官員對於他設想的一切毫無經驗。他是私人個體，而進步俱樂部的廢墟歸國家所有。那麼他應該拿一棟建物來交換，或者可以直接買下？價格又是多少？古巴沒有房地產聯賣資訊網（multiple listing service），也沒人編纂可參考的銷售記錄，因為五十年來沒有任何房地產交易，至少沒有合法的。起初官員希望他買下這棟建物，出錢整修，然後交給國家營運。阿圖洛拒絕接受。經過漫長的法律角力，他同意放棄名下關那巴科亞的房屋交換進步俱樂部廢墟，再額外支付地產的費用給本地銀行。終於，他拿到這塊土地的所有權。

然而日程繼續延宕，因為阿圖洛就相鄰土地的所有權提起告訴，他對那裡有特別的計畫。他主張銀行自動櫃員機屬非法裝設，以此打贏官司並移走櫃員機。

由於水泥和木材稀缺，導致工程進度緩慢。當勞烏政府讓建材銷售自由化，阿圖洛得以購入他需要的材料。他雇用本地工班並時常親自到場監工，鄰居習慣用卡通人物「建築師巴布（Bob the Builder）」稱呼他。他加進自己的居住空間和製作大型藝術品的戶外工作室，並在相鄰空地運來好幾噸表土，打造他記憶中比那德里奧後院果園的複製品。唯一缺少的是一棵蜜果樹。

他共耗資約十六萬美元建造工作室、居住空間和花園，總金額使關那巴科亞其他任何私人建案相形見絀，除了吉伯托・馬汀內茲・蘇瓦雷茲（Gilberto Martínez Suárez）蓋的綠意盎然院落，他是出身本地的古巴雷鬼音樂會主辦人，自稱「吉伯特人（Gilbert Man）」。二〇一五年國際刑警組織以信用卡詐欺與洗錢罪名逮捕馬汀內茲，他的房產被沒收並改成托兒所。

二〇一三年，阿圖洛搬進他的新住處。在主要的工作室區域，他將一側珍視的圖書館。擺在落地書架上的許多書關於藝術，不過他也把詹姆斯・喬伊斯（James Joyce）的《尤利西斯》（*Ulysses*）放在奧克塔維歐・帕茲（Octavio Paz）的著作旁。另一個書架上，休・湯瑪斯（Hugh Thomas）的《墨西哥的征服》（*The Conquest of Mexico*）隔壁是一本保加利亞史。大部分的書是西班牙語，包括赫黑關於三一三號船事件的證言，有些是英語或俄語書，還有幾本是希臘語，他學習的目的是為了研究古典哲學。安頓好之後，他立即開設免費的藝術理論和藝術欣賞課程，提供給關那巴科亞及周遭地區的學生。他也教導批判思考的力量。許多年來，他工作室白板上畫著亞里斯多德（Aristotle）的「推得真理五模式」圖表。

阿圖洛用自己的錢整修進步俱樂部。他獲得哈瓦那歷史學家辦公室和關那巴科亞市政府的鼓勵，但毫無財務支持。對街的神職修士會神父羨慕看著他的樓房從廢墟中升起，而他們的教堂更加腐朽。「大師，你能不能幫我們一下？」他們問。「教宗有錢，」阿圖洛答道，「你們怎麼不問他？」

在自己的工作室、用自己的方式教學是件樂事，但阿圖洛的喉部長出結節，說話太久時會腫脹。醫師要他停止那些課程，否則有完全失去聲音的風險。他持續帶領一群最優秀的年輕藝術家從事工作室實作訓練，以此回報在他磨練自身技能過程中受到的支持。

整建工程占據阿圖洛回到古巴後的多年時光，他投入大量時間，少有機會作畫。他跟瑪利亞・尤亨尼亞逐漸疏遠，在她父親死後，她搬到南佛羅里達陪伴母親。阿圖洛跟相當年輕的戴莉・德拉佩尼亞（Daily de la Peña）展開一段關係，她擁有一些藝術特質。她喜愛創作時裝，當兩人的關係更進一步，阿圖洛提議買一架真正的縫紉機給她。戴莉的朋友告訴她，關那巴科亞有個女人擁有一間服飾公司。搞不好她有縫紉機要賣。

一天下午，阿圖洛和戴莉開車到關那巴科亞的新哈瓦那區，停在一棟淺粉色的混凝土房屋前並按了門鈴。

卡莉達·里蒙塔出來迎接他們，用雙方都認為公道的價格成交一架縫紉機。

第二十三章　哈瓦那維達多區

・二〇一四年

卡莉家裡不再需要縫紉機，因為她的生意在**古巴開創**啟發下大有進展，於是另外租用商業空間工作室。這是一大步，少了計畫的鼓勵她不會有自信跨出去。從革命以來，古巴人發展出強大的生存技能，幫助他們在任何艱困處境中隨遇而安。找不到一九五八年普利茅斯車的皮帶備品，他們知道男用皮帶可以代替；假如烘焙坊的紙盒用光了，他們學會如何搭乘擁擠公車把漂亮的生日蛋糕帶回家，一朵鮮奶油花也不弄糊。然而擅長臨機應變也是他們最缺乏行動力的弱點。大多數人並未遊行到革命廣場要求改革，或與異議人士攜手修補古巴的醜陋現實，而是乾脆接受並適應匱乏現況。若沒有**古巴開創**的課程，卡莉可能會滿足於繼續在家縫紉。但自從她在課堂上的名字「馬」被喚醒，內心總迫不及待往前疾奔。

她租的空間在哈瓦那比鄰關那巴科亞的另一端，曾屬上流階級的維達多區。工作室位於一九三〇年代裝飾藝術風格無電梯六層公寓的一樓，坐落在十五街和第六大道的街角，對街有個紀念約翰．藍儂的小公園，這位披頭四成員的照片曾被革命政府查禁。阿圖洛友人何塞．維拉．索貝隆製作的藍儂雕像坐在公園長椅上，成為觀光客的拍照景點。真人尺寸銅像戴著藍儂典型的細圓框眼鏡，曾多次遭竊。而後政府派一位警衛全天看顧雕像，把眼鏡牢牢抓在手裡。每當有遊客準備拍照，警衛就把眼鏡戴回藍儂鼻樑上。

卡莉向古巴婦女聯合會租下這處空間，會方負責管理這棟公寓。她提交結合工作室與服飾店的企劃，在這裡既製作也販售時裝，並承諾提供廣受需要的社區服務——幫鄰居修改、偶爾縫製日常服飾。由於古巴的進口規定嚴格，訂製有時比購買成衣便宜。聯合會點頭答應。

卡莉的店很快在鄰居間受到歡迎。她們把需要改緊或放寬的衣服帶過來，並且在店裡跟**老闆**（**la jefa**）聊天。假如有人幸運獲得一件罩衫或長褲的布料，卡莉的裁縫師可以在一、兩天內交貨。隨著生意增長，她在鄰居間成立一個女人的圈子，討論她們關心的問題。卡莉全心贊成古巴對資本主義開放，但如果賺錢變成唯一目的，那她會覺得過去六十年付諸流水。

她希望工作室未來也能納入資本開放計畫中的要素之一。奧斯卡現年二十四歲，擁有許多想法，她只是不確定他最後會做什麼，或者待在哪裡。卡莉想要兒子留在古巴陪她，但心中苦澀地明白，他從小就憧憬離開古巴。

身為兩位工程師的兒子，奧斯卡從小就知道選擇工程學作為職業合乎邏輯，但他從未欣然接受那種想法，總認為自己跟父母的特質不同。然而如果不是工程學，那是什麼？他年少時喜歡畫畫，也對打鼓很狂熱。十幾歲的奧斯卡試著報名關那巴科亞的音樂學校，但得知要展開正式的音樂訓練，自己的年紀已嫌太大。他轉而就讀本地高中，快畢業時，艾絲貝蘭薩的大兒子、他的表哥里歐那多（Leonardo）介紹他認識就讀哈瓦那高等設計學院（Superior Institute of Design）的一位朋友。奧斯卡認為，憑著自己對畫畫的興趣，可以研讀工業設計到時裝的任何設計領域。但入學並不容易，要通過困難的入學測驗。卡莉聘請一位私人家教，每堂課索價三美元，當時對他們來說是一大筆錢。奧斯卡學會透視、陰影和深度。入學測驗結果在一次高中集會中宣布時，他很高興成為通過的少數幾個人。

真正進入設計學院前，奧斯卡必須服完義務役，基於他要上大學從兩年縮減至十八個月。卡莉企圖讓他用健康問題申請延役。他矮小輕瘦，如同其他許多在特殊時期出生的古巴人，並且易患胃病與肌肉痙攣。儘管如此，他還是分到適合服役的級別。奧斯卡到東哈瓦那的軍事基地報到，接受基本訓練。他在那裡剃平頭髮，拿到一件白T恤和一件綠色短褲，展開嚴格的體能訓練。他時常埋怨，他人生中最糟的一年半由此展開。

他分配到一個坦克營，忙碌地銜命清理設備與維護哨所。他在閱兵場上待了許多天，握著砍刀彎腰除草。有一次，他的小隊奉命沿著閱兵路線用石灰水畫白線。當時已近傍晚，天色看來險惡。奧斯卡詢問督導的軍官，「如果即將下雨還有必要繼續畫線嗎？」而他得到的答案是「回去工作」。

他們剛畫完線，傾盆大雨落下，把工作成果沖進街道。

奧斯卡撐過兵役，開始在設計學院讀書。他發現家教幫他準備得很好。到最後的第四年，他的進度遠遠超前，擁有餘裕去考慮大膽的改變。他聽從卡莉的建議，在完成學業的同時，申請為普羅卡列工作的自營設計師執照。卡莉教他會計、成本分析和工作流程。起初他對於跟母親一起工作感到五味雜陳。雖然他欣然接受私營部門的概念，服飾業對他毫無吸引力。不過當奧斯卡更適應如何釐清時間表、採購、價格與運送等難題，他明白製造與販售何種物品並非重點。無論鋁壺或襪子，不管生產的是什麼，了解製造流程能讓他更容易完成日後的心願。

他在二〇一五年七月畢業，拿到工業設計學位，懷抱著古巴許多年輕人共通的渴望，想盡快離開古巴。尤其現在不可思議的某件事正發生，促使美古的關係緊密是艾森豪任職總統以來未曾見過。

《格拉瑪報》的頁面仍有美國入侵威脅的相關報導，抗議邁阿密黑幫的施壓也一如往常堅定。但在美國年輕黑人總統的領導下，事態正在改變，他持續表示是時候放下過往、展望未來。二〇一四年十二月，歐巴馬與勞烏宣告他們將恢復外交關係，共同踏上新道路前進，震撼了美國與古巴兩國人民。隨著菲德爾病情惡化退出領導圈，歐巴馬與勞烏讓古巴人更容易造訪美國，美國人也更容易去古巴。而他們也確實去了，以破紀錄的人數到訪，讓大批古巴人滿心希望長期的孤立終將結束。即使在遠離觀光路線的關那巴科亞也有本地創業家放手一搏，開設鎮上頭兩間住宿加早餐的服務。一位富野心的創業家甚至開設葡萄酒吧，希望誘使遊客渡港享受夜生活。美國國務卿約翰．凱瑞（John Kerry）於二〇一五年來到哈瓦那，目睹美國國旗從馬雷貢大道上重啟的美國大使館升起。此刻距兩國彼此背離已過了半個世紀。

奧斯卡不像父母有機會出國讀書，然而當一位朋友告訴他佛羅里達國際大學（Florida International University）為年輕古巴創業家開設計畫，並透過剛剛重啟的美國大使館協調，他立即熱切投入。二〇一六年夏天，希望扎根（Roots of Hope）計畫在南佛羅里達提供四十五天課程，讓學生學習如何經營企業，並獲得結識美國商人的機會。他提出申請，符合所有條件，得到錄取。奧斯卡相信自己終於找到離開的出路。

他的計畫很簡單。他跟團飛往邁阿密，一抵達美國就尋求庇護。他花了幾個星期策劃跳機，沒向父母透露自己的想法。有個朋友告訴他一位設計學院畢業生的名字，那人在南佛羅里達創業。奧斯卡發送電子郵件，自我介紹是同校校友，接著興奮地收到回信，提議抵達佛羅里達後給他試用機會。

下決定逃離古巴似乎毫不費力。在他心目中，古巴的工作壓力幾乎害死他的雙親。他們的年紀六十出頭，仍在辛勤工作尚未退休保養身體。他才二十五歲，滿腔自信，懷抱賺大錢的野心。在佛羅里達的聯絡人向他保證，雖然不回國會讓父母傷心，不過一旦聽說他多麼快就能自立並開始真正賺錢，他們會為他感到高興。

奧斯卡也知道母親對美國的觀感正迅速轉變。二〇一五年她獲邀代表**古巴開創**到佛羅里達赴會，她申請可在五年內往返古美的B－2簽證。在首趟赴美的旅程中，她驚嘆美國超市一條條通道滿是食品，以及無時不刻、到處都有的網路連線。雖然不斷尋覓發臭的垃圾堆，如同關那巴科亞使她困擾的街角，然而卻從未見過任何一處。二〇一六年三月，歐巴馬成為繼凱文．柯立茲（Calvin Coolidge）後首任造訪哈瓦那的美國總統，卡莉獲邀隨一群古巴自營業者跟他會面。坐在哈瓦那海濱新開張的精釀啤酒吧，她聽見歐巴馬說，是時候認清兩國之間的差異並往前邁進，她衷心贊同。她在「**古巴行，美國佬不行（Cuba sí, yanqui no）**」等口號下成長，目睹一位黑人美國總統與他的漂亮妻子漫步在哈瓦那街道，帶給她滿懷希望。

奧斯卡打包行李箱，攜帶只夠待在佛羅里達四十五天的衣服。他盡其所能別引起懷疑，但是卡莉知道他很有可能不再回來。雖然發自內心渴望獨子留在身邊，她決心讓他尋找自己的路。她跟皮波攢下五百美元給兒子，供他在佛羅里達讀書或展開新生活。

歐巴馬到訪的幾週後，卡莉陪奧斯卡去機場。他們都了解那一刻可能意味著什麼，卻沒人說出來。兩人短暫擁抱後，奧斯卡親吻母親道別。等待登上飛往邁阿密的包機時，奧斯卡跟參與計畫的其他學生聊彼此的事業，驚訝地聽他們自誇如何在極短時間內從一個點子變成興旺的生意。他觀察同學穿的衣服，並在他們提及手機、豪華手錶和其他奢侈品時豎起耳朵。儘管他成長在生活緊縮的特殊時期，也或許正因如此，他重視金錢的力量。他想要一種找到足夠食物不是日常要務的生活。在那裡，他能輕易從一地移動到另一地，某天甚至能擁有一輛車。在那裡街道乾淨，人行道毫無裂縫。一個沒有限制的地方。

然而別種念頭開始滲入他的想像。如果他的同學可以在古巴經營興隆生意，過著他們想要的那種生活，或許他不必與家人和朋友分開。或許有可能在新的古巴賺到錢。他開始思考，與其一抵達邁阿密就尋求庇護，不如到佛羅里達國際大學上課，盡自己所能學習商業知識，隨後在計畫結束前申請難民資格，假如那仍然是他想要的。等待會給奧斯卡時間，讓他釐清什麼是正確的行動。無論他怎麼決定，計畫中所學能給他更好的經營準備，無論地點在何方。

抵達邁阿密機場時，奧斯卡徑直從移民官員面前走過，沒吐露關於庇護的半個字。到了航站外，他訝異發現沒有一輛如哈瓦那般的破舊美國車。在城內遊歷幾天，目睹的景象使他驚訝不已。一位朋友帶他到邁阿密市區鄰近海濱的高樓公寓，房間使他讚嘆，不過沒有事物比得上他從陽台看見的景觀。時值黃昏，城市的燈火已點亮，街道閃爍的光輝與水岸和天空中的燦爛光點相輝映。這時奧斯卡領悟古巴落後了多少。在沒有任何形式的政府監控下自由探索，他在朋友帶去的大眾超市（Publix）傻傻望著貨架。人行道乾淨到他以為禁止通行，到處都沒見到像他家附近那樣的垃圾堆。他看過一部美國電影，有個男人走到街上揚起手，一輛計程車隨之出現，這都是真的！

卡莉研修的古巴開創課程聚焦在開創一門生意，佛羅里達國際大學的計畫則關注經營既存的事業。學生見到來自 PayPal 和美國航空的企業主管，也有機會跟古巴出生的佩里艾利斯國際公司（Perry Ellis International）創辦人喬治・費登克里斯（George Feldenkreis）談話。他們跟顯然熱切希望到古巴投資的邁阿密商會企業領袖會面。奧斯卡待在佛羅里達的一個半月，新點子旋風般飛快閃過。課程結束前，學生有機會提案擴展自己生意的想法。輪到奧斯卡站在麥克風前，他概述幫企業和特殊活動客製商標，隨後印製於帆布包，由他生產並加上利潤出售的事業。這對於佛羅里達一點都不新奇，在古巴卻是大膽的新概念。提案結束後，其他學生告訴奧斯卡，等他準備好邁出下一步，他們願意幫忙。未來似乎突然間跟古巴的下午一樣敞亮。

在奧斯卡眼見並聽說所有一切，種種矛盾想法在腦袋裡生根後，他決定現在不是捨棄古巴的正確時機。他帶著在私營部門大展身手的自信回國。他開發了人脈，希望仿效他們在商業與個人方面的成功，並且認為多次入境的B－2簽證足以讓古巴的生活在掌控之中。

兒子回家讓卡莉和皮波鬆一口氣，聽聞他的新事業計畫也很高興。他們找一位律師朋友協助準備文件，也陪奧斯卡去銀行申請貸款。少了卡莉的實質幫忙根本不可能，因為銀行幾乎沒有貸款給個人的經驗，這是勞烏最近對公開市場的另一項讓步。卡莉與行員跑完流程，核可一筆十年期的一萬兩千美元貸款，用於設備、物料與創業開支。隨後她跟哈瓦那中區內圖諾街（Neptuno Street）的二樓工業空間簽署十年租約，附帶可延展十年的選項。在律師建議下，奧斯卡填寫可以跟國營與私人企業往來的必要法律文件。

律師幫奧斯卡帶來第一批客戶，這些機構需要的不是托特包，而是由他設計的T恤和宣傳用品。幾個月後鄰居告訴他，哈瓦那舊城區的一間國營商店用小帆布袋包裝訂製的調和香水，袋上印製店鋪的名字「1791」。這間店向西班牙的公司購買布袋，但是價格愈來愈昂貴。奧斯卡以低相當多的價格爭取訂單，並保證每月交貨五千個提袋，即使他連一個都沒製作過。帆布的供應量有限，卡莉幫他從雷格拉的舞蹈團取得，他們擁有進口表演服裝布料的執照。

布袋的尺寸跟蘋果手機差不多大，用附拉繩的米色帆布製成，並印上店家的1791商標。奧斯卡雇用在家工作的婦女安裝拉繩，其中一位是卡莉的朋友莉莉．杜蘭．赫南德茲。交期逼近時，莉莉熬夜到凌晨三、四點做工，將繩索剪成相應長度並穿過繩圈，等著奧斯卡來取貨。

從佛羅里達回來將近一年，奧斯卡緩緩踏上階梯，走進維達多區的普羅卡列工作室。他的手機貼在耳邊，擔憂寫在臉上。他母親店裡的縫紉機閒置著，原因並非幾天前剛發生過的電力中斷，而是因為卡莉收到命令她清空此地的驅逐通知。

奧斯卡環顧展示間，看著卡莉設計、工作室裁縫製作的豔麗洋裝。地板上有印製他插畫的T恤，包括對街藍儂雕像的線條畫，廣受從公園逛來店裡的觀光客歡迎。角落掛勾上的幾個帆布購物袋也印著藍儂圖像。奧斯卡最在乎這些托特包，因為它們代表他的未來，然而這個未來突然間陷入疑問，都是古巴不合邏輯行事風格的緣故。卡莉來維達多區頭兩年後，簽下延長至少五年的租約。瞧，才相隔幾個月，婦女聯合會那群女人就把這個空間要回去，說是因為別人更需要。她們承諾找一個新地點讓卡莉做生意，甚至提議幫她跟皮波找更靠近哈瓦那中區的公寓，這麼一來他們就不必繼續從關那巴科亞繞路往返。「相信我們，」她們說，「我們會照顧妳，但我們要妳立刻搬走。」

婦女聯合會的改變心意提醒卡莉，國家住房委員會曾討回她母親在聖奧古斯丁的工班小隊公寓，只因為某個人更加需要，但最終將她安置在更好的地方。奧斯卡太年輕，無法組織那樣的聯想。對他而言，驅逐令明確違反他們的法律權利。即使他在哈瓦那中區有自己的工作室，任意驅逐多給他一個理由去想像自己的未來在古巴之外。無論母親說什麼。

卡莉不喜歡搬遷店鋪的計畫，可是她不想違抗婦女聯合會，她們預計將這處空間改建成公寓。她們提供她一棟哈瓦那中區大樓的一樓，距離馬雷貢大道一個街區，以及附近的一間公寓。卡莉不認為那是開店的好地點，於是婉拒。不過她已經想過一陣子要放棄關那巴科亞的房子，改換比較靠近市中心的住處。往返關那巴科亞是場惡夢。婦聯會幫他們設想的公寓地點方便，但需要大量水電工程，使投注無數工時整修關那巴科亞房子的皮波根本拒絕考慮。

那天奧斯卡帶卡莉去吃午飯。走在維達多區的街道，他們爭論著婦聯會提議的交換地點。他堅決反對她放棄這個空間。

「我們簽了這地方的租約，還剩好幾年。」他說。「那是我們對這一切僅有的法律權利。如果妳放棄，我們就只剩她們會給我們另一個地方的說法，而那可能說變就變。」

「我私下跟她們碰面過，她們向我保證會解決問題。」卡莉說。「我相信她們。」

卡莉的商業經驗遠遠比奧斯卡多，但是他看待世界的觀點不同。「這是陷阱。」他說。就像其他古巴年輕人，他能看穿天天塞滿《格拉瑪報》頁面的必勝修辭。他在佛羅里達停留期間加深對於古巴缺失的疑慮。卡莉不覺得婦聯會提供空間有什麼不對，奧斯卡的信任感卻沒那麼強。他衷心相信，政府真正的目標是讓人民在所有方面保持依賴。

午餐後，他對於驅逐事件及美國的變化心煩意亂，決定為自己安排一個不同的未來。他從存款提出一百美元，並且按哈瓦那牙買加大使館的要求，換成五張二〇一三年或更新發行的二十元鈔票。隨著歐巴馬來訪與他帶來變化的一陣欣喜過後，美國有了一位新總統，突然間兩國關係的某些舊有顧慮重新浮現。川普是個商人，據說對於在古巴大興土木感興趣，然而競選中段他開始靠攏邁阿密的古巴守舊派，他們的選票可能具有決定性。隨後的二〇一七年一月，就在歐巴馬總統卸任前，他終止隨一九九四年混亂夏天而樹立的「乾溼腳政策（wet foot, dry foot）」。在此政策下，踏上美國土地的無簽證古巴人得以加速取得永久居留權。

一旦乾溼腳政策告終，古巴人遷徙到美國立刻變得複雜許多。擔憂川普政府接下來的措施，奧斯卡覺得理應往南尋求未來，而不是只聚焦於美國。他是古巴人的兒子，但他的根源可追溯至牙買加，也就是曾祖母莎勒的出生地。他決定申請牙買加公民身分，以防萬一。他無意尋求新的身分，可是古巴人在世上其他地方素有棘手的潛在移民名聲，以至於除了俄羅斯、海地或其他少數國家外，要在任何地方拿到簽證都很困難。他認為牙買加護照會讓旅行，或者在其他國家開銀行帳戶、租車容易一些。如果那是他決心去做的事。

隔天，他們開始從維達多區搬庫存品和縫紉機到奧斯卡租的哈瓦那中區工作室。他們會在這裡經營兩人的事業。只要奧斯卡還在古巴。

第二十四章 關那巴科亞・二〇一七年

從兩人都在布蘭卡公路旁的鋁工廠工作起，莉莉的生活就與卡莉交會。卡莉在行政辦公室，莉莉則在櫃檯或其中一棟廠房裡巡守。莉莉也在那時認識名叫卡洛斯・卡斯塔尼歐（Carlos Castaño）的退伍海軍，他生於關那巴科亞，在諾瓦隆幾個街區外擁有一間公寓。他隨著革命成年，在豬灣入侵事件後保衛祖國，並且背棄中產階級家人的布爾喬亞根基。他將全副身心投入社會主義志業，服完兵役後繼續在海軍當電工。而後加入共產黨，成為一位自豪的黨員超過二十年，最終擔當革命委員會區域主委的職務。許多年來，他甚至留著與菲德爾相像的濃密長鬍子。

莉莉和卡洛斯在他的公寓同居多年後，二〇一〇年辦理登記，到關那巴科亞政府經營的婚禮會場以民事婚姻儀式合法成婚。莉莉租了一套白色禮服，並邀請卡莉做她的伴娘。

不久後，卡洛斯鼓勵莉莉接任本地革命委員會的主委，涵蓋範圍包括她跟卡莉住的地方。莉莉準備好獻身革命並試著加入共產黨，研習必要的共產主義思想課程與文本後，她卻遭到拒絕，最有可能的原因是在過去某個時間點，一位不友善鄰居對她提出揮之不去的指控——無論真假與否。她感到失望，但不怨恨。她只不過得用其他方式替革命服務。

莉莉家在鋼製前門上掛著**保衛革命委員會主委（PRESIDENTE DEL CDR）**的告示，原本是一棟單戶住屋，跟卡莉家的年代相近，都在新哈瓦那住宅區的開發期間興建。革命後，這棟房屋被隔成數間公寓。莉莉和卡洛斯結婚幾年後，卡洛斯同意將他位於一樓的公寓一分為二，騰出空間供莉莉的兒子何塞埃多（Joseito）和他的家人住，而那導致她從未面對過的緊張關係。世代間的顯著差異在古巴變得尋常。卡莉和奧斯卡對於古巴與古巴帶給他們的未來看法對立，然而跟莉莉和何塞埃多的落差相比，他們的不合還算輕微。

莉莉目睹她這一代太多人厭倦古巴生活的複雜，離國前往 **La Yuma**，這個名字來自一部美國的西部電影，她跟其他朋友用它來稱呼美國。雖然她對革命的信念依然如岩石般堅定，到美國旅行寫在她死前想完成的清單中。她沒想過要住在那裡，但渴望前去遊覽，她常說，「只是看看是什麼讓這麼多人想去那裡」。假如那莫名實現，莉莉真的去了美國，她認為自己待一、兩個禮拜就會回來。她聽聞在北方生活有多麼艱難，事事必須付錢，沒人在乎你是死是活。那是她在《格拉瑪報》讀到的內容，如同這份報紙所宣稱，「***Granma* nunca miente**」——《格拉瑪報》從不說謊。

在從中貫穿卡洛斯公寓煤渣磚牆的另一邊，何塞埃多自豪從不閱讀《格拉瑪報》，因為「裡面沒半點真話」，而且跟他生活的古巴毫不相像。他也不關注電視新聞，畫面中充斥當作新聞的政府公關宣傳。他對這一切心意已決，且在非常多年以前就論斷自己在古巴沒有未來，更不想要自己的兩個年輕女兒阿莉安（Arianne）和阿德莉安內（Adrianet）困在這裡。

「我快四十歲了，幾乎沒有東西是我自己的。」何塞埃多發著牢騷，表達跟瑪利亞．德卡門相同的哀嘆，儘管比她年輕一個世代。他抽克里奧尤牌（Criollo）香菸，每天的用量約等於母親跟卡洛斯的加總。他抱怨不能跟朋友出去喝一杯，因為去了錢就不夠供女兒吃飯。幫自己買一件牛仔褲要花掉四個月的收入。食物一直變貴，配給的日用品通常沒幾天就用光。他埋怨自己耗費「每一天只為了解決問題」。如同 **inventar（發明＝偷竊）**和 **luchar（拚搏＝兜售贓物）**，西班牙語動詞 **resolver（解決）**也從特殊時期以來在古巴獲得新意義。每一天、幾乎每條街道上，跟他相仿的古巴人試著想辦法度過下一系列的問題，用迴避和佯裝繞開高壓法律與繁瑣限制，倚靠他們的想像力及浮動的期望過完這一天。對許多人來說，避免完全失去信心的唯一方式，是拿眼前的困苦跟特殊時期的壞日子相衡量。比較之下，有些事獲得好轉。情況不算好，但稍有改善。看似好轉只是因為以前實在太糟糕了。

在古巴，解決問題就能生存。

何塞埃多孩提時就不再相信革命。事實上，他不確定自己有沒有相信過。住在從未鋪設馬路、電力從管線中劫取、自來水是斷斷續續奢侈品的卡薩布蘭加，他的革命古巴前景黯淡。特殊時期開始時何塞埃多年僅十二歲，在他有機會懷抱夢想前就澆熄了期望。他在學校表現不佳，學歷從未跨越九年級。在一間烘焙坊的短暫工作期間，使他醒悟自己永遠無法從事日復一日的乏味工作。他嘗試到聖地牙哥與祖父同住，但兩年是他所能忍受的極限，隨後於一九九四年回到卡薩布蘭加，也就是拖船沉沒與馬雷貢大道騷亂那年。雖然他住得離哈瓦那港水域近到螃蟹在庭院橫行，他對於那些事件或事後帶給古巴的深遠影響所知不多。那年夏天發生的事並未觸動他的生活，當下心思僅限於名為卡薩布蘭加的貧瘠土地。

卡薩布蘭加從革命起失序擴張，未經計畫或授權下，從一座小鎮演變成占地廣闊、幾乎無法無天的港邊貧民窟。何塞埃多曾威脅要殺害一位鄰居後被捕。當時那人正在蓋自己的棚屋，並試圖偷接供應何塞埃多家跟附近祖母家的水管。一留下犯罪記錄，厄運就像陰影一般跟著他，直到他娶了來自東哈瓦那的年輕女子阿德莉安娜（Adriana）。到那時他才放下硬漢的架子，認真開始**兜售贓物**。許多、甚至可說是大部分古巴人，都以某種方式訴諸**兜售贓物**，仰賴僅有單一定義的指示維生──遵守大原則，也就是禁止你做威脅政權的任何事，但打破所有小規則，假使這麼做能讓你活下來。

他在哈瓦那招攬生意時，認識一個出身關塔那摩省的男人，他用舊輪胎割取的橡膠條修理椅子和沙發。這人的生意好到需要請一位幫手。他讓何塞埃多知曉自己獨門絕活的祕密，示範如何用銳利長刀戳入汽車或卡車舊輪胎邊緣，一圈圈往外劃開橡膠，以此得到一英寸寬的彎曲橡膠條。接著，就像剖開一條魚，他把輪胎的鋼絲環帶層（steel belt）跟有彈性的橡膠分開，替椅子和沙發重裝椅面時，用這些橡膠條做成椅墊底部的格狀支撐。

當何塞埃多熟稔用刀而手指仍完好無缺，他決心把握機會，開創自己的家具事業。二〇一一年勞烏政府發布的自營清單中，有一項是製造、銷售卡車與汽車用的橡膠條。那與修理家具無關，但因為何塞埃多使用橡膠，他認為足以使自己的生意合法。他每個月繳付約四美元執照費，稅款則是每三個月十美元加上營業額的百分之十。

一位有卡車的朋友載他上高速公路，讓他蒐集廢輪胎。他在卡薩布蘭加屋外的露臺工作，試著待在陰涼處並時時驅趕螃蟹。透過口耳相傳，鄰居逐漸得知可以找他修理扁塌的沙發或缺椅面的椅子。總算開始有錢進帳。但很快他就學到跟卡莉一樣的教訓——資本主義帶來競爭與市場力量。幾十個人學會了如何剝橡膠條，舊輪胎瞬間變得稀少，他製作、修理家具需要的其他所有物品也都短缺，從釘子到布料皆然。而且負擔得起他那種手工的人很少。

何塞埃多放棄自營執照，再度投入**兜售贓物**模式。他攀爬關那巴科亞周圍的山丘，摘蜜果賣個幾分錢，如同阿圖洛和他兄弟五十年前在比那德里奧所做的事。他洗車、修房子、除草，能賺錢的事都做。到那時，卡洛斯逐漸喜歡上喊他爺爺的何塞埃多女兒，同意何不讓大家住得近一點。卡洛斯把公寓隔成兩半，好讓何塞埃多帶著家人從卡薩布蘭加搬進來。何塞埃多把二手桌鋸臺和其他工具安置於屋側停車棚，那裡原本停放卡洛斯的莫斯科人（Moscovich）轎車，直到他聽力喪失到無法再開車。

何塞埃多重拾家具修理，可是手頭依然緊。他跟阿德莉安娜有了二女兒，做父母的常略過一頓好讓女兒吃得飽。他在接獲訂單時工作，並時時到街上散步，尋找能重新利用的棄置物品。他常空手回來，無事可做，在唯一有窗戶的前廳跌坐進沙發，拿出手機看電視或聽音樂，那是他視為必需品的唯一奢侈。何塞埃多非常喜歡古巴裔美國歌手威利．奇里諾（Willy Chirino），奇里諾歌中有一句歌詞對他具有特殊意義。歌曲叫〈賣淫女〉（*La Jinetera*），訴說一位妓女在馬雷貢大道撞見男友的故事。這首歌在古巴長期遭禁，不過何塞埃多找到一張盜版專輯，偶爾諸事不順時他會聽這首歌。他喜歡到背誦下來的歌詞是「**黨捨棄那些不讚美它的人（el partido que parte a quien no lo alababa）**」，黨指的是古巴共產黨。

他說，那正是自己的遭遇。

關那巴科亞另一端，在阿瓜卡特街和聖塞巴斯蒂安街的轉角，赫黑的兒子搬來大量綠色植物，把老房子轉變成寧靜的保留區。菲力克斯用父親簽帳的攝影機錄製婚禮和生日宴會，生意好到足以讓他找兒子赫基多（Jorgito）來幫忙。

三一三號船沉沒時赫基多只有五歲。他從小聽著這樁悲劇的相關耳語長大，對於祖父母和阿姨瑪利亞·維多利亞僅存模糊記憶，他們在他十歲時搬去美國。自從父母在一九九〇年代初期皈依衛理公會，他的人生隨之圍繞關那巴科亞的衛理公會教堂打轉。政治與革命對他就像馬埃斯特拉山一樣陌生。

赫基多在聖塞巴斯蒂安街的屋子長大，並且就讀關那巴科亞的學校。由於皮膚病免役後，他進入一所技術學校修讀資訊工程，不過他更有興趣協助父親擴展生意，也在教會保持活躍。音樂是週日禮拜的重頭戲，至少兩百人在走道上拍手舞動多個小時。某個星期天，牧師告訴赫基多固定的鋼琴伴奏要離開古巴，希望他取代那人的位置。赫基多自學彈琴，也像父親一樣聽美國廣播電臺學英語。美國衛理公會信徒來古巴，協助關那巴科亞的教堂擴增室內空間時，委由他擔任口譯。

教會成為他生命的重心。他在這裡遇見未來的妻子伊絲貝（Isbel），二〇〇八年兩人在此成婚。伊絲貝懷孕後，新婚夫婦搬進聖塞巴斯蒂安街的屋子。他們賣掉雙方從家族長輩繼承的物品，計畫利用這筆收入在屋頂加蓋臥房、廚房和客廳，特殊時期赫黑總把床墊拖來那片屋頂睡。赫基多心想，如果有天他決心離開古巴，父母就可以出租樓上公寓賺點外快。

結果卻是赫基多的父母先離開，而不是他。二〇一四年，赫基多的父親菲力克斯並未完全信服應當前往美國，可是他知道有朝一日逃離的機會正逐漸消失。在邁阿密的父親赫黑是唯一能夠將他合法帶往美國的人，今年將滿七十歲。如果菲力克斯想過要離開，現在就是行動的時刻。為此禱告後，他跟妻子都認為應該採取法律程序讓全家一起走，包括赫基多與十二歲的弟弟赫伊，還有赫基多的妻子和兩個兒子。但是美國利益代表處的領事官員告訴他們，赫基多身為擁有自己家庭的成年人，不能由祖父申請移民。

菲力克斯不想把兒子留下來，赫基多卻鼓勵他走。「我是大人了，我可以闖出自己的路。」赫基多告訴父親。菲力克斯不情願地答應，把聖塞巴斯蒂安街的屋子轉到兒子名下，也留下錄影器材好讓他接手生意。隨後，趁著赫基多的兩個年幼兒子還在睡，菲力克斯親吻他們的額頭，並且給赫基多一個長長的無言擁抱。菲力克斯與瑪利亞飛往邁阿密，搬進赫黑在船塢附近的房子。

如今赫基多和他的家人獨占關那巴科亞的大房子。他們試著繼續做錄影的生意，可是現在擁有智慧型手機的古巴人變多了，自己就可以幫家中的宴會錄影。一位朋友告訴他，哈瓦那舊城區的聖荷西工藝市場有份工作，那座廣闊倉庫位於水濱，裡頭擺滿紀念品。當時歐巴馬剛宣布開放，多的是美國觀光客想從古巴帶點什麼回去。赫基多會說英語，所以能讓遊客在他的攤位前停步。「嘿，先生，午安，」他用帶有口音但還過得去、足以讓觀光客感到安心的英語說，「進來看看我的東西。」

赫基多在市場工作了一年半，靠著賣冰箱磁鐵和紀念盤賺取家用，受訓要成為一位牙醫的伊絲貝則在家照顧男孩們。不過由於關那巴科亞到哈瓦那路途遙遠，他每天離家十二個小時，有時直到兒子入睡後才回家。情況必須有所改變。

他們擬定計畫到佛羅里達與家人團聚。現在他們可以合法賣掉聖塞巴斯蒂安街的屋子，用這筆錢從古巴飛往墨西哥。朋友告訴赫基多大約花八千美元，那裡有人可以帶他們從墨西哥安全穿越美國邊界。一旦抵達另一邊，他們就能尋求庇護。他們賣掉房子，可是二〇一七年初乾溼腳政策撤銷打亂了計畫。赫基多和伊絲貝把這視為他們不應該離開的徵兆，至少還不到時候。於是他們拿一部分賣房子的錢，在科吉馬爾附近的帕納梅里卡納鎮（Villa Panamericana）買下一間公寓。從新家到關那巴科亞的教堂，比從聖塞巴斯蒂安街的屋子去遠得多，不過有免費巴士載他們參加週日禮拜。此外，假如有一天決定再度嘗試離開古巴，他們相信這裡的公寓會比關那巴科亞的容易出售。

瑪利亞・德卡門也擔心兒子離開古巴，雖然他的目的地從來不是美國，而且他也不打算逃離政府。維吉里歐是被派往委內瑞拉的國際醫療團一分子。古巴政府跟委內瑞拉、巴西和其他國家簽訂合約，提供醫師、牙醫與多種職務的醫療人員。古巴政府分得醫療團從外國政府拿到的薪資作為交換，拿走這些醫師與牙醫所得的百分之七十五或更多。一九五九年起，超過六十萬古巴公衛專業人士被派往一百六十個不同國家。二〇一八年巴西的新總統主張這是一種奴役形式，要求派遣醫師拿到全薪，而前一年古巴政府的海外醫療團分潤多達八十億美元。氣憤之餘，古巴的回應是從巴西撤回所有醫療人員。

派往委內瑞拉的古巴醫療團，在關鍵時刻為古巴強化兩國關係。除了支付醫療人員的服務費用外，委內瑞拉還送給古巴石油，足以維持發電站的不間斷運轉，並額外出售獲利。二〇一三年維吉里歐在委內瑞拉的卡拉卡斯（Caracas）工作時，委國總統烏戈·查維茲（Hugo Chávez）過世。

瑪利坐在家中看著電視新聞報導查維茲的死訊，蜂擁至卡拉卡斯和其他委內瑞拉城市街道的龐大人群使她顫抖。這讓她想起一九九四年的馬雷貢大道，右手隨即長出一片紅斑，如同洛曼過世時的情況。

紅疹一直到維吉里歐回家才消失。

第二十五章　關那巴科亞

・二〇一七年五月一日

距離日出還有幾個小時，掛著「主委」告示的鋼門推開後莉莉踏出來，準備走半英里的路下山，到雷格拉墓園搭免費巴士到革命廣場。自從青少女時期來到哈瓦那，她一直到那裡參與勞動節遊行，而且她絕無可能錯過今年的盛會，這是指揮官死後的第一次遊行。

接獲消息那晚，她哭得比聽說查維茲過世更厲害。許多古巴人覺得這一天永遠不會到來，菲德爾絕不會離開他們。即使是不愛他的那群人，聽見勞烏嚴肅宣布兄長死訊時也屏住了呼吸。這並非突如其來。菲德爾死前三個月剛滿九十歲，二〇一六年四月在黨代表大會上最後一次公開露面時，他坦承自己不久於人世。儘管如此，包括卡莉在內的眾多古巴人仍說服自己，菲德爾會一直在他們身邊。

「這是謊言。」在十一月的那個週五，朋友打來告訴卡莉菲德爾過世時，她這麼說。

「如果妳不相信我，」他告訴她，「打開電視就知道了。」

不像是一九九四年夏天，馬雷貢大道的騷亂畫面使她生氣，因為她認為純屬虛構，這一次打開電視讓她平靜下來。卡莉接受這個消息，表現出跟勞烏簡短宣布菲德爾死訊一樣的沉著態度。她很傷心，可是儘管菲德爾是偉人，瑟內達對她的影響更大，而在失去母親後她還能以某種方式繼續生活。

當晚卡莉和皮波在阿爾特米薩拜訪朋友。她打給奧斯卡，兒子獨自在家用電腦工作。

「妳還好嗎？」他在母親還沒開口前問道。自從她的健康有了顧慮，不在預期內的來電使他緊張。

「我很好。聽著，這很重要。打開電視，指揮官死了。」

「什麼指揮官？」

菲德爾的死對他沒什麼意義。他在校時學過革命史，但是對一個滿腦子想在樂團裡打鼓的青少年來說，那就跟西班牙征服史的地位差不多。教科書與無數一九五〇年代的黑白電影強行灌輸他革命史，關於大鬍子和槍枝，毫不隱晦暗示在山間作戰年輕男女間的性交與雜交，而後接管整個國家。這些菲德爾的老掉牙神話已喪失光環。奧斯卡並非在革命的光明前景中長大，而是歷經特殊時期的陰暗困苦，他就跟許多古巴年輕人相仿，對革命完全置之不理。

隔天早上卡莉和皮波回到關那巴科亞。古巴人喜愛聊天，而且他們聊天時常大喊大叫。不過這一天幾乎聽不見聲音。沒人說話，沒放音樂，什麼都沒有。他們在高速公路和街角看見大批警察，為期九天的官方全國哀悼期間皆加強戒備，並以革命廣場的菲德爾骨灰致敬儀式為高峰。

那天莉莉趕到廣場，菲德爾的骨灰罈安放於何塞．馬蒂紀念碑的基座，然而等待從碑前走過的隊伍太長，她沒進去排隊。那對她不重要。只要成為儀式的一分子就夠了，正如她想參與少了菲德爾的首次五月一日遊行。多年來她得知在破曉前抵達廣場旁的過道，就有可能置身遊行群眾的前排，並於遊行終於開始時率先通過閱兵臺。

莉莉設法在進行曲奏起、龐大群眾緩步前進時擠到前排，但是她的位置看不見一幅奇特景象。有個揮舞美國國旗的男子開始衝刺越過廣場。在勞烏和其他高階官員眼前，國安人員迅速在閱兵臺前制服他。《格拉瑪報》日後指出此人是一位有過顛覆記錄的異議人士，他曾披著美國國旗歡迎第一艘駛入哈瓦那港的美國遊輪。《格拉瑪報》稱他為「**兼併主義者**（**anexionista**）」。幾秒內國安人員就奪下他手裡的國旗，狠狠毆打後拖走他。

莉莉與其他數十萬人並未意識到剛剛發生的事，他們遊行穿越廣場並高喊：「**菲德爾**

萬歲！勞烏萬歲！革命萬歲！」

赫黑既不哀悼菲德爾，也不慶祝他逝世後的第一個勞動節。只有一個日子對他具有特殊意義。無論一月一日、七月二十六日、八月十三日，因革命而神聖的所有日子他全都漠視，唯有三一三號船事件縈繞心頭。莉莉一邊遊行、一邊為逝世的菲德爾高喊「萬歲」時，赫黑正忙著準備為兒子、孫子和其他所有死者重新伸張正義。幾週後他預定現身邁阿密市政廳，到新的委員會面前作證，他們承諾將他的正義訴求帶往國際法庭。

到了那一天，置身邁阿密的赫黑並不緊張。在他大部分的成年人生中，古巴與佛羅里達皆然，他仰賴自己聲音的力量與言辭的熱忱過生活。對他而言，站在委員面前的挑戰在於控制情緒。新的小組由世界各地享有國際名聲的正義倡議者構成。儘管無權審理刑事案件，委員會期盼累積足夠的證據，說服國際特別法庭起訴卡斯楚政權。主持委員會的墨西哥法學家雷內．波里歐（Rene Bolio）為聽證會開場，表示小組的目標「並非復仇，而是正義」。

僅僅幾個月前，赫黑收看邁阿密的電視新聞節目《鏡子》（*El espejo*），當集有篇報導介紹國際委員會的組成，將控訴卡斯楚政權危害人類罪。發現實現諾言、替兒子和其他遇難者討公道的一條路，他查核小組成員的背景，斷定他們是認真要尋求正義、而非復仇。沒有一位成員是古巴人的事實讓他感到安心，這使得委員會主張的使命更加可信。赫黑聯繫委員會，並獲邀至他們在邁阿密的首次公開會議上發言。

會議開始時，委員會觀看古巴異議人士的一段作證影片，他因反卡斯楚政權入獄十七年。他將指控影片存進隨身碟偷運至美國。另一位證人站上邁阿密的講臺，作證說出古巴的宗教迫害。高等藝術學院的一位前教授描述，他於一九八〇年代試圖離開古巴時遭到一群暴徒恫嚇。接著輪到赫黑，重述迄今近二十三年前那個星期三早上的悲傷故事。

赫黑自信地走向講臺，在黑T恤外搭棕色獵裝外套，濃密白髮垂落外套領上，銀白山羊鬍和眼鏡讓他看起來像是一位拉丁裔史學教授。他為這一刻準備了數十年，從開場就能明顯聽出，他必定時時在心中重溫那幅可怕場景。他用西班牙語開始說，「三一三號拖船沉沒事件發生在距離古巴海岸七海浬處，當時是一九九四年七月十三日凌晨三點五十分，」聽起來像是從他抵達邁阿密起其中一支演說影片的開頭。儘管聲音鎮定，他內心的怒火難以掩飾，沒過多久就衝破了薄弱的冷靜外衣。

他控訴卡斯楚政府謀劃這場災難，主張古巴情報官員早就得知這群人的計畫，大可阻止拖船離岸。相反的，他們決定向考慮離棄國家的其他古巴人傳達一個訊息。

開始作證的四分鐘內，赫黑已充分發洩情緒。他的嗓音因憤怒而上揚，右手伸出指證歷歷。他譴責古巴海岸巡防隊躲在暗處，直到一艘希臘油輪駛近，蒙羞的船員才向生還者拋下救生索。他指控卡斯楚政府在拖船失事後持續迫害他的家人。他說他的女兒遭羈押時被下藥，快速應變部隊圍守他們住的聖塞巴斯蒂安街與阿瓜卡特街轉角，騷擾恫嚇他們好幾個月。他宣讀政府官員和追擊拖船組員的名字，主張他們犯下謀殺罪行。他也加上《格拉瑪報》編輯的名字，此人授權報導將沉船描述為一場意外。

「在這起犯罪事件中，我失去十四個家人。」赫黑低吼，使力揮舞手臂，臉漲得血紅。此刻他高呼：「我要為這起屠殺事件控訴已過世的菲德爾・卡斯楚・魯茲（Fidel Castro Ruz），以及勞烏・卡斯楚。」他也點名一九九四年職掌交通部的塞能・卡薩斯・雷格伊洛將軍（Senén Casas Regueiro）下令擊沉拖船。

赫黑的慷慨陳辭結束後，過了幾分鐘，委員會聽取他外甥伊凡・普利埃多・蘇瓦雷茲的證辭。從沉船事件生還並歷經渡輪劫持那年他二十七歲，二〇〇〇年他以政治難民的身分來到佛羅里達。如今五十歲的普利埃多・蘇瓦雷茲看起來對正式訴訟程序有些茫然，說出聽起來像排練好的事發陳述，重複著他過去顯然曾多次使用的一些字句。然而他在那一晚經歷的混亂狀態，從逃生到落入死亡圈套的陡然轉折，似乎仍然糾纏著他。他描述父親如何失去蹤影，隨後在拖船沉沒時設法從駕駛艙游出。詰問時，波里歐問他追擊拖船的組員有沒有在衝突時說什麼。

「三一三號是一艘大船，但沒那麼大。從我的位置可以看見並聽見他們。」普利埃多・蘇瓦雷茲回答。「在我看來，他們似乎對自己的所作所為樂在其中。」

瑪利亞・德卡門不曉得委員會的使命或赫黑的指控。古巴國營媒體對這件事隻字未提，而且她有自己的問題要應付。自從左手臂和肩膀打石膏後，她錯過了幾次公教學校神職修士會教堂的週日彌撒。

她是古巴破敗基礎建設的受害者。她工作的運輸公司派她到維達多區開會，為此她必須到城鎮另一頭搭不同的公車赴會。她不在意。她答應幫住在關那巴科亞的一位朋友帶包裹，位於約一英里外的卡斯塔內多街（Castanedo Street），開往維達多的二十五路公車正巧路過。

那天早晨她約莫六點三十分離開家。走往卡斯塔內多街的漫長路程中，她看著關那巴科亞甦醒。空氣清新，街道還沒在八月豔陽下蒸騰。她堅定地緩步行走，朋友的包裹夾在左手臂下，尤絲托奎亞的戒指戴於左手，右手緊抓用來付公車票的一披索硬幣。為了繞過一段混凝土迸裂的人行道，她踏下街道，一輛車正好經過並高聲按喇叭。驚嚇之餘她往回躍上人行道，踩進一個坑洞並往前撲倒。

她重重跌了一跤，對六十三歲的女人來說摔得太厲害，她根本站不起來繼續走。她坐在原地，血從頭上流下來，直到一輛途經的車停下來幫忙。她請對方開往克魯茲維德街（Cruz Verde Street）的地方診所，那裡離她家不遠，醫生認識她。走進診所時，她右手依然抓著那枚披索。

X光片顯示她的鎖骨骨折，頭部淤血，膝蓋撞傷，且很可能有腦震盪。醫師幫她打石膏，左手臂固定在左胸前，並叮囑她保持乾燥六週。她無法做大部分的家務，還發現洗澡一定會淋濕繃帶。她的歷史學者朋友阿爾曼多·岡薩雷茲（Armando González）提議帶她過街到神職修士會教堂望彌撒，或者去幾個街區外的奇蹟之家，可是她沒辦法在明知自己沒洗澡的情況下撐完整場彌撒。

不過，她倒是邀請阿爾曼多來家裡喝咖啡。幾年前他們基於對宗教與歷史的共同興趣結識。他三十二歲，是受過訓練的歷史學者，在關那巴科亞區博物館擔任檔案管理員。一九九四年他父親在諾瓦隆做電工，當時卡莉是廠長。阿爾曼多跟大多數古巴人相仿，他在天主教會受洗，然而宗教洗禮到此為止，直到成年後他想領受其他聖禮。這將他帶往神職修士會教堂，也在那裡認識瑪利。

他們品嘗裝在小瓷杯裡的咖啡，坐在科洛法索街老屋的堅固木搖椅裡，抱怨關那巴科亞的人行道狀況。對兩人來說，碎裂街道是哀傷的象徵，受他們尊崇的城鎮竟淪落至此。一九五九年後，逃離者的房屋崩塌，他們曾投入莫大心力經營的生意，徒留鑲嵌於破損人行道被遺忘的名字，他們曾悉心照顧的樹木和花園，如今雜亂蔓生或枯死。有段時間關那巴科亞擁有本地的報紙和雜誌，並與市民團體合作改善水質，以及減少平交道的事故次數。現在這裡只有無能的關懷公眾辦公室，關那巴科亞步履維艱，成為一座充滿失落世代精神的鬼城。最後一間電影院早在多年前關閉，群眾唯一固定聚集的地點是維翁迪公園（Viondi Park），提供老城鎮僅有的無線網路熱點，從早到晚擠滿了人。

瑪利強烈感覺到城鎮的失落。在她跌倒前，最後一次於週日傍晚五點三十分赴神職修士會教堂望彌撒，屋頂上的大洞使她震驚不已。更令人憂心的是鎖鏈之屋（Casa de las Cadenas）遭徹底遺棄，位置就在關那巴科亞的中央公園後方。阿爾曼多認為鎖鏈之屋名列古巴最重要的建築物。以鎖鏈彰顯慈善概念的建築，在整個拉丁美洲僅保留下來三棟，鎖鏈之屋是其中之一，可追溯至數百年前。根據鎮上的記載，颶風於一七三〇年掀翻關那巴科亞的帕洛奎亞教區教堂（La Parroquia）屋頂後，一位富有居民讓彌撒在他的宅邸內舉行，僅離教堂一個街區。西班牙國王斐利佩五世（Felipe V）授予屋主權力赦免涉嫌犯罪的個人，只要他們碰觸纏繞在宅邸前柱上的鎖鏈。

一九五九年後鎖鏈旋即消失無蹤，曾經宏偉的建物分隔成多間公寓。隨著時間過去，大宅變得破敗不堪。屋頂漸漸漏水，安全堪慮後建物被木板封死。瑪利與阿爾曼多向關懷公眾辦公室提出申訴。他們比阿圖洛幸運一些，因為洽談的某位職員答應將他們的關切轉給米格爾・巴內特（Miguel Barnet），即全國人民政權代表大會的關那巴科亞代表。多年來，巴內特擔任古巴作家與藝術家協會的主席並握有強大影響力，阿圖洛曾不情願地入會。巴內特與藝術社群和哈瓦那歷史學家萊亞關係密切。但是他從未居住於關那巴科亞，也不曾長時間待在本地。申訴提交後，宅邸貼了一張告示，表明這棟歷史建築屬於古巴歷史遺產的一部分，因此受到保護。

「他們貼告示在那裡只是為了安撫我們，」瑪利說，「相信他們真的會照告示所說的去做就太蠢了。」

阿爾曼多告訴她，關那巴科亞的官員已經決定拆除這棟建物，「可是萊亞聽說時，他插手表示這屬於國家遺產的一部分，因此要受到維護。」身為一位歷史學者，阿爾曼多深知表明一棟獨特建築應受維護，跟採取必要的艱難步驟去保護它不受文物破壞者與拾荒者侵擾，兩者之間存在落差。「萊亞在維護與重修哈瓦那舊城區方面表現傑出，無庸置疑，」阿爾曼多分析，「不過他是整個哈瓦那的歷史學家，有時他似乎忘了關那巴科亞屬於哈瓦那的一部分。」他同樣認為告示張貼在那裡是為了安撫像瑪利這樣的人，然而一待怨言平息，再沒有進一步舉動。

告示貼出隔年，鎖鏈之家剩下的鐵製品遭竊，部分外牆倒塌。竊賊偷走鬆脫的磚塊、磁磚和木頭樑柱，他們能轉賣與再利用的任何物品。等到那些東西全被拖走，拾荒者撿起剩餘的瓦礫，磨成細灰裝進麻袋，賣給製作砂漿整修家園的人。

瑪利的憤慨不僅針對城鎮實體資源的劣化，還包括一度風行的禮儀淪喪。一百多年來，她的家族居住並愛惜同一棟房屋。文化與歷史對她意義重大，她相信這也對關那巴科亞很重要。

「我想我是從小女孩長大的過程中聽爸爸媽媽講，」她說，「當一個群體失去文化認同，這個群體就會消亡。」

「而當一群人失去他們的歷史記憶，」阿爾曼多補充，「他們失去了一切。」

阿爾曼多固定望彌撒，有時在神職修士會教堂，有時在全古巴最久遠的艾爾米塔禮拜堂（La Ermita），坐落於關那巴科亞的最高點。在那裡，早晨八點三十分的週日彌撒中，他能聽見截然不同的世界交疊。當他聆聽長椅上銀髮信眾傾吐已有數百年歷史的聖歌和禱辭，非洲鼓的重節拍偶爾穿過敞開的大門傳來。

某個週日，他決心找到音樂從何而來。彌撒結束後，他經過相鄰的墓園到B街，在垃圾場左轉。街道沿著一道深谷開展，形成某種都市的邊界。他路過孤立的棚屋，以及舊磚頭、石頭和錫浪板所搭建搖搖欲墜的小屋。削瘦的流浪狗在垃圾堆中翻找，阿爾曼多聽見一隻豬發出嚎叫，不過他分不清途經的哪間破舊房舍是牠的家。

在距離艾爾米塔禮拜堂不到半英里處，他看見五位制服員警圍在一輛停下的警車旁。阿爾曼多知道他找到鼓聲的源頭——警察在監控阿巴瓜信仰（Abacuá）的宗教儀式，因為那有時會被街頭幫派滲透。關那巴科亞有許多天主教堂，但是社群內也揉雜其他宗教。有幾群新教會眾，少許初來乍到的福音教徒，以及兩座猶太墓園。然而在這座古老城鎮，最著名的是非洲黑奴帶來的聖德里亞和其他信仰體系，例如阿巴瓜。在長達一年的聖德里亞入教儀式期間，沒人盯著從頭到腳著純白服飾的男男女女、甚至孩童和籃中的嬰兒。非裔古巴人的另一種宗教膜拜於本地興盛，顯眼的串珠手鏈和刺青既要引來崇敬，也為了使人恐懼。

阿爾曼多順著顫顫巍巍架於山坡的陡峭階梯往上看，瞧見人群已圍繞鼓聲聚集。在階梯頂端，他推開單薄的金屬柵門，走進阿巴瓜組織埃非努洛比亞（Efi Nurobia）的庭院。他熟悉阿巴瓜信仰，因為包涵在區博物館展出的宗教派別。組織中的成員擁有勝過敵人和競爭者的權勢與力量，類似巫毒信仰承諾帶給信徒的優勢。穿過柵門，約一百人在喝蘭姆酒或啤酒，以黑人年輕男性為主，站在漆上鮮豔色彩的低矮煤渣磚建物前。當大門打開，幾個人跳舞躍出，身穿阿巴瓜信仰的怪異服飾。一人從頭到腳披蓋藍白相間的橫條紋，袖口邊緣塞滿稻草。另一人的衣著是綠色和黃色，第三個人是五顏六色的格紋。他們臉上戴著粗麻面罩，縫綴眼睛但沒有嘴巴。從密室快步邁出時，他們搖動腰間的牛鈴彼此交談。顯然是首領或祭師的男子在地上攤開剛剝下的山羊皮，用阿爾曼多無法分辨的語言吟唱咒語。免費的蘭姆酒和啤酒從早上開始整日供應，在旁戒備的警察一路執勤到傍晚儀式結束。

在關那巴科亞，不同的信仰體系謹慎共存。每當艾爾米塔禮拜堂舉行彌撒，天主教神父分聖餐時，總是堅持將聖餐餅直接放在領受者的舌頭上，唯恐若依照全世界天主教習俗，讓人們選擇以雙手領受聖餐，可能會有某個人帶去聖德里亞儀式上褻瀆。奇蹟之家的神父對棕櫚主日（Palm Sunday）擁有相同顧慮，阿爾曼多與瑪利曾目睹平常的一小群信眾，倍增到讓整個禮拜堂站滿了人。從人們手腕上的多彩珠鏈，明顯看出長椅上坐著眾多聖德里亞信徒，他們到場只是為了拿走一小塊神聖棕櫚樹，供自己的儀式使用。

由於艾爾米塔禮拜堂坐落在關那巴科亞的陡峭山丘頂，瑪利不常到那裡望彌撒。但是她偶爾會到禮拜堂周圍的古老墓園探視舊家族墓地。她的表弟阿貝托數度請求她協助一項不太愉快的任務，要依照傳統將表弟母親的遺骨移出家族墳墓，但是她一次次推托，擔心墳墓打開時他會大受打擊。老墓園常遭蓄意破壞，阿爾曼多曾告訴她，有些阿巴瓜儀式使用人類的遺骨。瑪利害怕假如開啟阿姨的墳墓，他們會發現她的頭顱不見了。

隨著二〇一七年夏季將盡，卡莉已將普羅卡列工作室遷出藍儂公園附近，縫紉機和庫存品重新安放於她幫奧斯卡租的空間，在哈瓦那中區內圖諾街的一間製鞋鋪樓上。他們計畫在這裡經營兩人的事業，直到古巴婦女聯合會提供卡莉一處適合普羅卡列搬遷的空間。縱然蒙受挫折，衰敗的陰影又圍繞四周，她覺得事情正朝對的方向發展。畢竟他們是古巴人，相對意識不斷提醒他們情況遠比特殊時期好得多。佛羅里達的商業課程使奧斯卡滿懷新鮮點子，他迫切想嘗試，同時要決定究竟是留在古巴或到他方謀生。擁有奧斯卡在身邊工作，卡莉覺得自己對於古巴未來的樂觀看法變得更堅定，即使可能只是暫時如此。菲德爾的身影不再，但古巴不曾瓦解，敵國並未入侵，儘管新任美國總統聽起來對古巴愈來愈挑釁。

晚間新聞中，他們看到強烈颶風來襲的預警報導。起初他們不太在意。現在是颶風季節，風暴來來去去。但在接下來幾天裡，警示變得愈來愈嚴重，隨著颶風增強，它被賦予一個名字。

伊魯瑪。

【第四部】

Part 4

和解

Reconciliation

THE CUBANS

ORDINARY LIVES IN EXTRAORDINARY TIMES

第二十六章 關那巴科亞

‧二〇一七年九月十日

關那巴科亞的早晨大多以噪音揭開序幕，大量的噪音。卡車沿著布蘭卡高速公路隆隆行駛，日上三竿公雞仍不斷啼鳴，瘦到皮包骨的流浪狗似乎愛上了自己的吠叫聲。然而在伊魯瑪過後那天早上，老城鎮寂靜地令人不安，毫無聲息有如墜機後隨即淨空的天空。

一夜驚恐後卡莉累壞了，家裡的鐘還是壞的，終於走到外頭確認伊魯瑪對街上造成的損害時，她不確定當時的時間。風暴過後的灰暗天色中，她看見幾棵樹毀了，包括隔壁那棵她非常喜愛的檸檬樹。卡莉走向柵門，惱怒發現那該死街角堆積的垃圾四處散落，紙和塑膠碎片卡進她家的鐵絲圍籬。附近的棕櫚樹屹立不搖，強風卻把葉子幾乎扯光。對街倉庫的金屬屋頂有如鮪魚罐頭般被拉開。

她浮現第一個念頭──情況原本有可能比這更糟。

「妳還好嗎？」卡莉問隔壁鄰居瑪拉（Mara），她的庭院裡滿地都是倒塌檸檬樹的斷枝。「妳是怎麼辦到的？」一位路人想知道。再看了看四周，卡莉意識到自己家應付得很好。房屋完好無缺，連一片玻璃都沒破。家中三人都安全，連法魯被放出門到街上尿尿都搖著尾巴。大約早上十點，希望牌風扇恢復低鳴轉動。打開電視時，他們發現自己有多麼幸運。伊魯瑪在最後關頭轉向，朝正北方的佛羅里達逞威，使關那巴科亞躲過重傷害，但留給古巴一百三十億美元的颶風損失帳單，十五萬六千間家屋需要整修，大片觀光海岸被吹毀，而對某些人來說最難接受的是，勞烏於二〇一八年初離開古巴總統府的承諾將延後兩個月。

電話重新接通時卡莉打給谷佳，得知塔卡霍大部分地區逃過一劫。然而在哈瓦那中區，伊魯瑪使海浪從馬雷貢大道倒灌六個街區，整區汪洋一片，留下深度足以讓人們在門口游泳的水潭。假使卡莉當初接受古巴婦女聯合會提供的商業空間，她的新店面就會泡在數英尺深的髒水裡。《格拉瑪報》報導十起跟颶風相關的死亡事件，包括哈瓦那中區的兩位年輕女性被部分倒塌的破敗建物壓死。

回頭看關那巴科亞，莉莉家在颶風來襲時停電，但她設法找到了父親。赫黑從孫子赫基多那裡聽說，雖然在停電期間損失冰箱裡所有的食物，他和家人撐過了伊魯瑪，沒遇上比關那巴科亞衛理公會罕見取消週日講道更嚴重的麻煩。

在馬克西莫戈梅茲街，天色一亮阿圖洛就衝往庭院。發現巨大棒球安全立在角落讓他鬆了一口氣，而且雕塑大半是乾的，躲過最強烈的風雨。可是當他試著查看花園，必須先砍斷被風暴吹落擋住柵門的九重葛藤蔓。裡頭處處是殘枝和掉落的果實，然而沒有一棵他珍愛的樹被連跟拔起。

一個街區外，瑪利亞·德卡門的珍貴老屋平安度過風暴，正如她父親一向的預料。事實上，房子的狀態比她還好。她的肩膀和手臂還吊在繃帶裡，所以她必須請維吉里歐把凱薩和拉斐爾半身像搬回天井的底座上。廚房的水再度流動，電力已恢復，她也儲存足夠食物能讓他們撐到店家重新開門。最棒的是她無需煩惱颶風過後出入哈瓦那可能帶來的惡夢。她的傷勢得再休息好幾週。

然而卡莉和皮波一聽說電力恢復就趕往工作室。抵達那裡可不容易。即使颶風並未來襲，從他們家通勤到老城可能花上一小時，偶爾更久。就跟大多數同齡的古巴人一樣，皮波不曾有過車。擁有汽車的古巴人非常少，以至於跟一九五八年相比，哈瓦那的街道通常不擁塞。哈瓦那是少數不塞車的首都，也可能是唯一不需要本地交通播報員的都城。問題是即使在最好的情況下，大眾運輸系統只能載運一小部分人口，他們仰賴疲於奔命的擁擠公車、老舊計程車與私家美國車移動。古巴奮力在颶風過後恢復運轉，搭上一輛市公車卻成妄想。即使擠得進老舊公車也要面臨耐心測試，它的功能跟優步（Uber）相反——並非前往你想去的地方，而是你單純行經公車所到之處。哈瓦那灣口底下的大隧道淹滿數英尺深的海水，車流隨之改道布蘭卡高速公路。汽車和公車開抵關那巴科亞時已有乘客攀附門外。

卡莉和皮波到內圖諾街的距離太遠，沒辦法徒步抵達，而且無論是他們、或任何鄰居都不再擁有自行車。特殊時期的苦澀回憶使得最需要的人也拒絕騎行。伊魯瑪過後，他們等了兩天讓事態平靜，而那已是等待的極限。他們打給開國營計程車的朋友奧斯瓦多（Oswaldo），他母親胡安妮塔曾是卡莉在諾瓦隆的祕書，此後他們保持密切往來。搭計程車到工作室的費用約等於四美元——超過卡莉退休月俸的三分之一。這是一大筆錢，可是他們必須去。

伊魯瑪並未對內圖諾街造成重大損害，儘管乍看之下颶風彷彿掃過。街上是一間間展示窗滿布塵埃的破敗國營店鋪，荒涼得有如歇業已久。私人小店在曾經輝煌的公寓大樓骨架中勇敢堅守，例如卡莉朋友剛開張，賣皮納塔（piñata）[8]和其他派對小禮品的店，這

8 裝滿糖果玩具的紙球，高掛讓小朋友擊打。

棟大樓看似荒廢，儘管還有許多家庭住在裡頭。多數店家的窗戶有裂縫、破損或消失無蹤——伊魯瑪來襲前已常年如此。

奧斯瓦多把拉達車停在街區中央，這時是早上十點十五分。卡莉連車門都還沒推開就開始焦慮。「哎呀，」皮波望向車窗外說道，「燈是暗的。」駝背鞋匠古斯達沃在奧斯卡工作室樓下的空間工作，他站在人行道上，依照一雙舊運動鞋底的形狀修剪稜紋橡膠皮。他熱烈打招呼，隨即報告壞消息。

「今天早上電來了，但接著八點三十分又停了。」古斯達沃朝卡莉微笑聳肩，彷彿在說：**妳能怎麼辦？這就是古巴！**

鞋匠能用雙手切割、黏緊與縫合，但普羅卡列一停電就動彈不得。卡莉和奧斯卡共用五臺堅固的縫紉機與一架勝家牌（Singer）老式腳踏縫紉機製作她的衣服和他的帆布袋。卡莉祝鞋匠好運，接著跟皮波冒險入內。他們在黑暗中走過四位鞋匠平常工作的櫃檯，再從舊鞋和平價運動鞋堆旁擠過，那些鞋破到不能穿，卻又貴重到捨不得丟。這地方散發橡膠、補鞋膠和髒腳的氣味。只要越過店鋪後方閒置的拋光機，登上一段陡峭、彎曲的水泥階梯就抵達他們的空間。那是古巴人稱為**烤肉**（**barbacoa**）的偷工減料開放樓面，革命勝利後加蓋於這棟五樓公寓，好獲得更多空間。

卡莉推開權充大門的金屬格柵板。「我們來了。」她大喊，正面態度滲入幽深暗影。她環視工作區域時，看見其中一位裁縫師埃娜·雷耶斯（Enna Reyes）守在敞開的窗戶前，彷彿炎熱籠舍中大口喘氣的母雞。工作室約寬二十五英尺、長三十五英尺，有著整面白牆，通電時明亮的日光燈能讓裁縫師看清縫線。

卡莉見到埃娜鬆了一口氣。風暴期間卡莉一直替她擔心，也不確定她能否來店裡。埃娜並未埋首縫紉機工作，而是站在窗前幫自己搧風，上嘴唇冒出汗珠。基於此刻電力尚未完全恢復，卡莉判定伊魯瑪造成的破壞比《格拉瑪報》和國家電視臺的報導嚴重。艾絲貝蘭薩告訴卡莉，她住的十月十日區（10 de Octubre）幾近暴動，群眾湧上街頭要求供應水電。卡莉確信風暴帶來的長久破壞，讓他們幾乎不可能找到維持開工所需的基本材料。

中午過後不久，電燈閃爍開啟，埃娜衝回她的縫紉機前。幾分鐘後，奧斯卡蹦蹦跳跳上樓。他正要把布包的半成品分送給幾位在家工作的裁縫。卡莉把兒子叫到店內另一端的舊木桌前。兩人短暫交頭接耳後，她俯身靠往埃娜的肩膀，說他們很快就回來。他們留皮波在店裡掌管大局，步行幾條街穿越哈瓦那中區的亂象，不時牽著手緩慢移動。幾分鐘內他們抵達模範織品（Confecciones Model），這間國家出資的合作社在幾年前由古巴政府籌辦，作為集體創業的實驗。合作社也許欠缺真正的資本主義精神，卻享有卡莉欽羨的實際優勢。作為國家的合作社，模範織品有管道取得物料，卡莉等私人創業者則否，尤其在颶風肆虐過後。然而模範織品有自身的挑戰，負擔會員薪水就是一個大問題。卡莉不願坐等供應鏈重啟，在短暫的會面中，她把奧斯卡介紹給模範織品的社長南西・維莉拉（Nancy Varela），並暗示假使南西有興趣，或許有方法讓雙方的生意都更具成功機會。卡莉承諾在一週內帶書面企劃回來。有幾度她感覺自己又坐回朋特克斯的董事長辦公桌後方，擬定計畫並掌管一切。

卡莉與奧斯卡回到工作室，發現燈光再度熄滅。埃娜表示歉意，告訴他們經過白天的電力中斷，她只能縫製小香水袋日產量的一半。等等電力若能恢復，她承諾盡力彌補進度。到這時候，少了大型電扇吹走高溫，卡莉感覺力氣耗盡。必須有個人留下來陪埃娜，於是她讓奧斯卡負責，自己跟皮波則在回家途中尋找布料。「情況還會惡化，變得非常糟糕。」她警告奧斯卡。

慢慢走對皮波並不容易，他的渾身精力飽受壓抑，可是卡莉在手術後喪失部分平衡感，他不得不踩煞車。他們沿著內圖諾街步行，緊挨建築物求取些微遮蔭，偶爾匆促踏進店內查看價格。他們從未在這些地方購物，因為品項選擇少且價格高昂，可是此時卡莉擔心的是一無所獲。他們找到適合奧斯卡製作提袋的幾匹帆布，以及卡莉改衣服需要的一些線卷，但數量都不足以扭轉局面，考量到單價更是如此。他們繼續走下內圖諾街，直到寬闊的普拉多大道（Prado）於眼前開展，哈瓦那周圍的舊城牆曾在此聳立。兩人進入主要的觀光區，路過幾間大飯店和城裡的中央公園，來自底特律的經典車款漆上鮮豔色彩排成一列，等待瞪大眼睛的美國遊客拿出尋常古巴人好幾個月的薪水來重拾青春幻夢。他們路過浮羅里迪塔酒吧（Floridita），店裡的厄內斯特・海明威（Ernest Hemingway）銅像把一邊手肘架在吧臺上，接著朝擠滿觀光客、國營餐廳和紀念品店林立的奧比斯波街走去。

卡莉回到熟悉的地帶。這裡是她從基輔回國後工作的地方，以及其後多年順著政權統治階層往上爬的辦公室所在地。她和皮波在櫥窗擺滿布料的兩間店停步，匆匆瞥一眼價格就繼續上路。再過幾個街區，他們來到**雙輪馬車**的高雅臨街店面窗前，走進有冷氣的展示間。一位銷售小姐立即歡迎他們，擁抱卡莉並親吻她的雙頰，說自己想不通卡莉的氣色怎會這麼好。卡莉同樣讚美她幾句，隨即切入正題：是，我們店裡停電。不，水沒有淹進來。妳有沒有任何多餘的布料？

銷售小姐微笑搖搖頭，但承諾如果有任何意外發現，她會打電話給卡莉。

哈瓦那九月的高溫潮溼讓他們吃不消，到了下午三、四點，卡莉堅持要直接回家。他們離庫利塔公園（El Curita）遠得不適合折返，而那座堆滿垃圾的公園，是非正式的轉運中心。在庫利塔，他們或許可以跟另外三、四個人擠進一輛老雪佛蘭，付十披索渾身汗味共乘回關那巴科亞。不過從他們所在的奧比斯波街，到港邊搭渡輪過海灣比較說得通。

卡莉記憶中前往基輔的海濱已完全消失。自從歐巴馬總統宣布開放，氣味難聞的哈薩克號曾經停泊處有幾艘巨大遊輪靠岸。瑪利亞・德卡門和洛曼工作的古巴鮪魚船隊舊碼頭已拆除，新的浮動船塢在歐巴馬造訪過的啤酒吧旁上下波動。曾駐紮西班牙尋寶艦隊、曾引來淘金海盜的歷史港灣，如今清拆轉變為觀光海濱步道。哈瓦那所剩不多的海運業往西邊搬遷三十八英里，移入巴西耗資數十億美元於馬里埃爾港興建的嶄新自由貿易區。

渡輪碼頭是新建的光亮鋼鐵四方體，搭船前的拙劣程序卻老套得令人心煩。卡莉站在一位倦怠的警衛面前，等他翻查手提包。這道討厭的例行公事總讓她想起一九九四年夏天，警衛的墨綠色制服引發不愉快回憶，喚回古巴似乎要分崩離析的驚恐時光。一通過安檢，他們快步走往船塢，皮波在那裡付十分錢買票，連美元一分錢都不到，儘管不方便卻很划算。對於雷格拉和關那巴科亞的居民，渡輪一直是連結他們跟首都的救生索。對年輕家庭來說，這是週日進城的便宜通行票。對年少的愛侶來說，這是遠離擁擠家中的避難所。對聖德里亞的信徒來說，從渡輪甲板朝水面拋一朵花、一只娃娃或繫上手寫短信的硬幣構成了神聖儀式。

名為第四次代表大會號（Cuarto Congreso）渡輪上僅有的位子已坐滿，於是他們在短途航程中跟其他人肩並肩站立，越過屬於海盜、英格蘭海犬（Sea Dogs）[9]與私掠船的傳說海灣，揚起下巴讓從船身吹來的海風輕撫，帶來涼意。駛離哈瓦那舊城區僅僅六分鐘，第四次代表大會號就停靠於雷格拉區。等大部分乘客散去，皮波才扶卡莉走下混凝土平臺。他們快步通過旋轉門，途經雷格拉黑聖母的潔白教堂，希望能趕在下一班公車開往關那巴科亞前抵達街角。在他們身後，一位服務員在船塢上幫第四次代表大會號加油。沒花多少時間，加油一向如此。油泵設定只能流出不超過十公升的柴油，比二點六加崙多一點。夠這艘小渡輪越過古老海灣的發臭水域再開回來，就這麼一趟。

卡莉實現承諾，一週後帶著野心十足的營運企劃回到模範織品。「那件洋裝真好看，」她尾隨南西走進無窗的辦公室時說，「是這裡做的嗎？」

辦公室的空間狹小悶熱，位於又大又空的展示間後方。切．格瓦拉下西洋棋的大照片俯視著她們，讓這小地方感覺像一個魚缸。「真遺憾你們的展示間那麼寬敞高雅，可是後

9　獲伊莉莎白一世授權攻擊西班牙船隻並帶回財寶的艦隊。

面妳的辦公室這麼小又這麼暗。」卡莉說道。

南西歪著頭緊閉雙唇，在老式灰色金屬桌後方就座，厚重窗簾垂掛於她身後的牆面。她內心衝撞著禮貌與懷疑，看著卡莉在另一端靠牆皮沙發上調整位置，面對南西和切，準備好談生意。

兩個女人之間的對比十分強烈：卡莉穿暗色系長褲與一件寬鬆黑白罩衫，她的深膚色展現涼爽與自信，儘管九月的溼熱籠罩辦公室，強度有如電梯裡的廉價香水味。卡莉胸前的兩道疤痕如勳章般明顯可見。南西把自己塞進一件緊身的瓜亞貝拉洋裝，鈕釦幾乎繫上頸間，洋裝的黃色棉布跟她的蒼白膚色連成一片，已被汗水浸溼。

卡莉把一份商業提案影印本拿給南西。「模範織品財務補強優化計畫」闡述卡莉扭轉合作社現況的願景，同時在艱難的後颶風時期保護並提升普羅卡列。「有沒有可能妳這裡有任何多餘的布料?」卡莉詢問，一如往常迫切想補足庫存。

「這裡?沒有。」南西回答。

「那縫線呢?」

「我不確定。我來查查看倉庫。」南西拿出一本舊筆記本，開始翻閱一頁頁手寫的姓名和電話。「聽著，稍等我一分鐘。」她告退並快步走出辦公室找助理。她一離開卡莉就跳下沙發坐往辦公桌後方，看起來比幾分鐘前的南西更加自在。卡莉拿起話筒，同時從手提包裡拿出手機查看通訊錄。搽金色指甲油的手指滑過手機螢幕，直到找到需要的號碼，用室內電話播通後簡短談話，在南西回來前掛上電話。在古巴，手機的通話時間有限，打電話相當昂貴。只要有可能，古巴人偏好使用室內電話，即使是在別人的辦公室。

南西再度踏入辦公室時看起來比原先更疲憊。「他們在幫我查縫線。」這一次她坐往卡莉身旁的沙發。兩位女性都將職業生涯投入紡織與時裝業，也都明白艱難時期即將變得更不容易。然而相同點僅止於此。卡莉比南西年長十歲左右，在朋特克斯與省黨部經濟委員會的經歷加強了她的政治智慧，使她能睿智判斷政治與商業如何在新興的古巴交疊。包括南西在內，模範織品沒人擁有自行從商的動力或自信，沒人具有不聽命於中央政府部會營運一間公司的實務經驗。

南西告訴卡莉，二〇一三年合作社剛創辦，基本上政府就放手不顧。「沒有人支持我們或提供支援。」她描述。卡莉禮貌地聆聽。模範織品坐落於革命前古巴一間大型家具公司的展示間和工廠，以生產瓜亞貝拉（guayaberas）服飾與制服著稱。合作社目前有一份合約，為國營的古巴計程車公司（Taxis Cuba）司機製造短袖棉質襯衫，卡莉的朋友奧斯瓦多就在那裡工作。「現在襯衫的需求相當不錯。」南西說。但是他們沒有製作制服所需的薄棉料，那意味著工作量不足以分配給四十二位合作社員。而一旦她們沒有工作，就領不到薪水。

卡莉表示同情，接著她給南西上了一堂古巴風格的創業課。

「假設我擁有裁縫師執照，準備縫製床單，但沒有做床單的布料——我怎麼辦？我改做床罩，結果也沒有製作床罩的材料，於是我決定做抹布。如果沒有做抹布的材料，我會去買二手衣加以改造。妳明白我說的嗎？去做能讓妳生存的任何事。」

卡莉建議，南西需要重新思考作為一間合作社的意義，而不是扮演政府的分支。她必須同時考量必須去做跟有可行性的事。或許她沒有棉布，但有帆布存放在某處，不是嗎？普羅卡列需要帆布，也有購買的經費。卡莉用聽起來像**古巴開創**其中一位教授的口吻，剖析模範織品的資源是它所占據的土地、廠房裡的機器及四十二位社員，各有各的銷售潛力。

「妳必須思考朝另一個方向行動，謀求能帶來收入的其他生意。」她讓語調保持友善，不讓南西覺得在說教，儘管確實如此。合作社員可能不會提出替代方案，卡莉表示，應該要由上而下。南西得把點子提給社員，並且以十分積極的方式介紹，好讓她們對於新方向抱持共識。

「南西，」卡莉說道，「妳要展現領導者的風範。」

在「優化」計畫中，卡莉闡述模範織品的立即多角化發展，她認為無需國家批准就能實現。她提議採取雙頭馬車的路線改造模範織品。合作社的廣大展示間可以隔成幾個較小的育成工作空間，租給十位創業者。此外，她提議利用合作社員的技能，開設剪裁、車縫、設計、打版等課程，向報名的學生收費，就像她辭去公職後剛開始上的那些課。建物內的一間會議室可以讓人們付費使用，模範織品還可以帶著瓜亞貝拉襯衫和制服到工廠和工作場所擺攤販售，帶來額外的收入。最後，她提議模範織品租空間給普羅卡列，讓卡莉展示並販賣作品。

卡莉告訴南西，全部加起來每月能賺進超過一千美元，足以負擔四十二位社員的薪水。把這些營收加上固定的訂單，合作社就能還清債務，到某個時間點甚至有望擴張。

南西喜歡卡莉的計畫，但臉上憂慮的神情表明她多麼懷疑計畫能實現。她告訴卡莉，她研擬的這種改革必須提交給整間合作社。「那代表有四十二位社員要了解這項提案並投票通過。」南西回應。「讓四十二個女人對任何事達成共識都是難題。」

她們坐在沙發上，相隔不到一英尺，兩位堅強的古巴女性眺望未來，卻看見兩個不同的世界。「妳不需要每一項決策都獲得四十二個人支持。」卡莉說，指出南西和她的執行委員會可以向社員提出新的事業計畫，如果她們信任她就會同意。卡莉希望她相信，儘管模範織品擁有眾多資源，南西．維莉拉才是其中最重要的一項。

「我以自己對這類事情的微薄經驗告訴妳，南西。關鍵在於妳的社員對妳和執行委員會有信心。在我們身處的時代，做靈活的決策相當重要。」

「可是我不確定……。」

「放心，我的朋友，」卡莉盡其所能用表示理解的語氣說，「妳會找到辦法解決這些問題。」

會議結束後卡莉走回工作室，腦中一邊迴盪著南西軟弱的聲音。如果是她掌管模範織品，卡莉心想，她不會等待任何人的許可。假如電力正常，四十二位裁縫師全都會在機器前車縫。她明白儘管南西立意良善，卻已陷入麻煩。卡莉試著對計畫保持樂觀，因為若獲得採用，對於普羅卡列的幫助等同於、甚至大於模範織品。不過她極度懷疑，南西是否有能力讓社員同意如此劇烈的改變。

幾天後，她從業內的朋友聽說南西被自己的執委會罷黜。優化計畫毫無機會提出，更別提付諸實行。

歷經等待伊魯瑪來襲的漫長難受夜晚，卡莉決定是時候擁有希望牌以外的另一架電扇。她和皮波再次打給奧斯瓦多，請他載兩人到布蘭卡公路旁的ＴＲＤ商店。那是關那巴科亞最接近百貨公司的地方。ＴＲＤ店裡沒有配給物品，卡莉和大部分古巴人乾脆用「購物」稱呼這間店，所有銷售商品都用等值於美元的可轉換披索標價。少了網路購物、超市和商場，到布蘭卡公路的ＴＲＤ走一趟是卡莉版本的瘋狂採購。

卡莉和皮波沿著店面外走了一段路，抵達家用器具所在的車庫。騎著摩托車的年輕男子就停在車庫大門外。「無論妳想在裡面買什麼，」他用剛好夠卡莉聽見的音量低語，「我可以弄來給妳，而且更便宜。」

她轉身面向那男人，看看他並給了皮波一個懷疑的眼神。「不用了，謝謝。」她回答時繼續往前走。車庫門通往昏暗的倉儲空間。天花板的燈沒有開，使他們難以查看。箱子胡亂堆疊，也沒有告示標明商品的位置。卡莉問坐在入口處的人要去哪裡找電扇。「哪種電扇？」他興致缺缺答道。她說自己在考慮立扇。

「我們很久沒進貨了，剩下的都在那裡。」他指向室內另一頭說。

他們找到一個型號，高三點五英尺，用薄弱的塑料製造，看起來一開始轉動就會翻覆。標價是九十三美元，約等於卡莉七個月的退休金。

看一眼就夠了。「我們走吧。」她告訴皮波。

年輕男子還跨坐在他的摩托車上。走近時，卡莉拿智慧型手機叫出她在找的電扇照片，是一把有金屬支架、較穩固的黑色電扇，比他們在店裡看到的更不容易翻覆。

「你能拿到這臺嗎？」她問道。

他從她手裡接過手機。

「給我妳的電話號碼，」年輕人說，「我有貨就打給妳。」

「比店裡便宜？」

「當然。」

她把號碼輸入他的手機。

一想到買的東西多半是失竊物，卡莉還是感到厭惡，但她明白時代已改變，沒有希望與之抗衡。現在幾乎所有的生意都是如此。她深信從特殊時期起，生活必需品使得古巴人的道德觀念嚴重扭曲，以往的錯事變得廣受認可。她推測的運作方式如下：店經理認為應當賣電扇給騎摩托車的人，好彌補他的微薄薪水。他通報上司庫存全數清空，同時保留不法獲利，讓自己擁有他認為店經理該有的生活。騎摩托車的年輕人認為應當收買經理並抬價轉賣電扇，因為不賺進更多錢他的未來就黯淡無光。他在**兜售贓物**，古巴的每一個人都在**兜售贓物**。

在帕納梅里卡納鎮向一位裁縫師買些線卷後，他們到卡米諾聖母（Virgen del Camino）圓環的鮮食市場結束這一天。他們走向入口，經過一個賣白色塑膠袋的男人，皮波付一披索買了兩個袋子。市場裡的攤商應該給購物者袋子，但是皮波知道袋子全都私下賣給小販。一群人聚集在前門，身穿條紋衫的大個子試圖從裡面關起金屬柵門。

「因為颶風我們要提早關門。」那人大喊。「我們必須打掃。」

「可是我們需要買吃的東西。」有個人朝他喊回去。「讓我們進去。」

這時才下午兩點，離平常的歇業時間還有好幾個小時。約莫二十五個人推擠柵門，試圖闖入。當穿條紋衫的男人把門稍稍打開放一位朋友進去，其他人全都往前衝。他阻擋了幾秒，隨後放棄後退，讓所有人進市場。

皮波搶先穿越一排排擺滿南瓜、蔥、木薯、黑豆和西瓜的木製攤位。顯然被伊魯瑪打下的綠色橘子堆積如山，皮波買了幾磅。他從一攤衝往下一攤，往袋子裡裝進南瓜、一罐番茄糊、一瓶料理用酒和一小瓶檸檬汁。農夫把他們種的作物帶來像這樣的農產市場，由政府規定售價上限。皮波總共花掉三美元，等於卡莉月退俸的四分之一。他很慶幸在外面買了塑膠袋，因為正如他所料，攤商沒人有袋子。至少有一位購物者深受其害，他手裡拿著好幾塊生豬肉逛市場。

奧斯瓦多載他們回關那巴科亞。這是挫折的一天，充滿失望，處處提醒他們生活多麼侷限。為了逗卡莉開心，皮波搾了橘子汁。綠橘子需要大量的糖抵消苦味，不過當卡莉喝下清涼冷飲，她微笑對他說味道真好。

在十一月的某個星期一，伊魯瑪過後兩個月，奧斯卡領悟他母親向來判斷正確。他有訂單要交貨，卻沒有帆布可縫製。他在佛羅里達國際大學上的課，跟古巴的現實有著天壤之別。政府似乎刻意打壓獲得官方授權的私營部門。執照受到嚴格管控，稅法複雜且負擔沉重，還有最令人沮喪的一點——少了批發市場他究竟要怎麼工作？

他仍然夢想在古巴以外的地方創業，可是川普總統治下的美國顯得異常遙遠，他和兩個表兄弟申請牙買加公民身分又受阻。他們三人在牙買加雇用一位跑腿人，承諾收費後會取得證明他們牙買加血統的文件。跑腿人在金斯敦翻找政府檔案，表兄弟則蒐集曾祖母的護照和其他家族文件。他們甚至拍好自己護照要用的照片，把頭像用電腦軟體貼到同一個穿西裝打領帶的身體上。幾個月過後，跑腿的找到一份曾祖母莎勒·艾文（Sarah Ewen）的出生證明，可是牙買加大使館拒絕採信，因為那是手寫複本而非原件。他們浪費寶貴的金錢和時間，迎來失望結果。

於是在既缺少帆布可車縫、未來也沒有清晰道路的其中一天，奧斯卡四處奔走。他雇用一位駕駛比雅久蜜蜂三輪貨卡（Piaggio Ape）的鄰居赫速斯（Jesús），協助他完成記在 iPhone 裡的一長串待辦事項。第一站只離家裡幾個街區，靠近關那巴科亞唯一的紅綠燈。住在那裡的朋友設計並印製塑膠轉印貼紙和橫幅廣告。經過正把亮綠和黃色圖樣轉印到電動摩托車上的年輕男子，以及嘗試往老福特車黏貼細條紋的另一個人，奧斯卡走進朋友的辦公室，檢查他幫一位客戶繪製的設計稿。名叫塔塔瓜（Tatagua）的新酒吧暨餐廳剛開幕，在哈瓦那舊城區的普拉多大道上，店家訂製奧斯卡設計的獨特蝴蝶圖樣大型橫幅布條，準備展示於建築的立面。

不巧，發生一個問題，奧斯卡在 iPad 繪製的圖檔跟店裡的軟體不相容。時間還早，他以平常心面對挫折，告訴朋友他會重做再盡快帶過來。他彎身擠進迷你貨卡，赫速斯開往內圖諾街的工作室。奧斯卡快步越過鞋匠，踏上彎曲階梯，來到一架縫紉機旁。埃娜正在製作尺寸較大的帆布袋原型，奧斯卡一獲得足夠布料就期盼能賣給 1791 香水鋪。他要埃娜縫製平坦的底部，好讓袋子可以直立放置。在討論減少製作工序的方式過後，奧斯卡隨即離去。

赫速斯開著車齡二十年的比雅久貨卡，底部鏽蝕、車窗只能用鉗子打開，穿越城市後停在一處住宅區。奧斯卡一直對停在這裡要辦的事感到擔心，當他踏上小屋的敞開入口，一整個早上的不適感變得更嚴重。他走向一群尖銳的狗叫聲。搽指甲油的年輕女子從一道柵門走出，門後擋著九隻狂吠的吉娃娃。

達蒂雅那（Tatiana）是奧斯卡的按件計酬裁縫師。她公寓中令人氣悶的前廳頂多一百平方英尺大，充當客廳和工作室。破舊沙發靠著一面牆，另一面牆是一架老式工業縫紉機，立在唯一的窗戶下方。旁邊擺著大行李包，放滿她幫奧斯卡縫製的提袋和最後剩下的一些帆布。

當天早上奧斯卡從家裡出來時，心想他可能必須解雇達蒂雅那。他早就給過警告，縫線太草率，她必須表現得更好。他從行李包裡抽出一個布袋，翻出內裡察看，接著皺起眉頭。

「這不是我示範的方式。」他指著提把縫在布袋上的關鍵位置。原本應該是平的，奧斯卡手中的布袋卻在縫合處醜陋外凸。

「妳像這樣折一次，然後放進提把。照樣做縫合處就會平坦。」

「我沒辦法那樣做。」她說，「機器車不過去，這根針不行。」

他要求看車針。「不，這根太小了，妳需要更大的針。」

「我只有那根針。」

這就是在古巴做生意的情況，他在佛羅里達國際大學的教師不會理解。他們會告訴他，如果達蒂雅那收到第一次警告，還不改變態度並改善車縫品質，她就該被解雇。但是他無法忽視她顯而易見的困境。老舊的沙發，髒汙的牆面，在廚房裡狂吠且不友善的狗群。擺設在電視櫃上令人感到哀傷的陶瓷天使。

「妳需要更堅固的針來車這種布料。」他冷靜對她說。「我下次帶來。」

奧斯卡再從行李包中拿出另外兩個布袋，皺得歪七扭八。他斥責達蒂雅那沒把布袋折平，也表明自己不喜歡參差不齊的接縫。「妳要把這些浮線全都剪掉。」

她從他手中把袋子拿過來，彷彿第一次見到那般盯著看。「我試過了，可是我的剪刀不夠好。」

奧斯卡噘起雙唇。「我下禮拜帶給妳一雙新的剪刀。」

下一站是奧斯維多・赫南德茲・納蘭喬（Osvaldo Hernández Naranjo）兄弟的印刷公司。他們多年前創作藝術起家，現在發展成大型的五色印刷事業，擁有能印製於多種材質表面的設備，不過主要的業務是T恤。奧斯卡把從達蒂雅那家拿的一百五十個帆布袋拖進來，擱在奧斯維多腳邊。奧斯維多預計將這批袋子印製自己的設計圖，作為交換，他會幫奧斯卡的另一個案子網印較高檔的手提袋。

接著赫速斯開往哈瓦那市郊的馬里亞瑙（Marianao），抵達蒙上厚厚塵土的工作室與展示間，把小貨卡停在人行道上。奧斯卡邁開步伐走進去，匆匆穿過成排掛著洋裝和薄罩衫的衣架，踏入有兩位女子俯身在縫紉機前的裡屋。另一個女人熱情歡迎他。「你母親呢？卡莉好嗎？」她問候道。

卡莉透過朋友得知，這間店庫存的帆布捲超過使用量。她也知道，就跟南西的合作社一樣，跟多餘的帆布相比，作坊更需要現金付款給裁縫師。不到五分鐘，小貨卡滿載奧斯卡買下的七大捲帆布。當時剛過中午不久，人行道擠滿路人，奧斯卡一心想在沒人明白他的舉動前裝好貨。

載帆布回家卸貨後，他大口喝完一碗湯，接著走三個街區到布蘭卡公路，揮手攔停一輛老車載他回哈瓦那。那輛車駕駛固定路線，從關那巴科亞開往庫利塔公園。從那裡開始，他沿著哈瓦那舊城區的石柱廊道走半英里抵達普拉多大道，鄰近東西向的避難街（Refugio）。回溯哈瓦那的殖民過往，城市大門在夜間封起以防止海盜入侵。趕不及在柵門關閉前入城的人留在這一帶找地方躲避，等到隔晨大門再度開啟。城牆早已拆毀，但每晚九點依舊發射一顆砲彈，代表城門的象徵性關閉。街道名稱也維持原樣，叫避難街。

奧斯卡應該跟塔塔瓜的老闆碰面，在印製前最後一次檢視他設計的橫布條和名片。幫新餐廳工作對他來說是一次興奮的機會，可以跟在古巴投資重金的人合作。他抵達塔塔瓜時剛過五點，大門深鎖。奧斯卡確定他們約的時間是星期一下午五點，但他知道應該再打來確認。他感到失望，但不氣惱。他已經投入太深並克服太多阻礙，不會讓一次告吹的會面困擾自己。他決定改天再來，不過下次會先打電話。

奧斯卡同時應付許多不同的計畫，希望能交上好運。當阿姨艾絲貝蘭薩給他和表兄弟一筆錢，夠讓他們繼續在牙買加尋找莎勒・艾文的出生證明正本時，好運來了。艾絲貝蘭薩認為，這麼做多少能彌補她對於自己賺錢方式的內疚感。憑著可多次入境的美國簽證，她到南佛羅里達的養老院工作幾個月，幫住戶洗澡餵飯，正是革命前她母親在塔卡霍從事的工作。在瑟內達做出種種犧牲後，她知道母親會痛恨女兒去從事家務工作。

可是對艾絲貝蘭薩來說，養老院的工作是她在當前古巴的最佳機會，好讓兒子和外甥擁有更好的生活，就跟母親辛勤工作供養她們相仿。那對她是一段艱難的時光。在她離家期間，前夫米格爾突然過世，他在醫院接受的平庸照顧跟瑟內達和卡莉的待遇天差地遠。她的兒子必須帶床單和毛巾去醫院，而且只要病人還有意識，卡莉和皮波就必須帶吃的給他。米格爾死時，卡莉確保他的雙手雙腳都套上襪子。

艾絲貝蘭薩從佛羅里達回來時，米格爾已下葬哈瓦那哥倫布公墓的共濟會墓穴。她口袋裡的錢比幾年來累積的建築師退休金還多。她的長子里歐那多拿母親給的錢在牙買加雇用另一位偵探。他的服務索價高昂，必需先付五百美元前金，找到需要的文件時再付五百美元。有了那張牙買加血統證明，里歐那多、里安德羅（Leandro）、奧斯卡和艾絲貝蘭薩全都能順利成為牙買加公民。

卡莉心懷疑慮看著他們，她從不贊成離棄古巴，也不認同妹妹到美國做洗衣女工。但她不排除跟隨妹妹的腳步。

第二十七章　關那巴科亞

・二〇一八年八月

莉莉仍熟睡時，她丈夫穿上灰色鬆垮短褲，把一件寬大背心套上傷疤累累的胸膛並隆起小腹，走半個街區到本地的烘焙坊，夾起尺寸約莫等同於漢堡包的小麵包捲——古巴政府以幾乎免費的低價天天賣給每一位古巴人。「**El pan（那種麵包）**」是古巴人稱呼小麵包捲的方式，名詞前的冠詞將味同嚼蠟的每日麵包跟普通麵包（pan）區隔開來。假如烘焙坊有足夠的麵粉製作，付較高的價格可以買到普通麵包。接著卡洛斯徒步出發，挨家挨戶發送那種麵包給鄰居。

他的第一站是半個街區外的低矮單戶住宅。一個白色塑膠袋繫在前門手把上，讓他知道住戶已出門工作。他往袋裡塞進幾個麵包捲，每位家庭成員分得一個，再綁回門把上。接著他走往街角，途經配給雜貨店、配給肉鋪瓦斯桶分發站，隨後右轉，在隔幾棟的悉心維護單戶住屋柵門前停步，敲了敲大門。

「**Hola**（**哈囉**）。」屋主笑容滿面迎接他，問候這個週一早晨過得如何。

「沒什麼好抱怨。」卡洛斯回答，遞給那女人幾個麵包捲。他只逗留閒聊幾句，隨即繼續上路分送麵包。「**Gracias**（**謝謝**）。」她說，目送他離去。卡洛斯沿著街道有遮蔭的一側走，停步在一棟五層樓的工班小隊公寓，就像皮波曾於雷格拉興建的那棟。在三樓陽台等候的老婦用長繩索降下帆布袋，卡洛斯幫她在袋子裡放兩個麵包捲，她再緩緩拉回去。「謝謝，」她大喊，「家人都好嗎？」

他放慢步伐，行經鄰里間壓出車轍的街道和小山坡，試著避開以往絆倒過的大坑洞。現在還不到早上九點，但他已經在冒汗。到了幾個街區外的一棟工班小隊公寓，他要送一個麵包捲給獨居在此的年長女士。敲門無人回應後，他把麵包捲卡進鐵柵門，心知她不會擔心蒼蠅，因為她通常拿麵包餵家裡的狗。

卡洛斯繼續踏上第七街，停在另一棟工班小隊公寓前大喊「諾里埃加（Noriega）！」隨後往窗臺一坐，抽起克里奧尤牌（criollo）香菸。沒幾分鐘，穿T恤戴墨鏡的一位中年男子走下階梯。諾里埃加拿了全家的五個麵包捲，再幫一位鄰居拿兩個。卡洛斯的行程在洛馬之家（Casa Loma）結束，那棟私宅裡有辦派對的大泳池和茅草屋。屋主阿雷依達．

貝里科莫（Aleida Bericomo）幫他準備了咖啡。他點燃另一根克里奧尤牌香菸，簡短聊起她的生意與已故的丈夫，那人是卡洛斯的朋友。

「他是一位了不起的商人，真了不起。」卡洛斯說。

「沒錯。」她微笑。「但即使是他現在也很難做生意。根本不可能。」

「時局艱難，沒話可說，但我們活下來了。聽著，我得走了。謝謝妳的咖啡。」

因為今天早上只遞送那種麵包，一個小時內卡洛斯就完成行程，對歷經四次心臟病發並試圖控制糖尿病的七十六歲男人來說，表現還不差。若是手推車中裝滿每月配給的豆子、米、食用油和其他主食，他就要耗費更長的時間。這位老共產黨員是領有執照的自營業者，他經營賺小錢的生意，不過積少成多。他的四十九位顧客每月支付一到兩美元享受便利，無需站在飛蠅滿天的配給店鋪櫃檯前，或是踏進時常乏善可陳的配給肉鋪，僅有幾片古巴人稱為義大利肉腸（mortadella）的油膩加工肉品，或是停滿蒼蠅黑鴉鴉塑膠罩下的一塊農夫乳酪。靠著每個月配送，他賺進的十美元是退休月俸的兩倍。

遞送雜貨並非卡洛斯想像中退休生活的樣貌。從青少年時期開始，他一直是古巴體制的真正信奉者，而當他在五十五歲退休，計畫是到科吉馬爾釣魚度日。然而特殊時期毀了他的計畫。光是前往科吉馬爾已是難事，再說採買食物和其他必需品後，他的錢從來就不夠買一根魚竿。沒能在海邊放鬆，他反而每週六天幫其他人運送雜貨（那種麵包每逢週六加倍發送），週復一週工作二十多年。他不曉得自己會繼續做多久，就像沒人曉得配給制本身會延續多久。

主食配給制度於革命開端以臨時措施的定位推行，數十年來卻成為古巴生活的典型面向，以及無數批評與笑話的對象。每當受歡迎的電視喜劇《機智生活》（*Vivir del cuento*）主角潘斐洛（Pánfilo），對著掛在家裡牆上的超大配給簿禱告，古巴人就會放聲鼓譟。獨立古巴新聞網站 14ymedio 將配給簿納入在古巴求生的三項基本要素，跟國外匯款和盜用國家物資並列。

對某些古巴人而言，尤其是年長與身有殘疾者，配給制是對抗飢餓的最後防線。其他人有管道另行動用現金到美元市場購買額外的食物，不過他們也習慣配給制，儘管時常抱怨配得食物的數量和品質。以皮波和卡莉每個月通常在配給店鋪花的幾美元，可以幫全家購得十五磅的米、幾磅雞肉、豆子、鹽、油，還有四分之一磅貼著咖啡標籤、實際上卻是等量咖啡與乾豌豆的可怕混合物，而他們只在別無選擇時才喝。卡莉有一位裁縫師拿**碎豆腐**（**picadillo de soya**）餵家裡的貓。

在卡洛斯和莉莉眼裡，配給制是古巴體制中近乎神聖的象徵，也是古巴政府關心人民的可靠證明。但連他們都承認，這本小冊子帶來的幫助不如以往。這些年來，低於市價供應的食品種類大幅衰減。牛奶、牛肉和魚時常僅供給育有幼兒或罹患嚴重疾病成人的家庭。馬鈴薯可能消失無蹤太久，等到終於運來時，人們列隊在布蘭卡公路旁大吼，「**¡Hay papas!**（**有馬鈴薯了！**）」一邊看著平板貨車隊從鄉下接連駛近。有些月份，古巴人可以買**代替魚肉的雞**（**pollo por pescado**），用通常來自美國的冷凍雞肉額外配給取代不存在的魚排。雞蛋是某些古巴人的主要蛋白質來源。配給店鋪通常一顆蛋賣十五分錢，每個人每月限買五顆。有時能用較高的價格多買五顆蛋，一顆五分錢左右。在雞蛋不限額供應的罕見時刻，它們稱為「解放」蛋，索價是平時的兩倍。伊魯瑪颶風過後的一整年裡，卡洛斯告訴他的客戶，太多母雞在風暴中送命，加上其他許多雞受到驚嚇，即使天空放晴已久，牠們下的蛋還是不如往日多。

雞蛋限量供應維持多個月，對瑪利亞・德卡門造成貨真價實的損失，她最愛的餐點包含兩顆水煮蛋。那也是洛曼的最愛，維吉里歐則繼承相同的渴望。瑪利附近的肉鋪知道這家人對蛋的執迷，允許她用一些冷凍雞肉配額交換多買幾顆蛋。反正她不怎麼喜歡雞肉，因為裡面有骨頭。

容忍卡斯楚兄弟與配給制的三代古巴人變得習慣短缺。即使勞烏在二〇〇七年承諾，古巴的牛奶產量即將多到讓「任何人想要都能喝一杯」，對許多人來說，整杯新鮮冰牛奶只是一段遙遠的記憶。牛排於觀光飯店供應，但在街坊肉鋪中卻少見。偶爾有些牛排流入黑市，在那裡的代號是「哞（moo）」。

古巴的母雞並非唯一受到颶風伊魯瑪阻撓的經濟領域。風暴嚴重破壞甘蔗田，導致古巴既無法滿足國內市場，也難以履行出口額度。二〇一七至二〇一八年度的糖產量僅及一百萬噸，約相等於一八九四年的產量。古巴國內每年消費七十萬噸，並簽有賣給中國四十萬噸糖的長期合約。在伊魯瑪過後，為了滿足需求，曾為全球最大產糖國的古巴不得不從法國進口甜菜糖。皮波根本沒察覺在配給店鋪買的是進口糖，直到他發現糖非常白皙、非常細緻，還非常甜。當卡洛斯得知遞送給客戶的是法國糖，他不覺得那是古巴經濟疲軟的訊號。相反的，他將此舉歸功於古巴經營人士的聰明才智，認為他們進口糖的成本必定少於出口糖的所得。

每天送完貨後，卡洛斯到布蘭卡公路紅綠燈附近的報亭買《格拉瑪報》和《起義青年報》（*Juventud rebelde*）。他讀主題類似《失樂園》（*Paraíso perdido*）的書，描述蘇聯的衰頹，內心滋生同情與一絲憤怒。他試著收看電視上每一場棒球比賽，沒播球賽的時候，他看古巴新聞節目或委內瑞拉的新聞頻道，藉此得到對於世界其餘地方偶爾淪於紛亂的解讀，包括美國在內。他很失望美國總統川普試圖扭轉歐巴馬的開放。當華府從駐哈瓦那大使館撤走大部分職員，宣稱神祕的「聲波攻擊」對外交人員造成嚴重傷害，他懷疑川普總統是在找藉口懲罰古巴。國務院警告遊客赴古巴可能不安全，扼殺所剩無幾的美國觀光生意時，他認為自己的懷疑獲得證實。

不過卡洛斯依然滿懷希望，在某個時間點兩國能發展更友善的關係。他劃分兩種美國人，一種受到他跟多數古巴人喜愛，另一種是他不抱耐心的美國政府，尤其是川普總統的政府。「在所剩的幾年生命裡，我只期盼他會讓我們和平度日。」他常這麼說。這也是許多古巴人心中的盼望，他們活在一連串真實與想像的美國威脅下，並受到本國政府誇大，長達六十年。事實證明，無論古巴出了什麼問題，美國都是有效的代罪羔羊。卡洛斯欽佩美國工人的勤奮，他也欣賞美國文化的廣度，但是基於他對美國的認識，他不想住在那裡、也不想造訪，「即使他們給我一百萬披索」。

卡洛斯在關那巴科亞度過童年時，曾在公教學校讀過幾年書。然而宗教在他生命中不復存在，他自認為是無神論者，不過是一位抱持理解與尊重的無神論者。莉莉在臥室設立聖德里亞祭壇時，他不覺得困擾，抑或信奉耶和華見證人（Jehovah’s Witness）的何塞埃多妻子讓女兒穿上樸素長洋裝，陪她們走往關那巴科亞的耶證王國聚會所（Kingdom Hall）。但是孫女不被允許向古巴國旗敬禮，這個念頭使他掙扎不已。「那是你生活的地方，」他說，「那代表你這個人。如果你不承認自己的國旗，你就變成一個沒有國家的人。」

他明白背棄你自己的國家是什麼意思。在慘烈的一九九四年夏天，那艘拖船沉沒以後，他早年婚姻的兒子小卡洛斯（Carlos Jr.）在科吉馬爾搭上一艘自製船筏，跟其他幾個人一同航向佛羅里達。直到兒子不見卡洛斯才曉得這件事，而他覺得受到背叛。他的親兒子投向敵人的懷抱！他聽說小卡洛斯的木筏在外海被美國海岸防衛隊接走並送至關塔那摩，最終獲准入境美國，定居佛羅里達還娶了美國女人。

對卡洛斯來說，他再也沒有這個兒子。

不過隨著何塞埃多帶妻子和兩個小女兒搬到隔壁，卡洛斯確實擁有一個新家庭。他放棄原本養雞和豬的後院，替他們搭建廚房和浴室。當女孩開始喊他**爺爺**（**abuelo**），也不會躲開他的疤痕，他對於失去庭院毫無遺憾。而後有一天，莉莉接到父親在聖地牙哥的看護來電，告訴她綽號「加利西亞人（Gallego）」的爸爸不記得任何事情，甚至是何時該吃飯。他體重直降，從早到晚多半在晃盪。照顧他並保護他安好變得超出看護的負荷。「妳要讓他搬走」，看護告訴莉莉，而莉莉說服卡洛斯，她不能放任父親孤身一人。

何塞．杜蘭（José Durand）高齡八十，比卡洛斯年長幾歲，莉莉帶他到關那巴科亞後，他的失智症變得更嚴重。他會好幾個小時坐在屋外長椅上，身穿發皺的條紋套頭衫和變形的褲子，一隻腳穿皮鞋、另一隻套涼鞋。如果沒人看著，他會拉開鋼門走丟。有一次老人失蹤幾個小時，沒人曉得他在哪裡，直到曾孫女從幼稚園回家，說看見他在附近徘徊。接著，在伊魯瑪來襲的幾天後，他溜出去並失蹤整晚。卡莉和皮波在幾英里外的路上找到他。莉莉必須不斷提醒孫女鎖上鋼門。何塞埃多同意讓祖父住在屋內他這一邊，但是老人執意半夜起身、沒穿衣服跌跌撞撞，嚇壞兩個女孩。莉莉前往關那巴科亞區政府求助，卻被告知身為女兒，就該一肩扛起照顧父親的責任。

作為忠貞的革命人士，莉莉知道自己對體制的信念受到考驗，正如卡莉的母親、接著換她自己必須仰仗古巴的醫療體系時，卡莉的信念也受到挑戰。那番經驗導致卡莉在道德與政治層面雙雙幻滅，因為她和瑟內達獲得的待遇，比平等社會中應得的好上太多。如今莉莉由於父親的情況需要幫助，她竭力想理解，為何自己全心支持的體制似乎背棄了她。

「我對我的國家非常自豪，對我的革命、也對我的共產主義自豪。」她說過許多次。「我生於一九六二年，基本上跟革命同一時期，它造就了我。我研讀它，也感念它。可是現在我經歷人生中的一段時期，每個人生都會遭遇的一個段落……我感到非常、非常低落。」

她向卡莉傾訴，描述自己受到的對待引發失望。卡莉試著安慰莉莉，向她保證即使擔心前無出路，一切問題終將解決。

除了替父親尋找療養院床位遭拒，莉莉多年來一直在幫母親克里斯提娜（Cristina）和精神障礙的妹妹瑪利亞．伊薩貝（María Isabel）企求輪椅，她們依舊住在卡薩布蘭加的非法棚屋。妳必須等待，這句話她聽了一遍又一遍。「到我們拿到輪椅的時候，我媽可能已經死了。」她對政府辦事處說。當莉莉為了照顧雙親辭去科拉薩保全人員的工作，她到勞動與社會安全部（Ministry of Work and Social Security）的地方辦公室求助，但她得到的回應相當無禮。辦公室裡的公務員問她有沒有考慮過申請自營工作者執照，跟某些人一樣，在家門口賣糖果或**自製煉乳冰棒**（**duro frío**）。

卡洛斯送貨賺的錢變得比往常更重要。卡莉也主動盡其所能伸出援手，在赴工作室途中順路送來一些衣物，或一袋咖啡與乾豌豆的等比例混合粉，並且確保奧斯卡繼續發托特包讓莉莉縫製。隨著父親的情況惡化，莉莉感到愈發沮喪。他開始失禁，可是一盒二十片裝的拋棄式成人尿布索價十美元。「我怎麼負擔得起那種東西，」她質問政府公務員，「當我連搭公車的四十分錢都沒有？」

最終，無計可施之下，莉莉做出一生中最艱難的決定。顯然她父親需要二十四小時的看護。他常深深陷入失智狀態，完全不可理喻，赤身裸體閒晃引起何塞埃多的妻子嫌惡、女兒驚嚇。莉莉不曉得還能怎麼辦，於是讓何塞埃多隔出工作室一角，打造一個三乘六英尺的壁櫥，有一扇面向後巷的小窗。壁櫥內的空間僅容得下一張摺疊窄床，別無其他。莉莉牽起父親的手，帶他走進那處空間，再把他鎖在裡面以防走丟，好讓家人終於能喘口氣。她送三餐給父親，並在他便溺弄髒衣物時幫他清洗。

莉莉知道把父親關在這麼小的房間裡不人道，可是她想不出別的辦法。她拒絕向在古巴營運的天主教慈善機構求助，因為那背叛她對共產體制的信念。對莉莉而言，革命等同於宗教——教育與醫療是菲德爾和勞烏贈予所有古巴人的聖餐禮。父親帶來的試煉使意識型態與現實衝撞，讓她動搖且不確定，一度逼迫她走向褻瀆邊緣。「想想看，」她這麼說，「他們不斷告訴我們古巴是世界上的醫療強國。」顧及對黨的忠誠，她每天花時間在父親的小房間裡，清理地板和牆面上的排泄物，怨恨在心中翻湧。沒有禱文能幫她度過磨難，沒有「問星星」般的歌曲，能像卡莉遇上難題發揮保持平靜的效用。她的憤慨堆疊又堆疊，直到演變成對不公正的狂怒，由於在最需要幫助的時候，遭到她信仰的體制遺棄。

卡莉發現莉莉如何對待自己的父親時，內心震驚不已。每當路過那棟房子，她無法不想到老人囚禁在家人為他造的窄室裡，白天冒汗，夜晚冷得發抖。儘管長年來結為朋友，她對莉莉的看法變了。**如果她這樣對待父親**，卡莉心想，**假使我需要幫助時她會怎麼對我？**

悲劇朝無可避免的結局急速發展。老人拒絕進食。莉莉搗碎雞肉，試著用湯匙前端餵給他。她燉煮濃厚高湯，哄他嘗一口，可是當天稍晚想再餵父親喝，他卻把頭別開。她嘗試端水給父親，他不肯喝。同樣的情況持續數日。其後某天晚上，剛過六點，她走進發臭、悶熱的牢籠，發現他僵直死去。

古巴的生活令人疲憊，死亡也不是件容易差事。莉莉告訴卡洛斯發生什麼事，他們合力把老人從壁櫥抬到沙發上，她在那裡擦洗父親的屍體，幫他換上乾淨衣物。他們需要一位醫師開立死亡證明，因為死者是在家中過世。何塞埃多跑到附近的診所找本地醫師，可是她不在診間。他又試了其他幾間，終於帶回一位醫師寫下老人在莉莉家中自然死亡，不曾提及死者度過最後時日的壁櫥。

莉莉打來通知時，卡莉已經聽說情況。她掩飾對於老人所受待遇的反感。

「生命就是如此，莉莉。」卡莉說，「這會發生在我們所有人身上。」

莉莉打給雷格拉的葬儀社並告知房屋位置，司機卻迷路了。過了晚上十點靈車終於抵達，司機為遲來道歉。接著他再度致歉，因為白布用完了，他們沒有東西可以覆蓋屍體。

莉莉坦然以對。處處面臨短缺，這不能怪誰。可是她不會讓父親在毫無遮蔽下被抬出屋外。她衝去自己的臥室拿一張白床單回來。

「我父親要依照所有死者離開家的方式離去。」她告訴靈車駕駛，把床單遞給他。司機向她道謝。「把它保管好，下次你就有東西可以用。」

他們細心包裹屍體並抬入靈車，莉莉搭上車一同前往葬儀社。等待靈車抵達時，她趁機換上新罩衫、乾淨的貼身長褲，以及為漫漫長夜預備的一雙全新黑色運動鞋。根據傳統，她應該在葬儀社守靈到隔天早上八點，屆時前往墓園。

何塞埃多到葬儀社跟母親會合，坐在她身旁直到卡洛斯送完貨過來。他們陪伴屍體前往雷格拉的墓園，那裡的主任查閱記錄找到一處可用墳墓，跟已經不住在古巴的一個家庭有淵源。

兩年過後，莉莉遇上另一次挑戰。她沒幫父親的雙手套襪子。

老人沒留下什麼。他已將聖地牙哥的房子簽字讓給幫忙煮飯打掃的年輕女人。反正房子也不可能給莉莉，因為她和卡洛斯擁有自己的公寓，而在大多數情況下，法律禁止人們擁有超過一處房產。在父親的微薄遺產中，她希望能保留一個部分。即使每月約十美元的金額不多，她希望這筆退休金可以給卡薩布蘭加的母親和妹妹。

莉莉得知必須提供妹妹病弱的證明與罹病時間點，才能把退休金轉給她。要做到並不容易。她必須帶妹妹去接受一群精神科醫師評估，但那意味著搭乘擁擠公車前往哈瓦那的醫院，並且全程顧好瑪利亞・伊薩貝。憑著莉莉的遊說，何塞・杜蘭過世的幾個月後，他的退休金獲准撥給莉莉的媽媽和妹妹。

縱然父親生命中最後的日子令人悲痛，這場磨難使莉莉的革命信念受到傷害，卻未破滅。在父親過世數週後的二〇一八年三月，舉辦省代表與全國人民政權代表的同額競選。身為革命委員會主委暨鄰里選舉委員會成員，莉莉熱心盡責。儘管在古巴外遭批評多屬儀式且不具代表性，這場選舉對莉莉而言重要非凡，再怎麼深刻的私人事務都不容阻撓。

三月大選是精心規劃的競選流程高潮，因六個月前的颶風伊魯瑪往後延，終將選出繼任勞烏・卡斯楚的總統人選。第一階段延至十一月二十六日，即菲德爾逝世日的一週年。為了緬懷指揮官，選舉委員會成員在那天穿上紅T恤。莉莉向卡莉要了一件。

有如橡皮圖章的全國人民政權代表大會，六百零五個席次如今有新人赴任。關那巴科亞基於約十二萬的官方統計人口分配到六個席次。古巴作家與藝術家協會主席米格爾・巴內特從二〇〇八年起占一席，他的名字也再度登上選票。莉莉認為這次全國大選比往常重要許多，因為代表人選一確定（即使是六百零五位候選人競爭六百零五個代表席次），下個月他們即將在成員間選出一人，取代勞烏擔任總統。勞烏依然會在幕後操縱，然而這是自革命勝利以來，名義上首度不是一個姓卡斯楚的人在掌管古巴。

大選日是星期天，莉莉清晨五點醒來，很興奮能投下一票並在選舉過程中出力，儘管選舉這回事在她家中依然是瘡疤。投票所七點開門，卡洛斯是離家半個街區醫療站的第一批投票人。何塞埃多還在睡。他從未在任何選舉中投票，這一次也不例外。「選舉理應帶來改變，」他無數次告訴母親，「但是這裡毫無改變，從來沒有。」有些古巴人擔心，假使本地的革命委員會發現他們沒投票恐遭報復。但何塞埃多不怕。

每一處票所的選票箱皆由兩位學生先鋒儀式性守護。共產主義先鋒身穿紅、白、藍三色制服，在選民投下紙本選票時敬禮。莉莉讓一對孫女在大選日站崗的夢想幻滅，因為身為耶和華見證人信徒，她們的教誨要放棄投票權。儘管母親擺明感到失望，何塞埃多從不強迫這件事。既然自己都覺得選舉沒意義，他論斷，女兒又為何該參與？

卡莉和皮波徒步半個街區到診所投下選票，接著前往教堂。隔幾個小時奧斯卡現身投票所，內心洋溢樂觀之情，不過非關選舉。他和表兄弟剛接獲好消息，來自他們在牙買加雇用的偵探。曾祖母的出生證明正本找到了。奧斯卡還不確定要如何使用如今垂手可得的牙買加公民身分，但擁有那選項的保障讓他感到安心。

在鎮上另一頭，整個選舉日阿圖洛都待在工作室裡做事，絲毫無意出門投票。他忙著為即將開幕的藝廊展覽完成幾座大型雕塑。這是他相隔數年首度舉辦展覽。除了在伊魯瑪來襲時保護的巨大黑色棒球，他正在製作巨大籐籃和巨大雞蛋，還有一顆茄子和一片西瓜，全都具有同樣的龐大尺寸。每件雕塑品都刷上單一色彩：黑色。

赫黑的孫子赫基多與妻子伊絲貝，打點兩個兒子準備赴衛理公會教堂的週日講道，一如往常沒想過要在這次選舉投票。瑪利亞・德卡門則早在街坊間表明，她沒興趣在一面倒的競選下投票。以往遇上選舉，忠貞黨員總在大選日挨家挨戶拜訪，確保人人投票，向其餘世人呈現古巴選舉是參與式進程的形象。不過這一次沒人來科洛法索街的小屋子敲門，瑪利覺得這樣很好。

第二十八章 關那巴科亞

・二〇一八年四月十九日

當勞烏實現五年前許下的承諾，即使擁有卡斯楚姓氏、也沒人該掌權超過十年的那天終於到來時，卡莉已做好準備。她煮了一壺咖啡，舒舒服服坐進電視前的木搖椅，光腳擱在凳子上，打開希望牌電扇以保持涼爽。她既興奮又擔憂，看著剛上任的全國人民政權代表投票選出新總統。此人標舉古巴領導者的世代交替，從緬懷與咒罵巴蒂斯塔的年代，到像她一樣只知道卡斯楚的古巴，全都成為過往。

一邊啜飲咖啡，她沒看到什麼意外發展。怎麼說這都不算一場真正的選舉。相反的，這是一次繼承，由勞烏精心編排。他的盟友組成委員會，在前一天宣布第一副總統米格爾・迪亞茲－卡內爾・貝穆德茲（Miguel Díaz-Canel Bermúdez）是國務委員會主席和部長會議主席的唯一候選人，這兩個職位從創立以來只保留給菲德爾或勞烏。剛改組的全國人民政權代表隨即投票認可委員會的人選，由胸膛寬闊、滿頭銀髮、來自國家中部的五十七歲忠貞黨員迪亞茲－卡內爾取代勞烏。

代表大會等了一天再宣布結果，彷彿還需要時間對毫無疑問的結果確認票數。過渡至後卡斯楚世代的過程有如希維歐・羅德里格茲（Silvio Rodríguez）的歌謠般流暢，既不受古巴媒體批評、也缺少古巴人民的意見。當卡莉喝完第一杯咖啡，選舉委員會宣布五位新任副總統，其中三位是黑人，兩位是女性。卡莉面露微笑。古巴顯然有好預兆。領導古巴軍隊多年的六十八歲將軍拉米洛・瓦爾德斯（Ramiro Valdés）獲宣告為副總統時，她的笑容消失了。格拉迪斯・瑪利亞・貝潔拉諾・波蒂拉（Gladys María Bejerano Portela）的任命則使她做出怪表情，這位撲克臉的七十一歲女性在擔任國家審計總長期間立下壞名聲。

接著輪到卡莉引頸期盼的宣告：迪亞茲－卡內爾在六百零四位代表中獲得六百零三票。她覺得是迪亞茲－卡內爾為了公開展現謙虛，沒投給自己。

包括迪亞茲－卡內爾與勞烏在內的六百零四位代表，彷彿接獲命令全數起立鼓掌。卡莉專注收看，回想起自己多年前出席第五次共產黨代表大會的經驗。但現在她學乖了，不再因革命熱忱而盲目。六百個獨立個體全都相信，大部分國民不熟悉的這個人，就是未來十年領導古巴的最佳人選？這既非民主也不是革命。

奧斯卡探頭進客廳查看目前的情況。當每一位代表舉起手投給迪亞茲－卡內爾，無人反對或棄權，他譏諷表示，這整個過程無非一場騙局。卡莉把頭從電視螢幕前轉開，試圖說服兒子他們正目睹重大事件，多年來她一直告訴他古巴將踏上的路已邁開一步。他不買帳。「什麼都不會改變。」他說道，依然輕蔑嘲笑。「一切都會照舊。」當迪亞茲－卡內爾應呼聲走上講臺，他繼續看了幾分鐘。新總統步伐輕快，身上的昂貴西裝外套鈕釦敞開。他寫意地與前排代表擊掌，彷彿他們是一場友誼棒球比賽的對手時，奧斯卡大喊，「嘿，妳看看！」新人的政治觀點也許跟其他人沒什麼不同，但至少他擁有個人風格。

看著兒子譏諷政權交替，卡莉感到受傷。

「二十年內你回頭看，會覺得這一刻確實是古巴重大改變的開端。」

「二十年內？」奧斯卡搖搖頭。「再過二十年我都多老了，四十七歲？我才不會回想這一刻，不可能。」他親吻母親的臉頰作結，準備出門工作。

迪亞茲－卡內爾就職時並無正式典禮。如同大會中的其他全國人民政權代表，他在前一天簽署表格，宣示履行身為代表的職責。那就是全部的儀式。他沒配戴亮出國旗顏色的飾帶，他沒進行就職宣示，沒有小號高聲吹響以提振這一刻的情緒。演說時他的發言面向代表同袍，而非古巴人民。他的基調旋即明朗。在其他國家，新任官員承諾帶來改變；在古巴，他們承諾什麼都不變。迪亞茲－卡內爾提出堅定保證，將延續大多數人記憶所及的古巴路線——事實上，這條路走得比他的生命還長。為了證明自己的忠誠，迪亞茲－卡內爾向勞烏、菲德爾和那個歷史世代的其他人一一致敬，包括坐在勞烏身旁、八十七歲的何塞・拉蒙・馬查多・文杜拉（José Ramón Machado Ventura）。兩人都曾在山中與菲德爾並肩作戰，自革命勝利以來管理古巴，並且剛選得代表的新任期。

山區舊世代尚未退居幕後，然而卡斯楚的下一代沒能延續王朝，至少目前沒有。勞烏的女兒瑪利埃拉・卡斯楚・艾斯平（Mariela Castro Espín）在全國人民政權代表大會位居高職，但她並未獲得領導大位。勞烏的兒子阿雷安德羅（Alejandro）並非代表，因此無法合憲躍居總統職位，儘管他在與歐巴馬政府的祕密協商中扮演要角。菲德爾六十八歲的長子菲德里多（Fidelito）則在政權交替的僅僅數週前自殺。

演說尾聲，迪亞茲－卡內爾重述的基調將於國營媒體連播好幾週：臉孔或許不同，但路線絕不中斷。革命將繼續下去。新總統以菲德爾的老口號作結：「**沒有家，毋寧死！沒有社會主義，毋寧死！我們將會勝利！（¡Patria o muerte! ¡Socialismo o muerte! ¡Venceremos!）**」

卡莉看來滿意。她知道每當提起改變就要發生，奧斯卡都覺得她在作夢，儘管她盼望有天兒子會改變看法。迪亞茲－卡內爾必定代表新的世代，卡莉的世代，而且她可能比剛剛投票的許多代表更認識他。她擔任副部長期間曾與他共事，當時他是家鄉省分比亞克拉拉（Villa Clara）的黨主委，可是她從沒想過有天會目睹他接任總統。基於她在體制內外的經驗，卡莉看穿他關於延續的修辭，並且確信迪亞茲－卡內爾的想法某天會跟他正要取代的守舊派發生衝突。即使勞烏培養他接班，分歧必定存在。他不願做出具體承諾就是一個徵兆，表明他知道手中並無魔杖，揮一揮就能創造房屋和食糧。許下無法達成的承諾，遠比完全不給承諾更糟糕。她看見明確的希望預兆。小小的預兆，希望卻很真切。這是一個時代的結束，也開啟了新的一天，屆時古巴得以維繫現有成就，並且改變必須改變的事物。她深信不疑。

卡莉專注聆聽勞烏漫長而有時紛亂的最後演說，傳遞與繼任者同樣的延續訊息。簡述革命關鍵時刻時，他將一九九四年七月、即拖船與抗議事件的夏天，指為特殊時期「最嚴峻段落的高峰」，聽到這裡她點點頭。勞烏並未確切提及三一三號拖船沉沒、渡輪劫持或馬雷貢大道的騷亂，但他說到一九九四年七月，卡莉和其餘每一位聽眾就能回想當時情況多惡劣，以及如今似乎一切都改善許多——古巴人常這麼比較，以消減日常生活的不快。他表明雖然卸任總統，未來三年仍將繼續擔任黨的最高領導人。隨後他描述未來的願景——呼籲大幅修憲，對所有政治領導者設立任期上限與年齡限制。勞烏表示，希望見到迪亞茲–卡內爾二〇二一年取代自己擔任黨主席，隨後於二〇二三年展開總統的第二任期。他承認在培育下個接班世代方面做得不夠好，並描述自大和醜聞何以淘汰有潛力的多位領導者。卡莉明白這是在隱晦指涉二〇〇九年肅清卡洛斯・拉赫（Carlos Lage）、菲利普・裴瑞茲・洛奎（Felipe Pérez Roque）、羅貝托・羅巴納（Roberto Robaina）與其他崛起新秀，據說他們得知菲德爾病重消息時赴安波斯蒙多斯飯店（Ambos Mundos Hotel）喝酒歡慶。用菲德爾自己的話來說，政府甚至宣稱握有錄影帶證實這群蒙羞的官員臣服於「權力的蜂蜜」。

當勞烏提到非戰略經濟部門的「新自由主義私有化」過程將持續，卡莉感到振奮，但很失望他提及打造批發市場和導致商業惡夢的雙軌貨幣。這時門鈴響起，法魯開始吠叫。卡莉看向窗外，大喊：「多少錢？」一位老婦提著裝滿餅乾的透明塑膠袋站在柵門外，看起來有好幾磅重。

「六美元。」老婦人說。那是她退休月俸的一半，卻只占她、皮波和奧斯卡在普羅卡列賺得的皮毛。卡莉拖著腳走到廚房拿皮包。不用問她就知道餅乾來自布蘭卡公路的一間國營麵包店，剛過關那巴科亞的紅綠燈。老婦人在兜售贓物，但卡莉還是買下餅乾。一直有人上門來用這種方式賣東西，她就是這麼買到希望牌電扇。從西班牙進口的幾磅未切片義大利肉腸?偷來的，但皮波買了。來自比那德里奧的新鮮鯛魚，腹部有魚叉孔?非法捕捉，但皮波買了。卡莉買下餅乾的幾週後，她看到一則餅乾工廠的新聞報導，忍不住大笑。工廠經理因產量連續達標創下紀錄受到表揚，關那巴科亞人盡皆知的事卻隻字未提——無數袋餅乾從工廠非法攜出，流向挨家挨戶兜售。竊賊賺到錢，買主獲得食物，工廠經理達成生產目標而獲表揚。人人都拚了。

卡莉坐回搖椅觀看就職儀式的尾聲。對她而言，政權交替的重要性無可否認，儘管迪亞茲–卡內爾與勞烏皆保證延續基調。古巴不會在一夜之間轉變，她心知肚明，她也不幻想迪亞茲–卡內爾最終成為古巴的戈巴契夫。但她察覺桎梏已移除，步伐已踏出，而當一個時代退去，新的時代即將破曉。

那夜在工作室裡，阿圖洛強迫自己收看演說重播，他把這視為古巴悲喜劇的一幕。他想的不只有政治。在工作室的戶外區域，種滿樹木和植栽的茂盛花園旁，阿圖洛幾乎天天忙著監督巨大西瓜雕塑的最後修飾，這件作品命名為**被除數**（**Dividendo**）。他跟助手群搭建鷹架，爬高執行似乎永遠無法完工的最後收尾。一開始的挑戰是找到足夠的發泡材料，用來做出六英尺高西瓜切片的基礎形狀。阿圖洛不得不靠朋友幫忙帶發泡膠噴罐，用於窗戶隔熱的那種。發泡膠一硬化就要塗上在本地買的樹脂，不過他今天在咒罵製造商、也就是古巴這個國家，因為樹脂的支撐力不如他預期中好。其中一位年輕助手阿弗列多（Alfredo）正在用鋼刷和手持掃帚刮掉樹脂層，希望做出阿圖洛預想的質感。這是一項乏味又累人的工作。

「用一架強力清洗機，我們可以在幾分鐘之內做好這件事。」阿圖洛告訴阿弗列多，助手挑起眉毛，卻沒停止刮除。阿圖洛發明這種耗時的替代方案，需要花好幾天，使作品再度延期。他的人生似乎臣服於藝術。關於西瓜切片跟他四年來奮力打造的其餘作品，共通的概念是黑暗，他欣然承認那或許反映他對古巴生活的看法。

「我完全不關注誰被選為總統，因為我知道他們不是人民所選。」他在助手等候指示時說道。迪亞茲-卡內爾的演說並未賦予未來希望，他依舊極度悲觀。「過去六十年我在這裡只看見造謠煽動。基本上我一輩子都活在這種造謠下，我知道一切都是謊言。每當古巴政治界似乎要發生變革，那都不是實質的改變。一切維持不變，我們全都知道一切將維持不變。」

相隔一個街區，瑪利亞・德卡門在科洛法索街家中，對於代表大會的任何程序不屑一顧。迪亞茲-卡內爾關於延續性的承諾旨在安撫政府強硬派，對她則造成反效果。在帕納梅里卡納鎮，赫黑的孫子赫基多譏笑有人想浪費時間關心選舉，事實上那並非選舉，而是被動中選。另一方面，坐落於關那巴科亞一條汙濁的溪流上方，蜜利安・迪亞茲獨自待在單房公寓裡。最近她從區政府的社會安全局退休，沒別的事好做。不過即使無聊，她拒絕收看。

像卡莉這類人期盼的改變，正受到莉莉和卡洛斯那類人所畏懼。整場交替過程他們開著電視，同天稍晚重播時再看一遍，確保聽進每一個字。莉莉曉得海外許多人預料，少了卡斯楚家族的人主掌大權，革命將會中斷。「可是恰好相反，」她看著迪亞茲－卡內爾取代勞烏後說，「一切都在前進，遺緒將延續下去。」

隔壁的何塞埃多不稀罕收看程序的任何一個部分，老音樂錄影帶還比較有趣。

古巴的政權交替之際，赫黑待在邁阿密重新安頓回日常軌道，過去不可思議的幾天，他到祕魯利馬的第八屆美洲高峰會（Summit of the Americas），再度譴責卡斯楚政權於三一三號沉船事件扮演的角色。在高峰會前的公民社會論壇，起訴卡斯楚政權危害人類罪國際委員會（The International Commission for the Prosecution of Crimes Against Humanity of the Castro Regime）是參與的其中一個人權團體。如同七月在邁阿密的經驗，十一月委員會於華盛頓特區舉辦的聽證會中，赫黑再次傾訴對一九九四年那天的激昂回憶。在祕魯，委員會活動的高潮是為利馬周遭的戶外廣告板揭幕，上面是勞烏的照片和危害人類罪通緝犯的文字。委員會正式函請川普政府起訴勞烏，因為他不再受到國家元首的國際法保護。赫黑知道，委員會讓任何一個國際法庭起訴卡斯楚的機會渺茫。委員會判定，最有力的起訴案並非拖船沉沒事件，而是一九九六年兄弟救援會的飛機遭擊落。儘管如此，委員會在此國際舞台上堅持不懈，鞏固了赫黑替受害者尋求正義的承諾，他願意持續保持耐心。二〇一八年底，當委員會在華府向美洲國家組織簡報調查結果，赫黑再度離家傾瀉沉痛記憶，繼續他的聖戰。

「今天在你們面前，我重申對正義的期盼。」赫黑告訴組織成員，開始為他分配到的十分鐘收尾。縱然已經聽過他的激動證辭，他們全神貫注聆聽。關於赫黑描述的屠殺，聽眾中有人面色鐵青，憤怒且不可置信地搖頭。

接著，他用激動漲紅的臉，使勁看著坐在美洲國家組織高雅總部長桌旁的會員。從他親手在關那巴科亞聖塞巴斯蒂安街上蓋的不起眼房屋，歷經漫漫長路才到這裡，而告訴兒子赫伊永別了至今，已過去近四分之一個世紀。

「我知道你們的工作將帶給死者平反。」再度矢言為遇難者獻身時，他的聲音中已無怒火。「容許我在此，在你們面前，重申我的承諾——只要活著，我就會持續譴責這些暴行。」

第二十九章 雷格拉

・二〇一八年

從關那巴科亞任何人有記憶以來，每當哈瓦那港邊的煉油廠加工含硫的古巴石油，夜空就會被火光染紅。少有人質疑這片邪惡光芒是世界顛倒的證明，但他們想知道，假如地獄焰火呼嘯在頭頂的雲層，以佩佩・安東尼歐之名，為什麼他們卻要住在離天堂如此遙遠的地面？

卡莉幾乎就站在那團二十五英尺高的火焰下方，訝異於尼可・羅裴茲（Ñico López）煉油廠多麼容易進入。人們依然熱切談論，一九五八年菲德爾的人馬炸毀當時屬於美方的廠區。卡莉以為像這樣的戰略目標會有重兵戒備，可是當她跟朋友安娜貝（Anabel）把車開到煉油廠大門，安檢不比在雷格拉搭渡輪嚴格多少。他們出示身分證，再讓警衛看一眼赫速斯三輪小貨車的後廂，就放行入內。

今天是煉油廠發薪日，卡莉想把普羅卡列的服飾和奧斯卡的帆布托特包賣給工人，就跟她鼓勵南西在模範織品嘗試的快閃店概念一樣。她們在桌上排列帆布包、棉罩衫、印花家居洋裝、草帽和套頭衫，都從家中的儲藏室取出。如果賣得好，她就有一個新市場幫助出清庫存，直到他們找到布料並重新開始生產。

不到幾個小時，卡莉發現她挖到金礦。她們幾乎賣光帶來的所有存貨，賺得約七十三美元。奧斯卡的托特包是熱門商品，每個定價兩美元，印製古巴島輪廓跟切肖像的銷售一空。收拾準備離開時，她賣到只剩下約翰藍儂的T恤。卡莉覺得大受鼓舞。到頭來，他們也許能從颶風中復甦。只要她找對地方，機會處處都有。古巴的生活並不絕望，事情仍有辦法搞定。

但她的樂觀維持不久。

過了幾天，有人偷走她家街角垃圾桶的輪子。五架垃圾桶側躺在地上，遭到拆解失去用處。大蕉皮、咖啡粉、塑膠瓶和其餘發臭的家庭垃圾灑在路上，幾乎完全阻擋交通。還有那些蒼蠅！她不得不把家中每一扇窗戶關上。卡莉的忍耐就快達到極限。大哈瓦那區域的兩百一十萬人口過度依賴隨意放置街角、尺寸跟家用冷凍櫃約莫相等的大型塑膠容器，容納天天丟出的七十萬立方英尺家庭垃圾、庭園廢棄物與建築垃圾。在關那巴科亞，幾個街區內的數十戶家庭可能只有一、兩個垃圾桶，很快就會裝滿。等政府來清運要隔三、四週，到那時候塑膠桶早就裝不下，深及膝的垃圾散溢至人行道和路面，甚至多條曾令闘那巴科亞聞名的溪流。

官員告訴卡莉與前來申訴的任何人，問題在於沒有足夠的重型卡車和裝載機來收垃圾。設備老舊且不時故障。禁運導致零件難以取得。

然而卡莉知道真正的原因是另一回事：體制失靈。

她試過幾次自己解決問題。卡莉擬定簡單合約，請擁有馬匹和運貨馬車的一位本地人收街區垃圾。她跟鄰居同意分攤費用，但是區政府駁回這個點子。收垃圾不在勞烏政府許可的私營事業之列，只有國家能夠收垃圾。為了回應卡莉的申訴，區政府運來五個新的塑膠垃圾桶，還放在離卡莉家更近的街角。但只花了一週左右的時間，每輛垃圾桶又在半夜被拆下輪子，翻倒路中。自營小販拿這些輪子做推車，裝蔬菜或糖果上街兜售。再過一段時間，垃圾桶整個消失無蹤。沒人注意時，它們被拖往地下作坊壓碎、融解並重製成掃帚、畚箕和廉價塑膠玩具，跟黑市有、但國營店家沒有的其他所有物品同在庫埃維塔跳蚤市場（La Cuevita）販售。

當週在普羅卡列工作室，卡莉告訴埃娜和另一位裁縫師查德米絲・埃斯特拉達

（Zademys Estrada），她要寫信給新總統報告垃圾問題。她們倆都說卡莉在浪費時間。她們並不認同卡莉讚許新總統的不願承諾改變。「對啦，當然了，」查德米絲俯身在老式腳踏縫紉機上說，「那只代表什麼也不會改變，即使我們全知道幾乎所有事都需要改變。」查德米絲從未投票，電視轉播的政權交替她連一分鐘都沒看。即使對過程感到好奇，她也沒辦法看，因為家裡沒有天線。她只看付費存入隨身碟的節目。這在古巴是常見的非法生意，稱為**包套方案**（**el paquete**）。住在美國的人錄製影集《權力遊戲》（*Game of Thrones*）和其他受歡迎的節目，下載存入古巴付費客戶個人的隨身碟中。此種非法生意受到古巴政府容許，在許多城市得以公開運作，儘管不符合官方認可的任何合法事業類別。

這個政府永遠不會把事情做好，查德米絲告訴卡莉，除非人民強迫政府去做。但歷經沒完沒了的六十年後，古巴人疲憊不堪，且過度專注於只求生存，無法像委內瑞拉的不滿者那般組織成一股反抗力量。「如果我到外面街上放聲大喊『卡斯楚下臺』或『自由』，轉頭卻發現我孤身一人怎麼辦？」埃娜問道。她一直坐在縫紉機前靜靜聆聽。「那我會有什麼下場？」

她告訴她們，在她位於古巴東端巴亞莫（Bayamo）的家鄉，有位自稱反對派的男人公開呼籲改變。當地革命委員會召開會議並昭告他的所有鄰居，他們必須讓此人看到反革命人士的下場，「若有必要就用棍棒和石頭展現給他看」。這麼做的道理基於人們的恐懼、加上他們的適應力，好讓絕大多數古巴人跟異議人士及其領導的反抗團體毫無瓜葛。這也是一九九四年馬雷貢大道的抗議從未重演的原因，儘管那麼多生命持續蒙受苦難。他們擁有的如此稀少，冒險連這些都失去的代價太大。在普羅卡列工作室的隱密空間中，查德米絲傾吐她的不滿。「人民不快樂，」她說，「但是他們害怕公開抱怨。你說出某件事，又怎麼樣？你所僅有的一點點東西，他們都會奪走。」

聽朋友這麼說讓卡莉感到沮喪。她責備她們過度悲觀，坦白說是放棄希望。接著她做的某件事使另外兩個女伴大吃一驚。她站在查德米絲的老式縫紉機面前，開始吟誦小時候學的一首愛國歌曲，結尾歌詞的用語使查德米絲皺起眉頭。「**指揮官**，」卡莉放聲唱並走了幾步路，彷彿再度以古巴地方民兵隊（Territorial Troops Militia）青年團身分行進。她在嘲弄自己的朋友，讓她們想起共同擁有的過往，以及沒人能逃脫的高尚期望。**「聽從你的命令！（¡Ordene!）」**「在這裡，沒有一個人投降！」

查德米絲把頭低伏在縫紉機上緣，卡莉幾乎聽不見她的笑聲。

縱然起初樂觀看待迪亞茲－卡內爾，卡莉對於他的政府首先採取的一些措施感到失望。政府未能處理重大問題，諸如欠缺批發市場以及造成困擾的雙軌貨幣，反而聚焦於荒謬行徑。決策權力交替的幾週內，《政府公報》（*Official Gazette*）特別版刊出縮減的私營事業許可清單，從超過兩百種砍到僅餘一百二十三種，部分原因是合併相近的類別。清單中有一類是洗手間服務員，描述的細節令卡莉感到尷尬。規章基於公共廁所的條件設定服務員的執照費用，從極高品質到難以接受的極低品質。她確信擬定規章的官員從未使用過極低品質的公共廁所，好比關那巴科亞市中心那間，裡面有三座少了馬桶圈的馬桶排成一列，每個都灑上漂白水。新規章限定，服務員最多只能收取一古巴披索的廁所使用費，但同時卻允許他們加上市場所能承擔的「附加服務」費用，例如提供廁紙或肥皂。

讀過那些新規定後，卡莉明白，顯然無需期待政府解決棄置在她家街角的非法垃圾。她打給幾位鄰居，試圖說服他們大家可以合力解決問題。有幾個女人不習慣把權力握在自己手裡。妳反應過度了，她們告訴卡莉，這是隨便在路上丟垃圾的人的錯。卡莉轉換策略，告訴她們非法亂丟是公民文化淪喪的跡象，也彰顯政治領導的失靈。把垃圾放在她家街角的人只占部分責任。不夠常清運垃圾桶是政府的錯。沒在正確地點擺放足夠垃圾桶是政府的錯。潛在創業者沒地方買輪子，只好從垃圾桶上偷來打造手推車，這還是政府的錯。缺乏問責制度，導致地方、省級與國家領導者忽視人民的怨言。卡莉說動她的鄰居，合力把遭到破壞的垃圾桶拖往遠離她家的街角，但住在那個街區的人又拖回來，還警告卡莉跟她的同謀別再嘗試這麼做。在那之後幾天，垃圾桶直接消失無蹤。

這群女人領悟自己沒剩多少選擇。靠自己能做的都做了，接下來需要幫助。於是她們一起走上街，去找她們認為有力量做些事的那個人：莉莉。

那天原本排定一場社區會議，似乎是向莉莉提垃圾問題的正確時機。革命委員會主委不再是古巴政府的情報主腦，但他們仍握有譴責的權力，並與主政的共產黨保持緊密聯繫。卡莉依然對莉莉處理她父親最後日子的方式深切失望，可是她跟鄰居達成共識，關於垃圾問題值得找莉莉一談。路過配給店鋪後，她們在舉行提名儀式的無名小公園找到莉莉。但當她們看見一個年輕女孩舞團正在表演舞蹈，紀念勞烏已故妻子畢瑪的生日，關那巴科亞的憤怒女士暫時解除了警戒。她們等待演出結束，才把莉莉拉到一旁發洩垃圾問題。莉莉禮貌傾聽。

「我會轉告妳們該去找的人名跟電話，」莉莉對她們說，「我親自打給他們，可是如果妳們也打會有幫助。」她心懷感傷，坦承革命委員會不再握有過去的權力。儘管失望於體制未能幫助她照顧垂死的父親，莉莉還是相信她的古巴大過任何一樁悲劇，大過任何一個人的生命，甚至是她自己的父親。此外，最近的親身經驗讓她知道，有時體制以神祕費解的方式運作。

就在垃圾問題對峙的幾天前，十一月剛獲選連任的地方選區領導人洛爾德絲（Lourdes）聯絡莉莉。她病得太重、無以為繼，希望莉莉接下她的職位。莉莉把這視為一次機會，能幫鄰居做她無法替父親做到的事。她有責任答應，同意在一場特別選舉中成為候選人，奉獻更多給從出生就撫育她的體制。

可是莉莉有其他的責任：對她的母親，在卡薩布蘭加的貧民窟裡對抗失智症和帕金森氏症。對卡洛斯，儘管每天早上持續送貨，他變得更胖、更不健康，聽力差到必須在椅子後方裝喇叭，好讓他聽見電視的聲音。以及對何塞埃多，他已拆除祖父過世的壁櫥，又開始在停車棚工作，卻欠缺任何真正的社會主義精神作為指引。

她正在考慮自己的選項時，勞動節再度來臨，又一次提醒她時代有何改變。她再也不必叫醒鄰居參加遊行，並關切待在家中的人。如今那項名單由工作場所保管，只是她無法理解今年怎會有人不想到場，這是有史以來第一次，總統既非勞烏、也不是菲德爾。

到了五月一日，關那巴科亞的街道漆黑且四下依然靜謐，莉莉在凌晨三點三十分踏出屋外，推開貼著主委標誌的金屬門。皮波已經站在門外等她，帶著一瓶結冰水。他們勢必得走很多路，而且抵達革命廣場後必須等到日出，遊行才會開始。這對卡莉來說太費力了，醫師最近才告訴她心律調節器的電池衰減，要準備再動一次手術。她跟皮波說，她會在電視上尋找他的身影。卡洛斯的身體狀況也不堪多走。至於何塞埃多？他打算睡到遊行結束。

莉莉穿上大選日那件紅T恤，搭配口袋有著眩目裝飾的七分褲，以及父親過世那天穿的黑色新運動鞋。她的嘴唇塗上紅唇膏，大耳環襯著仍因睡眠浮腫的臉龐。跟皮波一起匆匆經過布蘭卡公路旁的諾瓦隆辦公室時，她已燃起一根克里奧尤牌香菸叼於唇間。三兩工人聚集在廠房的中央工作區後方，數十年前卡莉曾在此警告員工別把鋁板賣給木筏偷渡客。「你們要去嗎？」有個人高聲喊。那是卡莉的前祕書胡安妮塔，她還在廠裡工作。皮波朝她揮手，大喊：「**對，去廣場！**（**Si, ¡a la plaza!**）」

抵達雷格拉墓園時，莉莉和皮波跳上一輛幾乎全空的公車，將免費載他們到廣場附近。直到公車在清晨四點從停靠處駛離，皮波很訝異只有十幾個人在車上，以前那些年會整車坐滿。沒多久公車就開抵維達多區的二十三街，經過科佩里亞（Coppelia）冰淇淋公園後幾個街區，車子無法再前進，於是讓他們下車。皮波告訴莉莉，他曉得一條穿越總統大道（Avenue of the Presidents）醫療院區的捷徑。「你確定嗎？」她問道，一邊快步跟上他。皮波越過邊街，走入一條小巷，盡頭是一條直接通往廣場的路。她對他刮目相看。

這時還不到清晨四點三十分，街道卻已擠滿人潮。有些人從前一晚開始狂歡，顯然完全沒睡。他們蜷縮靠著圍籬或弓身躺在路邊，裝蘭姆酒的小紙箱擺在腳旁。莉莉趕上皮波，換她帶路。她迂迴繞過把頭髮推高的一群年輕男子，再加速經過睡在柏油路上的一窩小孩子。她沿著圍籬邊疾行，當人群變得密集，皮波試著告訴她走得夠遠了。莉莉繼續往前進，擠得更靠近前排，直到她在離起步線約二十排的地方找到空位。

隔幾分鐘他們就發現這地方空出來的原因。舞蹈團的二十多個年輕女孩正把水溝蓋當成臨時廁所。帶頭的女人拿張毯子遮著，女孩緊張地蹲在格柵溝蓋上，邊撒尿邊咯咯傻笑。莉莉毫不在意。每當下一個女孩走近，她就離開水溝，等女孩尿完她再站回去。

時間緩緩流動。喝酒的人們更醉了，唱著走調的歌。沒喝酒的人一直站著，直到累得快倒下。莉莉扶著路障，偶爾閉上眼睛打瞌睡，皮波則繼續四處張望，看著在他們身後拉長的人群。大廣場裡頭依然空空蕩蕩，只有一排巨大的喇叭和電視螢幕。格瓦拉和西恩富埃戈斯高達好幾層樓的著名肖像打亮夜空，遙望榮耀何塞·馬蒂的高聳紀念碑。廣場周圍政府大樓的窗戶一片黑暗，只有一間除外，有人忘記關燈。

天色在早上六點三十分亮起，群眾興奮之餘往前擠，直到警衛攔阻他們。到了七點，人群中又響起一陣期待高呼，但什麼也沒發生。最後在七點三十分，五月第一天隨之完全揭幕，格瓦拉和西恩富埃戈斯後方的燈光熄滅，熱帶高溫尚未使空氣蒸騰，擴音喇叭奏響遊行音樂。警衛示意後，群眾往前湧去——隨後官方估計現場高達不切實際的一百萬人。去年的場面並未重演，當時單獨一位抗議者揮舞美國國旗跑在群眾前方，揮旗的人還關在精神病院，警衛確保無人模仿。電視螢幕播映勞烏站在馬蒂紀念碑的基座，迪亞茲－卡內爾僵硬立於他身旁，兩人都沒說話。國家唯一工會的領袖重彈古巴工人多麼英勇的老調。他嚴斥美國禁運，並表達對於眼前數十萬群眾未來福祉的樂觀。

類似的遊行在全世界舉辦，可是幾乎在每一地，官員演說反遭工人的憤怒叫喊抗衡，要求更高的薪資與更慷慨的福利。在古巴，沒有權力罷工的工人靜靜聆聽官員宣揚工人權利。當平均日薪低於一美元的工人遊行至國家領導階層面前，他們並未舉起手臂抗議。獨立工會籌組權利遭剝奪的工人，聽著古巴唯一工會的領導者昭告世人多麼羨慕他們。置身逐年變得更加貧窮的國家，人口與俄亥俄州（Ohio）相等、生產經濟活動卻只有該州的百分之二十以下，這群工人高舉手臂、揮舞國旗大喊：**五月一日萬歲！**（**Viva el primero de mayo!**）

皮波快步行進，不太激昂地喊著**萬歲！**莉莉一放開路障並遠離沾滿尿的水溝蓋，立刻變得生氣蓬勃，揮舞帽子大喊：**自由古巴萬歲！自由古巴萬歲！**（**¡Viva Cuba libre!**）

她伸出手，指向她認為勞烏和迪亞茲－卡內爾站立的閱兵臺，並向來自世界各地記錄這場遊行的新聞記者揮手。不到十分鐘，她和皮波已越過廣場。他們繼續走向阿葉塔朗街（Ayestarán Street），再轉進卡洛斯三世大道（Carlos III Avenue）尋找回關那巴科亞的免費公車。

他們在九點三十分前回到家。

雖然除了皮波之外，莉莉沒看見其他鄰居搭上公車去遊行，她回來後精神抖擻，準備承擔額外的公民責任。後續幾日間，她耗費時間到關懷公眾處申訴垃圾的情況，以及引起她注意的另一樁社區問題。他們的街角小公園遭到某個人於聖德里亞儀式釋放的巨大非洲蝸牛入侵。她得知光是觸摸蝸牛就可能導致腎臟損傷或失明。農業部官員無法斷定蝸牛代表何種危險，但他們派了一組人帶砍刀來公園和整個街區除草。

有天早上，公園經過整理後不久，一輛推土機出現在卡莉家街角。推土機鏟起大部分垃圾，倒進一輛平板大貨車。卡莉和皮波掃掉街角剩下的垃圾，莉莉也來幫忙。連何塞埃多都願意伸出援手，拿砍刀彎身削除茂密雜草。當街角變得比過往多年乾淨，他們貼上告示懇請「勿在此地丟垃圾」。

卡莉很欣賞莉莉解決問題的方式，並當面誇獎她。在那之後，莉莉跟卡洛斯商量並衡量家庭責任，決定接受洛爾德絲的請求，出馬競選**代表**（**delegada**）。像卡莉一樣，她認為社區需要解決自己的問題是古巴的一種隱喻。「人人都把每件事怪罪給禁運，都是禁運、禁運，」莉莉開始告訴鄰居，「當然禁運是個問題，但這裡的街道需要整修，垃圾必須處理。禁運跟那些事有什麼關係？沒有。真正的問題是體制。」

她打給卡莉，私下說出自己的決定，並尋求卡莉的支持。「妳可以信賴我。」卡莉回應，儘管兩人之間張力滋長，卡莉試著客氣對待老朋友。不到一年內，社區居民二度被召集至小公園，有些人替這裡取了**蝸牛公園**（**el parque de los caracoles**）的綽號。那是個週一晚上，正好在一齣受歡迎的電視劇開演前，約七十位居民現身。開場他們先不怎麼激昂地唱國歌，仍在困惑這場集會的不尋常性質。大多數人站著，因為公園外圍的八張混凝土長椅中有四張破損不堪。關那巴科亞的革命委員會協調人是一位名叫卡莉達的女性，她向居民說明洛爾德絲罹病，需要選一位新代表繼任。她提名兩位候選人，都是男性，並引介他們為忠貞黨員。一位在軍中任職，另一位擁有摩托車，這項實質優勢對他們全都有利，因為他能輕易前往政府局處伸張居民利益。接著卡莉達提名她自己。

卡莉知道情況對莉莉愈來愈不利。縱然如此，她願意放下關於莉莉對待自己父親方式的反感，盡可能幫助她選上。莉莉的行為冷血，無庸置疑，但卡莉推斷你的血必須夠冷，才能待在一間辦公室好幾個小時申訴有毒的蝸牛和垃圾。莉莉解決了蝸牛問題，她也讓街角的垃圾清走，儘管一週後垃圾又重現。蝸牛倒是不見蹤影。卡莉已經說服幾位鄰居跟她合力支持莉莉。

她舉起手請求發言。

「我提名瑪莉亞・露易沙・杜蘭・赫南德茲，接下來我會告訴你們原因。」

為了莉莉的競選，卡莉真誠提出所能想到最有力的佐證。「我住在這個社區二十年，從沒見過這麼破敗的情況。街道破損，幾乎每個街角都有垃圾，老鼠橫行導致處處是跳蚤。」

卡莉在共產黨的經驗讓她獲得敏銳的政治嗅覺，學會在抱怨其他候選人的同時稱讚對方。「其他獲提名者是堅定的革命人士，我對他們完全沒有異議，但他們是有工作的男性，沒時間去區政府處理這些事。大家已經知道，莉莉花時間去解決我們的一些問題。基於這項理由，我請大家支持莉莉的提名。」

在選舉的週日，莉莉跟其他三位候選人的簡介並排貼在牆上。卡洛斯照例排第一個投下選票。當何塞埃多真的現身投票，選舉工作者大吃一驚。莉莉也來投票，不過是在被說動候選人可以投票之後。「指揮官總是投下一票。」她這麼聽說。

卡莉和皮波再度沿著街道走去投票，然後上教堂。當皮波看見畫選票的桌上擺的是一支鉛筆，他認為這必定是選票將遭竄改的跡象。當晚計票時，領先的兩位候選人票數相等，兩位男性將於第二輪投票對決。莉莉和協調人被淘汰了。

莉莉感到失望，但理想並未幻滅。她懷疑選票被動手腳，導致結果不利。與其說她選輸，不如說是另一個人贏了——未必是更好的候選人，只是另一個人。她決定繼續為社區出一分力，而在選舉後接連數週，鄰居繼續敲她的門求助，以為是她勝選。

「人生中有些時候你想做點事，是好事，但如果辦不到，你也沒辦法。」莉莉對他們說。當丟在街角的垃圾幾乎再次阻擋街道，她協助組織請願呼籲當地政府清理，並提議在原地設立警衛亭，預防後續再有人丟垃圾。

莉莉欽佩卡莉，認為她總是願意幫助他人，證明一位真正社會主義者的本色。她稱卡莉為鄰里間「最有革命意識」的人。儘管好友已經轉變為某種資本主義者，莉莉依然反覆詢問卡莉，奧斯卡何時要重新開始生產香水布袋，期盼他有工作發給自己。

第三十章 關那巴科亞

・二〇一八年七月二十六日

古巴重要非凡的革命節日揭開序幕，布蘭卡公路旁的諾瓦隆大樓懸掛兩面巨大旗幟。一側是紅、白、藍色的古巴國旗，筆挺高掛。旁邊是菲德爾七二六行動的紅黑色橫幅布條，由於一條繩索鬆脫而無力下垂，卻沒人肯去綁好。這幅景象暗示即使新總統上任，關那巴科亞毫無心情慶祝。基於古巴進口鋁材的經費耗盡，鋁工廠的切割機和沖床機沉寂多月。對於迪亞茲－卡內爾的不確定、從馬鈴薯到止痛藥布洛芬（ibuprofen）的各種物品短缺，以及特別暖熱的七月下旬，導致就連代表菲德爾革命開端的七月二十六日這天，大半街道依然空蕩。勞烏在遙遠的聖地牙哥發表一場憤怒演說，不過可能他登上了月球，瑪利亞・德卡門也毫不在乎。她忙著為今年最重要的日子做準備，且與革命全無瓜葛。今天是她摯友塔瑪拉・羅德里格茲（Tamara Rodríguez）教的西班牙舞班畢業典禮，從她們倆還跟班上的女孩一樣年輕時，就共同分享對於舞蹈的熱情。

早上九點，瑪利現身她口中的公教學校門口，儘管這裡在五十年前正式更名為赫速斯．加雷。她的石膏已拆除，但頭部還是不太對勁。跌倒撞到的地方已消腫，可是持續的頭痛與暈眩並未消退，而且她似乎每到晚上就心情欠佳。不過現在還早，終於得以見到塔瑪拉班上女孩跳舞的興奮感，使她的早晨大放光明。她穿上一件粉色無袖長洋裝，把頭髮緊緊扎起，墨鏡的褐色鏡腳與髮色形成對比。她的左手則戴上尤絲托奎亞的琺瑯金戒指。

她很高興畢業典禮首度在公教學校的禮堂舉辦，而且安排在早上，也就是她一天中狀況最好的時段。可是女孩在哪裡？她頻頻看時鐘，九點十五分、九點二十七分、九點四十五分，心情愈來愈緊張。表演預計十點開始，只是舞者不見人影。

「巴士遲了。」她對一位與會者低語。很可能女孩沒準時出現，巴士駕駛必須等她們。報名舞蹈班的女孩似乎一年不如一年守紀律，更不願投入西班牙舞需要的辛勤練習，坦白說表現差強人意。這是每個社會對年輕人的恆常怨言。瑪利在她們這個年紀總是等不及要跳舞。她還坐在父親的福特車上就換鞋、化妝，小心翼翼一點都不灑出來。如果他堅持遵守速限，她會躁動不安，朝他大喊：「可是爸比，你不能快點嗎？我會遲到！」一抵達她就跳下車，換上舞衣，在老師踏進室內那刻就準備好要跳舞。

「對那群女孩來說，九點三十分或十點三十分到都一樣，」她告訴那位與會者，「她們根本不在乎。」

在外面等得太緊張，瑪利決定去通知禮堂裡的職員，她們可能會晚點開始表演。她穿過以前是修道院的大庭院，再次讚嘆位於天井中央、展開雙臂的真人尺寸基督像，周圍環繞著熱帶植物。瑪利每次看見這座雕像總覺得沒被拆毀真是奇蹟，並無遭遇如政府接管後，奇蹟之家紅色天井中聖母像掃地出門的下場。

瑪利拘謹走過庭院，接著踏進以前的神學院，以及神父與院生居住時的沉悶餐室。隔壁那部分的院落，曾是赫黑就讀與日後擔任校長的學校。建物有一半關閉，另一半形同廢墟卻依然作為學校使用。

終於聽見巴士停車時，瑪利鬆了一口氣。女孩與她們的父母三兩走來，手拿掛在衣架上的舞衣。控制混亂向來是表演的一部分，瑪利和塔瑪拉參與演出二十多年來都是如此，她看不出今年有什麼理由成為例外。傳承她們對佛朗明哥、霍塔（jota）和其他西班牙傳統舞蹈的熱愛，一年變得比一年更難，因為大多數女孩夢想進入古巴國家芭蕾舞團（National Ballet of Cuba）般的專業舞團，卻不願付出達成目標所需苦工的一小點百分比。

「快，快點直接進去，別浪費時間。」瑪利溫柔催促她們去後臺換上舞衣。女孩的母親和姊姊幫忙她們著衣時，父親和兄弟逗留在俯瞰水泥庭院的搖晃欄杆旁，有的抽菸，有的目光呆滯。把零錢箱夾在手臂下的男人擺設桌子，賣一張五披索的票。表演終於準備在十點三十分左右開幕時，他強迫觀眾一個一個通過，把他們的票撕成兩半才讓人進去。

禮堂也曾風光過。三百五十個座位中，大約三分之一不堪使用。椅套破舊，木扶手裂得好似碎片。鑲金邊的綠色厚重帷幕早過了巔峰狀態，沒有一架風扇可吹動汙濁空氣。長窗敞開，傳入一旁庭院中業餘足球比賽的喧鬧聲。

響板聲一下，十五位觀眾轉頭欣賞十多位穿白色蓬裙的女孩沿中央走道舞動，隨即踩階梯登上陳舊舞臺。瑪利的職責多年來如一日，她要躲在帷幕皺褶後幫節目說旁白。她以嚴肅、學院般的口吻歡迎觀眾，並介紹羅德里格茲教授。她們打造雄心勃勃的一小時表演，更換十四次舞衣。最小的舞者四歲，跟瑪利開始跳舞的年紀相仿；最有經驗的舞者年紀二十出頭。瑪利朗讀手寫講稿介紹每一段樂曲時，開場是活力四射的標準曲目〈西班牙萬歲！〉（*¡Que viva España!*）。

女孩們依照年齡與西班牙舞的熟稔程度分組跳舞。瑪利隱身在墨綠色帷幕後專注觀看。「這女孩不為任何人微笑。」她低語，歪頭看向似乎掙扎著回想舞步的其中一位女孩。音樂透過有雜訊的喇叭播出，使音符變得悶滯模糊，卻未減損女孩緊張的能量。一段表演接著另一段，瑪利講述音樂的簡史，再撤回寂靜之中。最富經驗的女孩表演〈吉普賽愛戀〉（*Amor Gitano*）時，她感嘆道，「我愛這一段。對我來說這是真正經典的西班牙舞蹈。」少女隨著異國音樂旋轉並昂首踏出步伐，斷奏敲擊鞋跟，瑪利的視線緊緊跟隨，目光尤其聚焦於一位舞者，是有著金紅髮和閃亮紅唇的苗條少女，深色眉毛開展在光滑的寬額頭上。她的舞姿精準，帶著鋒芒銳利的自信，讓人想到四十年前的瑪利，那時她仍是沉浸於西班牙舞聲響和肢體動作中的少女。瑪利目不轉睛凝視，彷彿看著以前的自己在臺上演出，當時她有夢想，對未來的希望與願景還沒被阻擋。然而若非否定真正的自我，她就不可能跨越重重障礙。

她沒在這段表演或其他任何一段告終時鼓掌，異常專注於主持人的職責。每當樂曲結束、最後一位舞者退場，她繼續講解並介紹下一段。瑪利藏身帷幕間，跟準備上臺女孩的喧鬧保持距離，也沒注意塔瑪拉變得多麼沮喪，直到朋友把一位年幼學員猛然往後拉，因為她盯著大女孩隨〈我的薩拉曼卡〉（*Mi Salamanca*）起舞，差點闖進觀眾的可見範圍。瑪利滑步過去，未發一語，從塔瑪拉手裡拉起小女孩的手。「來，妳待在這裡。」她對女孩說，繼續緊握住女孩的手，同時看著塔瑪拉回到更衣室冷靜情緒。

典禮剛過一半之際危機爆發：有位大女孩在首段演出犯了幾次錯，尷尬得不想再回臺上。她求母親帶自己離開，現在她們正在回家路上，打亂塔瑪拉悉心編排的舞碼。聽說女孩離去，塔瑪拉大發雷霆。「這是父母的錯，」她向瑪利和其他在後臺幫忙的女人抱怨，「倘若他們有向這些女孩灌輸一些紀律，告訴她們無論每一段表演發生什麼都必須堅持下去。舞蹈家不論如何，都會選擇跳下去。」

瑪利表示贊同。「現在就是這樣，」她說，遮住麥克風免得這段話透過大喇叭傳出去。「如果父母親不要求任何紀律，妳對這群女孩能有什麼期待？」

在七月豔陽融化人的高溫與炙熱舞臺燈光下，從第一支舞開始跳了一個多小時，女孩完成最後的組曲，感激收下觀眾席親友的掌聲。接著，從年紀最小的女孩開始，瑪利依序唱名，塔瑪拉則頒發證書。最後，女孩將三束花獻給虛脫的老師，包括一束紅玫瑰。

「真是場災難，」塔瑪拉一回到幕後就脫口而出，「徹底的災難。」

瑪利試著安撫她，同時提醒女孩出了什麼錯：一位舞者缺乏責任感，影響了她們所有人。女孩聽得心不在焉，慶幸表演終於結束，急著想離開。她們的老師也是，在第二十四年的舞蹈課開班前，她可望有一個月的休息時間。

瑪利在更衣室幫忙女孩換回便服，但她疲憊不堪，於是告訴塔瑪拉自己要在頭痛發作前回家。離開這棟老建物時，一位與會者聽到她跟塔瑪拉聊起學校，於是詢問她在這裡就讀的情況。雖然頭疼欲裂，瑪利開始詳述歷史，沿路說明昔日修女住的宿舍、神父用餐的地點，以及音樂老師叫她別跑著上去的大樓梯。

「當時一定很輝煌，」那位女子說，「妳覺得有天能修復嗎？」

她問到痛點了。瑪利說明自己的家族在關那巴科亞歷史悠久，曾召集關切的居民向當地政府請願修復老院區，免得一切太遲。「每位新來的神父都提出相同請求，可是政府的答覆永遠相同。」區政府官員願意讓教會整建修道院，但由官方保有翻新建物的管理權，阿圖洛不肯接受的條件，神父同樣不願意。

「我們曾經被視為古巴西部的千里達。」瑪利告訴那女子。這是常見的惋惜，影射關那巴科亞及其居民失去的機會。「如今我們以斷垣殘壁之地著稱。」

瑪利走出修道院並越過中庭，在那裡向塔瑪拉道別。她的肩膀低垂，額頭擠出煩憂的皺紋，沿著公教學校外的彎曲人行道朝科洛法索街緩行，炸裂般的頭痛讓她想趕緊回到自己的小屋。維吉里歐曾催她去看醫生，可是事情總是那麼多。既然演出已結束，也許她可以去查清楚哪裡出問題。

約莫在瑪利惋惜西班牙舞喜好度下降的同時，阿圖洛正在公教學校對街，為一再延宕的復出展覽開幕做最後準備，他將這檔展命名為「暗（Dark）」。

他認真考慮過騎馬現身開幕活動，表達著名古巴藝術家連一輛像樣汽車都無法擁有的荒謬人生。最後，他開自己那輛一九八八年的莫斯科人牌奶油黃色小車前往葛利亞藝廊（Galería-Taller Gorría），同樣可以讓碰巧撞見他的人明白，在佛羅里達可能一個油漆工的車都比他好。古巴有一句關於車的俏皮話，說汽車只有三種：好車、壞車跟莫斯科人車。這種來自舊蘇聯馬力不足、不可靠的省油小車，可能不被認為比一匹馬好到哪裡去。

沒多少外國觀光客晃來葛利亞藝廊所在的粗獷哈瓦那舊城區鄰里，然而哈瓦那的文化菁英卻在此雲集。儘管悶熱且天空隱現夏季閃電的光亮，許多人排隊等待開門。阿圖洛不樂見人們必須等待。藝廊未知會任何人，逕行將開幕延後一小時至七點。**無禮的舉動**，他心想，**不過一向如此**。

阿圖洛已數度迫使開幕日期順延，因為他根本無法取得完成作品所需的材料。偶爾他會疑惑，自己為何立下如此遠大的抱負。他耗時多年構思並實現這組作品，也知道評論家可能將它們視為大幅偏離舊作。他認為這批作品只是一次進化。雕塑反映阿圖洛以往成天畫的日常物品，但用新方式展現，表達他自身對世界的觀感。隨著想法在腦海中茁壯，雕塑的尺寸也增加，可是阿圖洛的想像超過僅有的材料，他時常得擱置作品，直到取得更多樹脂或另一罐石墨粉。正在製作的巨大茄子用光他所能找到的所有樹脂，依然尚未完工。他決定從展覽撤掉茄子，而非繼續延後早已推遲五個月的開幕日。

到他準備好將作品從關那巴科亞移往哈瓦那時，需要五個人把它們搬上卡車，隨後拖進藝廊內擺設。除了四座巨大雕塑，阿圖洛也為展覽創作相似主題的四幅巨大油畫。

藝廊大門在七點準時打開，超過一百人湧入場內。皮波在人群之中。卡莉原本計畫要來，但她覺得不舒服，無法應付過港行程。皮波第一眼看見「DARK」位於阿圖洛的名字上方，用一英尺高的字母拼成。隨著人群在藝廊樓面散開，談話聲變得淡隱。人們在特大尺寸作品前作勢拍照時不乏疑惑神情。許多人被巨大的黑蛋吸引，大如一座浴缸，黑殼裂開露出亮黃色蛋黃，引得有些人忍不住去摸。人們驚嘆獨有一粒白籽的高聳西瓜切片，擠近跟它自拍。角落裡龐大黑提籃的某些特質，讓它顯得沒其他作品特別，很快就有幾個人輕鬆靠著它聊天。一段影片在藝廊後方循環播放，展示阿圖洛與助手群的製作現場，包括棒球迷皮波視為明星展品的黑色棒球，尺寸等同於冰箱。

「暗」吸引古巴的文化名人。阿圖洛的老友、古巴大受歡迎的作家里歐那多．帕杜拉（Leonardo Padura）在場，膚色黝黑並滿臉笑容。雕塑家托馬斯．歐利瓦（Tomás Oliva）現身，電視主持人瑪利薩．德斯查佩雷（Maritza Deschapelles）也來了，還有幾位男女演員。擁有藝廊的演員赫黑．佩魯戈里亞（Jorge Perugorría）抵達時，場內響起一陣興奮交談聲。佩魯戈里亞是古巴相當知名的演員，在電影《草莓與巧克力》（*Fresa y chocolate*）扮演一位男同志，當時同性戀遭到菲德爾迫害，是阿圖洛生活過並厭惡的一段古巴歷史。成群名人之間，幾乎無人留意阿圖洛的二十八歲戀人戴莉，她踩著尖細高跟鞋和緊身白洋裝，到處碎步追趕兩人的小孩馬塞拉（Marcela）。

皮波試著保持開放心態看待展覽，即使他自身的品味傾向保守許多。他和卡莉家中沒有收藏藝術品，裝潢風格偏向復古時尚。「有趣」是他看完巨大雕塑所能說出的所有感想，他也試著釐清同時展出四幅巨大繪畫的意義——拼貼圖像的色調極暗，可能是停電期間的關那巴科亞。當阿圖洛的雕塑家友人歐利瓦提起自己一九七〇年代也在基輔讀書，皮波更願意暢所欲言。他們發現曾搭同一艘俄羅斯遊輪橫渡海洋，並爭論是船上的臥鋪或供應的餐點更糟糕。

歐利瓦欣賞阿圖洛的雕塑，也稱讚使用英文字「dark」當作展覽名稱。「它比西班牙語的暗（oscuro）簡短，也更直白，於是傳達出一種不同的世界觀，能夠反映他的想像。」他說道。然而對阿圖洛來說，這不只是展覽名稱。他知道評論家會把「暗」視為六十五歲藝術家日益執著於人終有一死的概念。不過藉著只用黑色，他希望促使人們純粹從美學觀點來凝視這些物體，同時讓他特有的諷刺浮現。在一個連雞蛋都必須獲得「解放」人們才能自由購買的國家，有什麼比一顆巨大到能沉入其中的蛋更令人興奮？

晚上八點左右，阿圖洛穿著休閒紅長褲與海軍藍短袖襯衫，站在棒球前感謝助手群完成他無力去做的繁重工作。隨後他嘗試說明自己的藝術作品。「對某些人來說，這看起來像是我的一次偏離常軌，但說真的，儘管某些面向不同，這是我過去所做一切的延續，使用我以前用過的元素。」他以獨有的怪異方式抹著下巴、彷彿沾到咖啡，一邊闡述四幅畫作疊加了「符合當今古巴生活現實」的物體。也就是說，在它們呈現的世界中，日常事件疊加成比個別元素更晦澀、無邏輯的某種狀態。巨大棒球呈現古巴對球賽的著迷，也再現關於古巴人的最根本事物，阿圖洛認為那可以代表**古巴人特質**，即作為古巴人的難以界定獨特意義。就像棒球投手用計愚弄打者，古巴人必須兜售贓物和發明以求生存。

第三十一章 關那巴科亞

・二〇一八年八月

瑪利亞・德卡門終於聽從兒子的建議去神經內科就醫。自從跌倒以來，醫師專注在治療她的骨折，對於頭部的撞傷只有包紮繃帶。將近一年後的現在，神經內科醫師把她轉往慈善醫院做檢查，但是那裡的儀器故障，她必須等待哈瓦那神經醫學中心的預約。她不確定檢查結果究竟表明什麼，但得知自己大腦的情緒控制區受損，這解釋了她為什麼感覺不像自己。醫生無法確知損害是永久性質，或者她的大腦只是痊癒得比較慢。他們開給她癲癇患者的常用藥，並囑咐她別在暗處看電視或坐在電腦前太久。

瑪利在沮喪、易怒與疲憊之下，於二〇一八年底正式退休，不過她繼續以獨立包商身分在雷格拉的冷凍運輸公司工作，花幾個月訓練繼任者。檢驗海鮮漁獲近四十年後，她得到約二十八美元的退休月俸。這筆錢略高於一位國營工作者的平均月薪，可是少了住在國外的家人幫忙，她奮力追趕不斷上漲的食糧與服飾價格，以及幾近其他所有的一切。她早知道自己終究必須捨棄唯一的奢侈：購買一副新眼鏡。

她計畫盡可能投入時間和精力給鍾愛的西班牙舞，誰知道呢？或許有天瑪利會造訪曾祖母尤絲托奎亞的西班牙，她尚未親眼見過。她希望能保持活力，除了一有機會就步行，她曾考慮到諾瓦隆工廠一個街區外的彩虹活動中心（Arcoiris）打太極，但往返的路程使她憂慮。五十路公車會讓她直接在諾瓦隆門口下車，可是那班車總是擠滿人。自從跌倒後，她遠離擁擠的公車。

瑪利把自己隔絕在科洛法索街的老房子裡，伴著一杯咖啡或茶讀書。她甚至進一步退離日常生活，拒絕再多看一眼《格拉瑪報》或夜間新聞節目。當關那巴科亞和全國排定公共集會，討論勞烏卸任總統當天宣告的修憲事宜，她拒絕出席。瑪利也不買用白報紙印的憲法修正提案，在報攤以一披索出售，她稱之為「老狗戴新項圈」。由一群共產黨領導者代表七十萬黨員擬定的憲法，不太可能顧及古巴平民關注的議題，好比長者每天只為求生拚搏國家中的退休問題。

有時候，老房子的靜謐使她陷入深思。每當想起自己選擇見證信仰因而身受限制，她忍不住覺得怨恨。自從得知嚴辭譴責她缺乏革命熱忱的幾位女孩多年前離開古巴，而她卻留了下來，這種不公平的感受就更加撲天蓋地。還有當年意識型態最激進、加入共青團的女孩，如今變身虔誠天主教徒，瑪利描述她罹患「政治失憶症」，從不承認自己過往的黑暗面。

在家屋的庇護之外，她對於古巴在自己周遭的演變完全不舒坦。這是一個她毫不認可的世界。她無法接受以「兜售贓物」和「發明」取代「偷竊（robar）」所傳達的觀點，也不願認同這麼做暗示的寬恕意涵。比起作為一如舊總統的新總統，或者未賦予更多權利的新修憲法，瑪利遠遠更在乎深刻個人傳統的存續，將她連結至記憶中猶存、擁有良好禮儀與高貴情操的古巴。

瑪利依然期待協助塔瑪拉打點西班牙舞畢業典禮，儘管還能繼續多久在未定之天。因為她們倆都變得更年長與脆弱。每年都有珍視的傳統逐一消逝，為她帶來失望。跌倒後，她第一次錯過奇蹟之家的老女孩校友會。日後，她得知那次現身的校友太少，導致幾位在世者認為再辦下去會過於傷感。同樣的事發生在鮪魚艦隊退休員工聚會。出席者不足以填滿一個小房間，儘管瑪利確信他們的回憶必定能充塞大教堂。

對瑪利而言，沒有傳統比神聖的八月十五聖母升天日（Assumption of the Virgin Mary）更富意義。一五五四年建城後，關那巴科亞旋即跟天主教義建立連結。到了一七四三年，城鎮的正式名稱改為聖母升天鎮之關那巴科亞（Villa de Nuestra Señora de la Asunción de Guanabacoa）。一直以來，每年的高潮是十天的慶典，結合多采多姿的街頭集市與莊嚴的宗教遊行。童年時瑪利常扮演小天使成群沿街遊行，走在本地男人抬在肩上的聖母像前面。直到遊行結束，她的腰間會勒出一條發疼紅圈，因為媽媽把固定翅膀的帶子綁得太緊。

全世界的城市都用遊行慶祝聖母升天日，但沒有別的地方像關那巴科亞這麼做。鎮上的獨特之處是將聖母像事先從教堂移往私人住宅，由稱為**女侍（la camarera）**的志願者為聖母著精緻衣裳。來自相同家族的歷代女性擔當女侍職責。歷史可溯及一六八〇年的聖母像年度翻新，在這家人位於關那巴科亞大街的殖民風格華美大宅翻新。當富裕的女侍家族在革命不久後逃離古巴，政府接管這棟宅邸，最後改建成區博物館。館內幾乎所有藏品與展品都屬於聖德里亞信仰與其他非裔古巴人宗教，絲毫未提及女侍或城鎮命名來源的聖母。

革命勝利後，政府禁止宗教遊行。然而關那巴科亞的天主教徒持續在帕洛奎亞教區教堂主殿內慶祝聖母升天日，這座十八世紀的教堂供奉聖母，是鎮上大廣場最顯著的建物。每年八月十五日彌撒結束後，教堂的三扇宏偉大門敞開，裡面的信徒懇求：「帶她出去。」外面街上的群眾則放聲喊叫好讓裡面聽見：「別讓她離開。」

超過三十五年間，聖母像從未離開主殿。一九九八年教宗若望保祿二世訪視後，卡斯楚政府撤銷許多宗教限制。到了二〇〇一年聖母像再次外出遊城，儘管已無女侍為她著裝。

提出新憲法那個夏天的聖母升天日，瑪利的朋友阿爾曼多在區政府發表公開演說，闡述城鎮與聖母瑪利亞間長達數世紀的連結。自一九五九年以來，關那巴科亞的天主教信徒人數大幅減少，傳統宗教從古巴生活中徹底枯竭，只有如瑪利般的一小部分居民了解，聖像遊行如何深深連結至關那巴科亞的歷史與文化。

「要談論本地的傳統與歷史，我們不能不先談到宗教。」阿爾曼多在演講開頭時說。大約二十四、五人擠進市政廳二樓的一間會議室。他說著說著，雨開始落下，八月的暴雨敲擊老鎮，一如每年八月十五日的傳統。

縱然兩人友誼堅定，瑪利決定迴避阿爾曼多的演講。瑪利認為政府刻意把演說時間安排在對街帕洛奎亞教區教堂彌撒開始之際，企圖將注意力從這一天的宗教層面引開，她不願成為共犯。阿爾曼多也對時間感到困擾，可是博物館長選定了這個日子和時段，他除了遵照上司的期望別無選擇。他將簡報投影至一面白牆，簡述這座城鎮及其保護者的近五百年歷史，觸及最初建城是作為遭殖民者遺棄人們的避難所，暫代哈瓦那成為古巴首都的六個月中，一五七八年創立首座天主教禮拜堂。當他放出一張投影片展現鎖鏈之屋的廢墟，室內有些人發出嘆息，使得前來聽講的區長在座椅上不安躁動。

傍晚五點，幾個人告辭衝往對街望彌撒。阿爾曼多在五點三十分之前收尾，把麥克風讓給區長，她向聽眾保證有計畫修復鎖鏈之屋和其他重要場址。阿爾曼多設法掩飾自己的懷疑。他在帕洛奎亞教區教堂後方與瑪利會合，隔沒幾分鐘，哈瓦那的新主教胡安·德拉卡利達·賈西亞·羅德里格茲（Juan de la Caridad García Rodríguez）結束神聖日子的彌撒。一位神父在講壇上問人群：「我們該帶她出去，還是讓她待在裡面？」雨勢已減緩許多，但天色依然嚇人，街道溼漉漉。留在室內遊行似乎較為審慎，不過壓倒性的回答是「去外面！」三百三十八歲的聖像著精緻服飾，戴上人髮編製的假髮，恩典的金屬光芒從她背上發散，乘一架大推車搖搖晃晃步下教堂的大階梯。聖像露臉時，瑪利和阿爾曼多已趕往公園。

當他們抵達那裡，雨已經停了。

一隊本地樂團開始演奏。人群重重包圍晃動座椅上的聖像。主教賈西亞步履莊嚴跟在後方，隨行人員經過時，幾縷香氳繞在他身旁。沿著何塞馬蒂街緩步走向博物館，瑪利把失望拋在腦後。老街道未像一九五九年前那般懸掛成串彩燈，店面也沒擺設亮麗展示。年輕時的盛會回憶如此強烈，她幾乎能聞到甜香吉拿棒（churro）和叫「frita」的小漢堡，在公園周圍的小吃攤賣到接近天亮，儘管今天並無攤販在場引誘她。不過有幾個瞬間，當聖母像搖擺過街，樂團演奏熟悉的聖歌，一位神父搖動他的銀香爐，關那巴科亞再度恢復往日的光輝。

儘管有些走調，樂團快意演奏，伴隨遊行人群慢慢路過區博物館前方。聖母在下個路口轉彎，從阿圖洛工作室附近的馬克西莫戈梅茲街穿出。走近佩佩安東尼歐街時，瑪利瞥見老朋友卡里達．蓋拉跟著遊行隊伍緩行。卡里達現年七十一歲，身材就跟六十年前就讀奇蹟之家時同樣瘦小，而她行走的姿態，彷彿二十五年來無時不把拖船慘劇的重量扛在纖細肩上。

她們親吻輕掠過對方的乾燥雙頰，在跟隨遊行回教堂途中聊天。主教賈西亞帶領禱告，並利用機會溫和抗議新憲法草案即將升溫的爭議點——提議承認同性婚姻。接著信徒將聖母與她的寶座抬上階梯，回到教堂。從聖像現身至今不超過半小時，跟瑪利溫暖回憶中的兩小時遊行差遠了。

卡里達邀請瑪利和阿爾曼多來她的小公寓喝咖啡，展現不可少的古巴禮儀。走過仍因積水閃閃發光的老街道，瑪利滔滔不絕責備阿爾曼多配合區政府官員，而且沒批評他們未能維護關那巴科亞的歷史遺產。

「我不會靜靜坐在那裡，聽區長吹噓永遠不會通過的含糊修復計畫。」她怒叱。

「直接嗆她無法做成任何事。」阿爾曼多回答。而他在演講中提起鎖鏈之家，逼得區長必須公開回應這項議題。瑪利還在氣官員試圖用一塊告示牌安撫他們，阿爾曼多表示贊同。「他們只打算要嘲諷我們。」他說道。阿爾曼多仍對於救回這棟建築的機會抱持悲觀，不過他今天盡力重提相關議題，並對自己的作為感到滿意。

卡里達住在巷弄間的狹小兩房公寓，屋內有兩隻小型犬不斷吠叫。「安靜點。」她朝狗喊回去，推開大門。她為家中的狀況道歉。「裡面一團亂，我兒子正在整修後室。」卡里達請瑪利和阿爾曼多坐在門旁的一張小床鋪邊，等她煮濃縮咖啡。她的體重不到七十五英磅，靠著憑配給簿有資格請領的雙倍食物配給度日，因為卡里達付十美元給一位本地醫生開立糖尿病證明，即使她沒有這種健康問題。

瑪利從床邊抬頭望，訝異看見餐桌上方的牆面掛著卡里達女兒莉瑟特的照片，下面那張是四歲的吉塞兒、卡里達的第一個孫兒。相框中另一排放著她女婿菲洛的照片，也就是赫黑的抗軍叔叔古斯達沃的繼子，他在三一三號船試圖逃離那晚駕駛旅遊巴士。菲洛底下是卡里達弟弟吉勒摩的照片，他對於那趟航程自信滿滿，承諾隔天就會從邁阿密打給她。

瑪利曉得這四個人全在三一三號沉沒時溺斃，但她總是太怯懦、太尊重朋友的悲痛，所以不敢問起這件事。然而今晚她無需多問。無論是遊行引起的思念，或者雨天的傷感，卡里達自發吐露心事。在咖啡濾煮時，她說拖船沉沒依然時時折磨自己，不僅因為難以承受的痛苦即使過了近二十五年仍未減輕，而且政府拒絕承認事發經過。跟赫黑的遭遇相同，她被迫去見史派克的遺孀並歸還遇難者的配給簿。可是政府不曾幫他們開立死亡證明，只說他們已經離開國家。在古巴的產權混亂狀態下，缺乏死亡證明導致他們房子的所有權總是曖昧難明。早在一九九四年，卡里達試圖讓某些官員聽進她的話，可是當一切努力落空，她在家門口掛告示牌標明：**屋內有四個人失蹤**。那是幾乎聞所未聞的公開抗議，但在一個欠缺獨立媒體或其他任何論壇供人民表達不滿的國家，這是她發聲的唯一管道。政府不喜歡那塊告示。一位本地共產黨員來訪，承諾只要拿下告示就幫助卡里達。她照做了。一週後，她在關那巴科亞中央公園看見那人，在他設法溜走前攔住他。

嘿，他緊張地對她說，我們沒有屍體。如果沒有屍體，就無法宣告他們死亡。他們只是失蹤了。

「這聽起來像是個爛笑話，一點都不有趣。」阿爾曼多說。

當時卡里達聽到這話憤怒不已，隨即把告示重新掛在門上並持續要求合理的回應。什麼都沒有。丈夫過世後，她用原本的房子交換另一間，但依然擔心在她死後，倖存的兒子合法繼承房產會遇上麻煩，因為還在他已過世姊姊的名下。

瑪利傾聽老朋友的悲傷，發現傷口比她想像的更加沉痛而心疼。卡里達傾訴，她曾赴國安總部馬里斯塔中心要求說明一九九四年的事發經過，再次得知政府沒有死亡證明。「他們告訴我沒有記錄。」卡里達說，幾欲落淚。「沒有記錄，彷彿那些人、我的家人，他們從不存在。」

她找到唯一願意跟自己談這件案子的律師，結果是史派克的兒子，依舊住在關那巴科亞。他常上電視談論房地產問題，但從未公開提及父親或那艘拖船。他給卡里達的建議：現在就填文件轉移房產給兒子，完全不用提到女兒已過世。

她說自己做不到。

除非有朋友是遇難者或生還者，大多數人只知道在《格拉瑪報》讀到的拖船事件。謠言無可避免傳開。卡里達說，因為赫黑從事訓練杜賓犬和德國狼犬的生意，許多傳聞以他為主角。有些人認為赫黑是國安特務，包括卡里達的母親在內。

「她怪他沒試著阻止那群人離開。」卡里達告訴他們。關那巴科亞另外有些人怪罪拉米爾，可是在她心中，摧毀她家庭的是誰毫無疑慮。

「該負責任的是政府，沒有別人。」她說。

赫黑從未讓卡里達母親因拖船慘劇責怪他的事實，影響他對卡里達的友誼與敬重。赫黑不怨恨她的家人，或者關那巴科亞覆述不實謠言的任何人。他們說什麼都無法妨礙他追尋公義。

除了赴調查卡斯楚兄弟的委員會面前多次作證，他也跟一位譯者合作，在沉船二十五週年的二〇一九年，自力出版他的三一三號船著作英語版。他的外甥伊凡・普利埃多・蘇瓦雷茲答應支付開銷。他負擔得起。來到美國後，伊凡創辦一間貨運公司，並在邁阿密從事房地產生意，收入足夠他輕易支付書籍印製所需的幾千美元。他在追逐美國夢，卻從未讓古巴的悲劇漂離腦海。位於邁阿密外圍鄰里的平房，伊凡每次踏進屋內都能看見的客廳牆上，掛著他父親的三英尺高畫像。

赫黑的女兒瑪利亞・維多利亞也住在邁阿密，離父親和表兄弟伊凡不遠。她試著在美國重拾生活，嫁給一個來自格拉瑪省的古巴男人。她從未如父親般成為一位倡議者，抵達邁阿密後，她鮮少公開談論三一三號船事件。在迪亞茲－卡內爾上臺並提議修憲的夏天，她利用短暫恢復的赴哈瓦那遊輪旅程，悄悄悼念失去的家人。她跟丈夫在一艘從西礁島出發的遊輪預定船位。登船後，她請船員在他們離古巴陸地七海浬時通知她。開抵那個位置時，瑪利亞・維多利亞拋一枝花入海，約莫標明她最後一次見到兒子、前夫、弟弟與其他多位親友的地點。

遊輪停泊在哈瓦那，乘客下船遊覽城市。船上的人全都去了，僅有瑪利亞．維多利亞和她丈夫除外。他們相信自己的名字列入某種限制入境名單，因為一位古巴官員站在上岸過道底端檢查護照，拒絕讓他們通過。不想起爭執，他們直接轉身走回過道。開往佛羅里達的回程途中，當他們抵達離岸七海里的同一位置，她又朝海面扔了一束花。

全古巴舉辦數千場公開聽證會討論勞烏提議的新憲法。《機智生活》甚至有幾集描寫一席諷刺場面，由路易斯．希爾瓦（Luis Silva）飾演的難搞主角潘斐洛想知道，基本上新憲法毫未觸及人們呼籲改革的諸多議題，例如惡劣的經濟與高壓政治體系，何必對於提出同志婚姻合法化這一項改變大驚小怪。

蜜利安．迪亞茲出席關那巴科亞的其中一場聽證會，縱使她不認為自己或其他任何人說的話有分量。「他們啊，」她說話時輕敲左肩上的想像肩章，暗指勞烏與他的諸位將領，「早就定案了。」即使如此，有一點她覺得必須提出來：當你像她一樣，只靠微薄的十美元國家退休月俸勉強度日，「誰會煩惱同志婚姻？」然而許多古巴人關切這項提案。關那巴科亞可見房屋門廊張貼告示，宣稱：**我支持傳統家庭**。全國多派信仰的宗教領袖表達反對。即使曉得同性婚姻條款獲得勞烏的女兒瑪利埃拉支持，意味著幾乎一定會通過，赫基多和關那巴科亞衛理公會的多數成員仍簽署全國請願書，希望維護婚姻是一男一女的結合。

在公教學校對街的工作室裡，阿圖洛逼自己熟讀新憲法，但他稱呼這整個聽證會過程是「一場嘉年華會」，精心策劃出公眾參與的印象，就像蜜利安一樣，他也相信定案的版本早就寫好了。為了延續卡斯楚兄弟六十多年前開啟的革命，這是勞烏所做的最後一次嘗試。勞烏號召制憲委員會，並任命自己為主席。草案經擬定，送交全國人民政權代表大會，獲得一致通過，全都在四個月內完成，創下另一項在時限內達標的記錄。全國聽證會通往最後一個步驟，於二〇一九年初舉辦全國公投。

阿圖洛不期待新憲法中的任何條款，能如「暗」般撼動他的生活。展覽廣受好評，評論家美言稱讚這批巨大作品。展期結束的幾天前，古巴國家美術館（National Museum of Fine Arts）館長赫黑．費南德茲．托瑞斯（Jorge Fernández Torres）來看展，隨後告訴阿圖洛，這場展覽比評論家描述得還精采。費南德茲隨即向館內董事會提案，他們批准「暗」的展出計畫，以及阿圖洛的其他幾件作品，將移展至每天有數千觀賞人次的美術館。阿圖洛欣喜若狂，他的回歸圓滿了。

只是到展覽開幕前，他必須找地方安置巨大的藝術品。阿圖洛希望能賣掉其中一、兩件，但運氣欠佳。倘若他賣出任何一件作品，政府會拿走總額的百分之三十，剩下的百分之七十還得繳稅。然而歷經漫長的收入乾涸期，任何一點錢都有幫助。跟他洽談購買黑色棒球的一支美國棒球隊失去興趣。他也接到古巴球隊的詢問，但最終他們縮手，唯恐眾多球員叛逃後，黑色棒球可能被解讀成古巴棒球衰弱的象徵。

他將西瓜、提籃和蛋裝進紙箱，在工作室裡替它們挪出位置，但完全不可能把棒球帶回關那巴科亞。無論怎麼轉，那顆球絕對無法通過大門，從庭院搬進乾燥安全的工作室區域。由於無法找到地方安然存放棒球雕塑，國家美術館答應保管它，直到展覽在未來某天開幕。

阿圖洛立即著手下個計畫。限制自己使用單一顏色的素樸感滿足了他的美學衝動，他想再這麼做一次，但這次用白色。考量到數十年來他所說所做的一切（以及沒去做的），白色並不代表樂觀看待古巴的未來。他不期待跟老傢伙相像的新總統能有任何積極作為，或是提出崇高保障的新憲法會比取代的前一部更可能落實。他的年紀六字頭過了一半，還在養育幼兒。假使在簡化物體至最基本型態之外，白色還代表些什麼，那就是對他的小女兒馬塞拉來說，希望古巴並非遭惡水包圍的受詛咒島嶼，而是上帝賜予人世間最珍貴陽光的土地。

阿圖洛又開始覺得受困在古巴，困在關那巴科亞，困在他如此費力修築的工作室，有時這裡感覺像一座被包圍的堡壘。陌生人總是聚在他的前門臺階等公車，敲門扣作樂並留下瓶罐垃圾，彷彿這棟建物依然是他整建前的垃圾場。有些日子電力中斷，廚子沒來上班，或是從後方傳來的卡巴萊歌舞聲變得難以忍受，讓他迫切想逃離。但現實隨即襲來，他知道如果自己不在古巴，他沒辦法創作。

有天他在工作室熬夜到早上，這時手機響起。是戴莉打來告訴他馬塞拉不舒服，又來了。她幾乎從出生起就苦於流鼻涕、感冒、發燒和鼻塞。他們帶她去一間本地診所，做幾項檢查後醫師診斷她對太多東西過敏，乾脆說她對古巴過敏還比較容易。處在涼爽的北方氣候，隔絕引起發炎的所有刺激物，她會好很多。他們有沒有這麼一個地方能讓她去？

戴莉沒有，但阿圖洛有。他依然跟住在莫斯科的女兒艾蓮娜保持聯絡。他定期打電話過去，用還記得的俄語跟遠方的家人打招呼。Dochka moia（我的女兒），他對女兒說。Vnuchki moi（我的孫女），五個孫兒來聽電話時，他會這麼喊其中一位。或許阿圖洛需要惡補一下俄語，不過他打算請艾蓮娜收留戴莉和馬塞拉，至少待到小女兒的過敏控制下來。

阿圖洛告訴戴莉，他設法張羅到幾瓶古巴沒有的兒童過敏藥。「我現在過去。」戴莉說。沒時間等計程車，一位鄰居答應背馬塞拉去工作室。

他打開工作室大門等沒多久，戴莉從轉角匆匆跑來。接著，面向馬克西莫戈梅茲街另一頭的公教學校崩壞牆壁，阿圖洛從鄰居背上接過馬塞拉，慈愛地抱進懷中，送進既是庇護所也是監牢的工作室。無論如何，在這個奇特之處，他相信自己完成某部分的最好作品。

幾週後，阿圖洛把戴莉和馬塞拉送上飛往莫斯科的飛機，確信她們會抵達更好的地方。他再度孤身一人，試著重拾工作以及在古巴開創的生活，卻無法作畫。城市街道的揚塵與空氣汙染使人難以呼吸，工作室後方的「噠嘟—噠嘟—噠嘟」卡巴萊表演聲響讓他半夜睡不著。最挫折的是幫小鵪鶉搭籠子時割傷指頭和手掌，阿圖洛期盼鵪鶉終究能供應他需要的蛋，無需等待政府解放。這件事多麼諷刺，足以當作他的其中一組畫作主題。

「革命承諾創造『新人』。」阿圖洛伸出受傷的雙手說道。「六十年過後，我們創造的新人在哪裡？我承受過每一個階段，我告訴你，我就是新人。但我是誰？我擁有什麼？我是一位藝術家，為了某天有蛋可吃結果做籠子割傷手。那就是自給自足的新古巴人！」

阿圖洛模仿敬禮姿勢，用在酒吧點一杯「哈哈哈」的諷刺口氣複述勞烏最愛的政治宣傳口號：「**為了繁榮永續的社會主義！（¡Por un socialismo próspero y sostenible!）**」

第三十二章　金斯敦，牙買加

・二〇一八年八月

一九二二年卡莉的祖母為牙買加護照支付五先令，使她的世界天翻地覆，近一個世紀後，她從未結識的古巴家人也因此命運翻轉。這份文件由牙買加總督萊斯里・普羅本爵士（Leslie Probyn）簽署，表明護照上描述為二十九歲洗衣女工，身高五英尺六英寸，有著「渾圓額頭和下巴，鼻子，橢圓臉與黑膚色」的莎勒・安・艾文可「自由通行不受阻礙」，而她善用這項權利赴古巴開創新生活。在莎勒越過加勒比海，從一座島嶼來到另一座島的近百年後，她的曾孫奧斯卡、里歐那多和里安德羅收到他們各自的牙買加護照。數月後，莎勒的孫女艾絲貝蘭薩也是。關於要如何使用牙買加公民資格，她就跟兒子一樣計畫未明。但她曉得一件事：一旦他們決定離開古巴，她想要「不受阻礙」追隨在後。

二〇一八年中艾絲貝蘭薩赴牙買加領取護照，在當地時，她自覺有必要試著聯繫上祖母的某部分過往。她在偵探找出的文件中發現一個舊地址，並在計程車司機的協助下前往金斯敦的貧民窟尋覓。威靈頓街（Wellington Street）十號早已夷為平地。可是一靠近房屋曾佇立的地點，她所做的事引起內心情緒翻湧。「我在那裡感覺到了，」她回國後告訴卡莉，單手握拳貼緊胸口。「我沒辦法解釋那是什麼，但我具體感覺到了。」她得以踏上只透過護照相片認識的祖母曾立足之處，祖母當年在這裡想像，到了叫作古巴的土地會有怎樣的生活。這是瑟內達許多年前就預見的心靈回歸。

艾絲貝蘭薩從牙買加回來的一週內，卡莉決定她也要為古巴的未來保留轉圜餘地。她注意到許多古巴人回頭追尋祖先的來處，好決定自己想往那裡去。五百年來，西班牙扮演古巴的壓迫者，並發動三次獨立戰爭與之抗衡。然而駐哈瓦那西班牙大使館外的人龍難以忽視，人們決心證明自身與西班牙的關連以取得護照，獲得其他古巴人未能享有的旅行和商業特權。牙買加與墨西哥使館前同樣人潮聚集。

卡莉填寫牙買加公民申請表，但她並無「遺棄」古巴的念頭，長久以來，這個糟糕的用語被用來詆毀再也不願接受卡斯楚統治的人。她相信一本牙買加護照能確保永遠可以見到奧斯卡，無論他落腳何方。如此一來她就不必擔心政府可能修法，禁止古巴人未獲許可離國，如同二〇一三年之前的情況，或者限制人們每年只能出國一次——這種禁令導致卡莉有些朋友十多年沒見過家人。而且她也不被美國的政策改變綁架。奧斯卡領悟兩國新總統皆重塑他的世界，如今已重新燃起美國夢。

古巴的老美國車也許給人時間靜止的印象，但事實上，多數古巴人的生活是一連串無止盡的意外，且大半不太愉快。迪亞茲－卡內爾接任數週後，當卡莉、皮波和奧斯卡得空翻閱《政府公報》發布的公廁服務員愚蠢規章，他們驚愕不已。那些頁面刊載的新規定，可能扼殺如他們一般的生意人空間。勞烏將打擊微薄財富累積的任務留給迪亞茲－卡內爾。社會主義守舊派和死硬的**卡斯楚支持者（castrista）**極其擔憂，認為五十萬自營古巴人對他們創建的國家構成致命危險。

到了二〇一八年底，新法規使人難以持有超過一張生意執照，推進政府禁止任何人變富裕的目標。奧斯卡擁有一張設計師的執照，還有一張是紡織工作者，現在他必須交還其中一張。稅金升高，管控還變嚴格。

在奧斯卡二〇一八年的營收中，超過半數來自旅遊相關的單一國營企業，新規定卻限制國營企業與任何一間私人公司往來的業務量。此外，企業家必須開設特殊的銀行帳戶，將超過一半的營收留置數個月，讓政府能夠動用並控制這筆錢。即使依然不存在批發市場，政府即將打擊基本原物料的非法取得，也就是維繫私營部門生存的發明與銷贓行徑。

假使私人企業拿不出合法購買原物料的收據，後果會很嚴重。

對卡莉和皮波而言，這是一次清算。在奧斯卡看來，則是閃爍警示燈告訴他離開時候到了。或許這往往無可避免——他年輕又有抱負，還嘗過在美國生活的滋味。然而是最新一波的限制把他推向決斷邊緣，逃出去的機會就擺在他桌上。那是一張邀請函，供拉丁美洲年輕創業家赴美參與一個月的領導課程。就像兩年前赴佛羅里達國際大學深造，他看見命運在自己面前揮動離去的門票。只是這一次，奧斯卡決定讓父母親加入計畫。

他們在餐桌旁召開家庭會議，卻從平靜開端很快演變至情緒爆發。奧斯卡的設計與宣傳業務比百分之九十五的非裔古巴公司更賺錢，可是必須仰賴帆布、縫線和其他基本物料供給。一如卡莉預期，那些物資變得幾乎不可能合法取得。設計、印製、運送及這一切的成本計算全在奧斯卡腦子裡，如果他離開，誰來承擔責任？別擔心，奧斯卡說了一遍又一遍。但是卡莉擔心，當部分的廚房協商結束時，她已經往舌下塞了一顆藥控制血壓。思及家人背棄祖國並自願接受另一個國家，卡莉深深感到受傷，如同在奧斯卡出生數十年前，她母親初次提出要主張牙買加公民身分。一本護照由紙墨構成，祖國卻存在血液裡。

他們最終達成協議，奧斯卡不該把這趟的商業訓練課程當作逃脫管道，而要視為一次測試，看古巴的生意在他缺席時能否營運。抵達美國幾週後，他分配去跟路易斯維爾

（Louisville）一間手工製作皮包和皮帶的新創公司合作。這間小公司年輕創辦夥伴追尋目標的自由程度讓他眼界大開。十月歸國的奧斯卡更確信自己想出國，只是說不準自己是否永遠不回古巴。

假如奧斯卡離開古巴赴美，他明白自己會陷入期限與日期的魔術方塊。他的美國多次入境簽證能讓他合法進美國，可是他必須待在美國至少一年又一天，才能符合一九六六年古巴移民修正法（Cuban Adjustment Act）的永久居留權加速申請——這是只有古巴人能享有這個選項，可能需時一年。那將使他險險逼近另一個期限。勞烏在二〇一三年推行的一項改革取消了可怕的出境簽證，古巴人出國不再被視為遺棄國家。然而，假使離境超過兩年，他們就喪失社會福利及在古巴擁有的任何資產，例如房屋。卡莉和皮波已擬定遺囑，把關那巴科亞的房子留給他。

從肯塔基州返家後，奧斯卡終於將計畫付諸行動。他放棄一張執照，依法合併自己跟母親的生意，並簽署文件授權皮波代表他及支付帳單的法律權利。如果他們需要托特包或T恤的新設計，他會從美國用電子郵件寄來。他預繳內圖諾街工作室幾個月的房租，並且辦理事業貸款的提前付款，但沒繳交太多，以免政府審計人員起疑。

奧斯卡看過父母兩人轉換不同工作，覺得自己同樣善於變通，能夠嘗試新東西。學校裡的朋友丹尼爾（Daniel）在美國一間房屋裝修承包商工作，力勸奧斯卡赴美加入他的行列。除了自己的母親，奧斯卡沒替別人工作過，也從沒做過體力活。連他事業重心的帆布托特包都是委託他人製作。但他自信十足，認為結合自己的設計學位、商業知識及丹尼爾的承包經驗，兩人最終能夠創立一間房屋裝修公司。憑著牙買加護照，他自認可以開立銀行帳戶、申請信用卡，甚至買一輛車。也許是白日夢，但他下定決心在年底前離開古巴。

與此同時，奧斯卡的表兄弟里歐那多和里安德羅敲定兩人的逃離計畫。賣掉已故父親的公寓後，兄弟倆發現爸爸留下一個銀行帳戶。有了一小筆意外之財，他們決心到烏拉圭碰運氣，聽說那裡漸漸形成古巴人的社群。卡莉跟當地的一位前同事保持聯繫，他答應這對兄弟一抵達就提供協助。他們也決定年底前出走。

奧斯卡持續去內圖諾街的工作室，直到最後一天。當天他和卡莉與名叫梅卡爾（Maykal）的古巴年輕創業家開會，梅卡爾有興趣販賣自己設計的托特包，並交給奧斯卡的公司製造。卡莉指著他帶來的一個黃色小托特包，皺起眉頭。「以女生的角度，我可以告訴你這賣不動。」她說，把袋子背到自己肩上，讓他看清楚袋子有多小。「給古巴人也許可以，但是對於去海邊的歐洲遊客，這麼小裝不下毛巾、防曬乳和他們攜帶的所有物品。」

她詢問梅卡爾預計怎麼購置托特包所需的帆布，他回答跟國營企業簽訂合約，就能輕易從巴拿馬進口物料。

「你現在有合約嗎？」卡莉追問。

「不，還沒有。」

他們約定保持聯絡。梅卡爾一離開，卡莉就告訴奧斯卡，「他有夢想，卻沒有合約也沒有物料。」

「別擔心，」奧斯卡說，「妳只要在他帶來材料時製作包包，把其餘的問題留給他。要是他買不到帆布，妳什麼都不用做。」

會議結束後奧斯卡離開工作室，利用最後的時間去辦一些事。他攔了一輛老拉達計程車前往哈瓦那自由飯店（Havanah Libre Hotel），接著走向一排自動提款機，提領一千美元。隨後他在一間國營企業短暫停留，幫卡莉公司製作的制服收帳，可是半小時後他空手而歸。國營企業無法付款給他，因為支票簿用光了。

奧斯卡打給赫速斯，請對方開三輪貨卡來載他去卡洛斯三世市場，那是哈瓦那最大的商場之一。他匆匆拿起三明治和一瓶啤酒，穿越擁擠的兩層樓室內市場，抵達位於另一端的肉鋪，那裡的冷凍雞肉箱疊到六英尺高，正在迅速退冰。這種珍貴物資通常被私人餐廳業主一掃而空，他們付錢給線人通報物資何時送抵，再幾乎買光整批貨，只留一點給普通古巴人。奧斯卡有自己的管道得知雞肉何時運來。檢視箱子，找到一盒還凍得很硬的肉，他付二十八美元買了一箱重三十英磅、標示「美國製造」的小棒腿。他想在離開前確保父母的冷凍庫滿載。

他們回內圖諾街接卡莉，順便關店。奧斯卡最後一次跟樓下的鞋匠道別後，他們全跳上赫速斯的貨車——卡莉坐前座，奧斯卡和查德米絲在無窗的後座，坐在那箱冷凍雞肉上。當他們抵達查德米絲住的十月十日區，她深深擁抱奧斯卡，說期待他一有空就寫信來。

在家裡，奧斯卡、卡莉和皮波圍坐電腦旁，利用最後機會討論計畫。沒多久他們就遇到問題。他們找不到奧斯卡離開隔天皮波應該交給客戶的一份合約。「我就放在那裡，電腦旁邊，就昨天的事。」皮波說。卡莉與奧斯卡翻遍桌上的書和資料夾，可是都找不到。「找找看你其他的檔案夾，拜託，」皮波懇求，「我手邊沒有。」

卡莉心想，這真是個糟糕的開端。她感到焦慮，責備奧斯卡與皮波做事缺乏條理。「如果我還在朋特克斯的辦公室，我會直接去跟祕書說『找出來』，然後她就必須想辦法辦到。」憂心奧斯卡離開後情況可能更加惡化，她給兩人嚴厲警告。「我沒辦法像那樣命令你們，但你們要留意自己把東西擺在哪裡。」

那個週末，卡莉和皮波為整個家族辦了一場告別晚宴。里歐那多帶著兩歲的女兒黎安娜（Lianna）一起來。里歐那多和奧斯卡幫忙擺設餐桌，卡莉的老朋友胡安妮塔坐在艾絲貝蘭薩身旁，她是卡莉在諾瓦隆的祕書。他們全都知道這是最後一次聚首，現場情緒凝重。

艾絲貝蘭薩牽起胡安妮塔的手，另一隻手越過桌面伸向里歐那多。其他人紛紛照做，牽起一個圓圈，這時艾絲貝蘭薩為皮波準備的餐點祈求保佑：乾煎比那德里奧漁夫上門兜售的鯛魚，搭配雞肉絲、米飯和番茄。她祈求恩賜，使家人朋友蒙受更多力量，未曾提及自己的兩個兒子隔晨即將出國，或者奧斯卡預計在後天離開。但當她祈求他們的探求獲得成功，她的聲音哽咽，開始哭泣。桌子對面的卡莉激動到說不出話來。她恐懼已久的時刻近在眼前。吃過最後這頓飯，她的餐桌將面目全非。奧斯卡和皮波沉默不語，忍住淚水。

晚飯後，他們交換長長的深情擁抱，法魯在腳邊兜圈子。而後艾絲貝蘭薩與家人慢慢走在殘破的柏油路上，到布蘭卡公路搭五十路公車回家。

卡莉安排讓友人托尼（Tony）開他的紅色拉達車載一家人去機場，前一天他才送走里歐那多和里安德羅。艾絲貝蘭薩受不了目送兒子離去，但卡莉和皮波卻堅持陪奧斯卡去機場。他花整個早上往兩只硬殼行李箱放滿衣服鞋子，又塞了一盒送朋友的古巴雪茄。他向法魯道別，接著一家三口坐進拉達車前往三十分鐘車程外的何塞馬蒂機場。一路上多半是托尼在說話。

奧斯卡的大行李袋超重兩英磅，於是他拿出一件針織毛衣塞進後背包。等著過海關的隊伍綿長，給他充足的時間說再見。有一刻他伸出雙手捧著卡莉的臉，溫柔親吻她的額頭。母子再度擁抱時，她輕聲說：「在那裡要小心。別讓丹尼爾掌控你的生活。你的雙眼、雙耳和嘴巴都屬於自己。他比你有經驗，有他的做事方式。記得你也有你自己的方式。」

隊伍慢慢前進到卡莉和皮波無法通過的關卡，他們在那裡等待奧斯卡通過海關。他們聽過一些傳聞。他們會不會因為奧斯卡從未履行社會服務攔住他？他的記錄裡有沒有革命委員會的告發，而他們根本毫不知情？他的護照該不會有問題？

奧斯卡站得挺直，讓海關人員拍照並透過電腦系統檢查他的古巴護照。卡莉和皮波目不轉睛凝視，直到閘門開啟放行才鬆一口氣。他們等他通過安檢，接著最後一次揮手告別，兒子的身影消失進入候機室。

「他出發了。」皮波說，緊緊擁抱卡莉。

如同赫黑明白，兒子赫伊離家搭上三一三號船當晚道別時也許是兩人的最後一面，卡莉和皮波不知道何時能夠、甚至會不會再見到奧斯卡。對古巴的家庭來說，兒子、尤其是獨子的離去令人心傷，無論他年紀多大或聲稱要離家多久。

「你的小男孩長大了。」卡莉告訴皮波。

他們歷經兩小時、轉搭三班公車回關那巴科亞。低聲交談隨公車緩慢繞行哈瓦那大片地帶，經過革命廣場附近，隨後停靠公車總站，一九九四年他們曾在此打地舖過夜，準備隔晨前往巴拉德望度假。駛過十月十日區時天色漸晚，最終公車釘鈴鐺鋃開上布蘭卡公路，停在諾瓦隆工廠對面，他們在這一站下車。

卡莉一進家門就打給妹妹。

「他走了。」她說道。

剛開始幾天排滿工作，要適應在奧斯卡缺席下打理生意的新日程表。卡莉希望盡量忙碌，好讓她沒時間去想家族變得離散四方。但她知道耶誕夜和歲末會比較艱難。從一九九〇年以來，她和皮波就要第一次獨自度過那些特別的日子，艾絲貝蘭薩或許也是。

她知道自己到時候一定會哭。

不過現在卡莉做了許多母親初次面臨空巢期會做的事：她打掃家裡。從廚房開始。對她來說廚房一直是好地方，位於家的核心，她在這裡覺得最安適。夫妻倆將大部分初期獲利重新投入生意，但今年狀況不錯，他們花一大筆錢整修廚房。皮波和奧斯卡自己承擔部分工作，拆除櫥櫃並裝設新櫃子。他們雇用一個人製作石造流理檯，以及一位木匠完成剩下的櫥櫃與層架安裝。

層架一就位，卡莉立即擺設四十年前從蘇聯買回來的餐盤和茶杯組，當時她和皮波正要開展兩人生活。另一層她安放印著米沙熊（Misha）圖像的玻璃果汁杯組，微笑小熊是一九八〇年莫斯科奧運的吉祥物，那一屆賽事受到美國抵制，她則置身基輔。他們汰換舊家電，購置新爐臺，還有奧斯卡從巴拿馬幫他們買的樂金牌（LG）不鏽鋼冰箱，附帶製冰功能。菲德爾合法化美元後，他們買的第一件商品是大宇牌（Daewoo）冰箱，現在把用了二十年的舊冰箱賣給何塞埃多，讓他有錢再付清。

雖然兩家人只隔一個街區，卡莉比以往更清楚自己家跟莉莉家的落差有多大，那迫使她再度直視國內的特權，存在一個聲稱人人平等的國家。她知道從一九九四年夏天的轉折點開始，經濟逐漸開放，某些古巴人顯然變得比其他人富裕，原因不僅是他們更辛勤工作，而是只因為他們的身分、他們認識的人或工作的地點。這般體悟逼得她釐清自身對許多事的矛盾感受：最重要的是平等，但也包括工作、誘因和價值，甚至財富。如今她覺得自己可以炫耀新廚房，毫無愧咎或罪惡感。她家裡每個人都努力工作。他們的生意幫助莉莉與為公司工作的其他女人，還有司機、印刷廠及其他所有雇員。那並不反映菲德爾提倡、勞烏持續推動的社會主義精神，也不符合她心目中革命承諾的轉變。卡莉曾經為此過不去，甚至痛苦萬分，但生命經驗迫使她看穿那些承諾，她已經找到不同的生活方式。

莉莉也得到令人憂心的體認，挑戰她長久擁抱的信仰。在她父親垂死而需要幫助時，社會主義體制並未給她與將軍或副部長相等的待遇。她曾如卡莉一般全心相信平等的承諾，如今她清楚知道自己的觀感徹底改變。「不是說發生這些事我就不想革命了。我願意。」莉莉說道。她的家庭與家園皆歷經艱難時局，她也不期望情況能迅速好轉。莉莉母親的健康正在惡化。再過幾年，卡洛斯將會衰老到無法走上關那巴科亞的山丘遞送麵包和雜貨。看著何塞埃多一家人奮力拚搏之餘僅能糊口，令她天天黯然神傷。莉莉知道兒子和孫女不像自己把革命看得那麼重要。儘管痛恨承認，她內心明白如果有選擇，她的獨子會立刻把握機會到美國生活。

「不只有美國。」在隔壁消磨時間的何塞埃多回應，把一條腿翹在他重裝好椅面的椅子扶手上。「其他任何地方都可以。西班牙啊，任何地方，但不包括這裡。」跟母親不同，他不曾信服古巴擁有真正的平等。他沒有住在國外的親戚匯錢回古巴，幫助他的生意一把或確保女兒獲得需要的藥物。古巴舊時的計畫經濟辜負他，新經濟又加諸一堆執照和規定，像一道陰影籠罩在他頭上。想到自己的女兒從沒嘗過葡萄或拿過一顆梨，何塞埃多氣憤起來。

「那些東西專門給替飯店或政府工作的人。」他說。

「還有將軍。」

但不包括他的女兒。

少了奧斯卡，卡莉和皮波立即感受到營運合併事業的額外壓力。皮波和卡莉尋找的合約從未出現。「奧斯卡沒有歸檔系統，你也一樣糟糕。」她訓斥皮波。卡莉花更多時間待在工作室，幾乎天天長途跋涉到接近累倒，於是限制自己每週最多只能去三天。由於肩負的責任變重，她擔心健康會像擔任副部長時受到影響。更換心律調節器的手術先是延期兩個月，後來改成六個月，接著則是延後一整年，原因包括心律調節器短缺，以及不確定舊裝置能撐多久。每次她入院檢查，醫生都判定電池還有壽命且功能正常，只要她別讓情緒太激動。她坦然面對手術延期，相信一切都會順利。好消息能抵消煩惱，奧斯卡離開一個月後，牙買加大使館致電通知卡莉已授予公民資格。她並未因此覺得更靠近牙買加或疏遠古巴分毫，只是對備案似乎行得通感到安心。

他們在關那巴科亞的房子形同空巢，在住房匱乏的古巴相當罕見。儘管極其想念奧斯卡，卡莉、皮波甚至法魯終究習慣他的缺席。但偶爾卡莉覺得孤單且對古巴格外不確定時，她擔心遠方的家人，尤其是最新成員，在颶風伊魯瑪襲擊古巴那晚出生的女嬰。皮波在卡德納斯的外甥和女友給嬰孩取了甜美的名字瑟琳（Celine），而未應驗卡莉的擔憂叫她伊魯瑪。然而人生的第一年還沒過完，瑟琳的生活就不得安穩。皮波的外甥米格爾跟女友分手，她把嬰兒帶去跟另一個男人住。卡莉知道瑟琳不會記得卡斯楚政府治下的生活。除非情況有所改變，瑟琳成長的古巴會跟她的家庭一樣失序，對未來缺乏準備。

每個新的一天似乎都產生更多證據，迪亞茲－卡內爾與他開創的歷史時代遭到混亂吞噬。針對同志婚姻的憤怒反彈殺得政府措手不及，為了做出回應，官員移除這項提案，同時保留勞烏想要的大部分內容，包括任期限制、財產權、新設總理職位，以及保證社會主義體制永久延續的不可撤銷條款。

接著，就在新憲法全國公投的幾週前，正值哈瓦那邁入建城五百年之際，一場罕見至極的龍捲風襲擊哈瓦那都會區。在迷信的古巴人眼中，這是厄運降臨的恐怖跡象。狂風撼動首都的貧窮鄰里，並使關那巴科亞蒙受最嚴重的災害。殘破景象迅速上傳至社群媒體。幾天後，迪亞茲－卡內爾與隨行人員前來視察災情，車隊停在關那巴科亞的紅綠燈附近時，手機大舉出動。相對於意在展現團結的巡禮，影片反倒捕捉好幾天沒電可用的氣憤街坊，一邊咒罵總統的人馬一邊跳上後車廂，接著車隊加速駛離。莉莉宣稱這樁事件從未發生，何塞埃多卻輕拍口袋裡的手機對她說：「媽咪，如果有上傳，那就發生了。」對他跟許多古巴人而言，那幅場面揭開迪亞茲－卡內爾與菲德爾之間的差異。「一九九四年馬雷貢大道發生問題時，菲德爾在場，他不畏懼自己的人民。」何塞埃多表示，複述事件的官方版本。「這人沒有膽量。」

一如所有人預期，新憲法獲壓倒性通過，即使結果顯示政府一面倒的勝利，仍有跡象顯示古巴人的恐懼已減弱幾分。總計達二百五十萬合格選民並未投票，抑或投下空白或無效票，對古巴而言違抗程度相當驚人。迪亞茲－卡內爾體認到人民愈發躁動，他做出罕見舉動，決定不實施使奧斯卡萬分洩氣的某些嚴厲經濟措施，包括握有超過一張商業執照的限制。然而就在幾個月內，他不得不宣告停電、物資短缺與艱困時期即將到來。

奧斯卡不遺憾自己離開，因為正當他在美國安頓新生活，華府對古巴變得更加強硬。在他和卡莉未來計畫占關鍵地位的五年期多次入境簽證突然中止，一旦過期就無法再換新。奧斯卡的簽證還有幾年效期，但卡莉的將於一年內過期。

隨著家人四散於西半球，卡莉比以往更深刻感覺古巴革命已結束，至少對她而言是如此。她出生時的夢想變成一場惡夢，把她最關心的人往外推。電視和官方媒體總是談論

「革命的勝利」，而到了六十年後，一個姓卡斯楚的人仍在幕後操縱國家，人們比數十年前貧窮，她相信的社會主義烏托邦承諾如鎖鏈之屋般衰敗。古巴自誇創造了無階級社會，但卡莉如今體悟，正是自己對體制的支持蒙蔽她看清從來就沒有真正的平等。在藝術上保持政治中立一直讓阿圖洛更受敬重，同樣的，瑪利亞・德卡門對上帝的信仰使她一直受到貶抑。國家配車、巴拉德望的假期、關那巴科亞的大房子向來讓卡莉的生活更好過，享受像莉莉這樣的人只能夢想的種種特權。

女性與非裔古巴人必定締造真正的成就，膚色界線卻依然深植古巴人心中，奧斯卡走後不久，來訪內圖諾街工作室的客戶提醒卡莉這一點。她稱讚卡莉與查德米絲做生意的方式。「我不得不說，」這位客戶說，「妳們全都這麼專業又有禮貌，讓我覺得置身在白人經營的企業。」

卡莉心想，或許革命的承諾過於遠大恢宏，即使小小的島國擁有大陸般的自尊也難以消受。或許在菲德爾帶領下，古巴人騙自己相信得以成就不可能。回顧過往，她領悟自己一度尊崇的革命變得陳舊老套，「即使他們（指政權）繼續用華美的字辭裝扮它。」

把下面這句話說出口令卡莉心傷，但如今她接受過去難以想像的事實。

「這場革命，仍舊失敗了。」她說道。

卡莉數十年來一直是真正的革命分子，一位忠貞堅定的黨支持者。她衷心相信革命及其承諾。但它們並非她唯一相信的事。如今她驕傲自視為真正的愛國人士，鍾愛她受傷且面目已非的祖國，勝過任何意識型態或思想家。

有天下午卡莉在新整修的廚房休息，周圍是她辛勤工作的證明，並且對自己賺得比某些鄰居多毫不感到愧咎，這時她將古巴對自身的意義化為文字。她從黃色記事本輕輕撕下一頁，並仰賴向來幫助自己釐清想法的舊習慣，用大寫字母寫下「CUBA」。

古巴的C，卡莉沉吟片刻整理思緒，她認為代表**熱度**（**calor**），「不是讓你流汗的那種熱，而是所有古巴人都擁有的溫暖。」

她面露微笑。

U代表**獨特**（**única**），催生古巴詩人艾蓮娜．里維洛（Elena Rivero）描述的「全國狂熱」古巴特性，熱忱至極人民構成的例外主義，小島上的大國抱負，一個總是破格扮演更重大角色的國家。

對她而言，古巴的B代表的不只是好，而是**非常好**（**buenísima**），儘管存在緊縮、高壓、欠缺自由與過度的政府管控。「並非我自己生活中的所有事情都好，但當我權衡一切，平均而言，有許許多多的好。擁有一位教我那麼多的母親是祝福。目睹我的兒子這麼快就獲得莫大成就，還會想到買冰箱給我們，連提都不用提。我知道這是物質面的東西，但當我看著冰箱並想到它的由來，我看見他的養育過程，以及我們如今是在收成播下的種子。」

至於A，卡莉覺得永遠是**愛**（**amor**），她對家人懷抱的深刻、無邊際、不可抹滅的愛，無論他們身在何方。對丈夫的愛，儘管險阻不斷，他保持忠誠超過四十年。對朋友、鄰居和身邊的每一個人的愛，無論他們對未來的看法是否跟自己一致。以及對國家的愛，從她出生以來歷經諸多改變，使她欣喜的程度等同於失望。這國家註定被海水包圍，將它連結也孤立於世上其他地方。卡莉受損的心臟或許需要幫助，才有力量跳動並讓她活下來，可是沒有什麼能掏空她對古巴的情感，以及她對古巴未來堅守的希望。

作者後記

關那巴科亞

二〇一九年三月二十八日

那張柯達克羅姆底片（Kodachrome）拍的老照片裡，有個小女孩站在兩座紅白雙色埃索（Esso）加油機中間，擺出渴望成名的新星姿態。從她身後的街道，你能看見一棟宏偉老屋的拱窗和雙扇門，流露古巴曾經擁有卻已失去的優雅、尊嚴與歷史。

那張照片拍攝的多年後，我娶了影中愛賣弄的新星，取景的街道則淪為廢墟——蜜利安在古巴居住的街區，直到一九六〇年，認為卡斯楚撐不過六個月的祖母帶她出走。那張照片是她得以傍身的少數物品之一，多年來成為我印象中她的古巴，存在於革命前的古巴。這挑戰了我對古巴的其他看法，即自從我跟照片裡的她一樣大就養成的觀念。那來自黑白新聞影片中的菲德爾．卡斯楚高喊咆哮，伸出手指直言控訴美國。其後，來自我讀到的一篇篇新文章，書寫「菲德爾．卡斯楚的古巴」。然而紅白相間加油機的照片證明，遭到菲德爾與他的革命抹殺以前存在過另一種現實。

古巴是一個小國，不比賓州（Pennsylvania）大，人口約與俄亥俄州相等。若論古巴對世界的影響力，以比例而言遠超過其窄小領土。好幾代以來，世人的關注聚焦在菲德爾和勞烏身上，彷彿他們統治的是超級強權。革命古巴形塑如切．格瓦拉般的多位非凡人物，也帶來諸多緊張事件，好比豬灣入侵與幾乎引發核子浩劫的飛彈危機。因此人們容易落入陷阱，只從宏觀角度設想革命等浩大事件，卻遺忘事件牽連的真實人民。以改變歷史的層級發生之事滲入地方街道，不只全然轉變總統和將領的生活，也影響充滿自信的八歲女孩。

當我展開書寫古巴平凡人及其生活的計畫，我腦海裡想的是蜜利安和埃索加油機的照片。認識她近半個世紀間，我數度嘗試想像蜜利安在古巴的生活。看那麼多同學搭飛機離開，讓她誤以為紐約是在空中的某個地方，這對她是什麼樣的感受？聽她描述一九六一年陪祖母回古巴陪伴垂死的祖父，我感到驚愕，那就發生在豬灣慘敗的幾週前，發動入侵的原意是要趕走卡斯楚，結果反倒鞏固他對古巴的掌控。一年後，飛彈危機的不久前，她獨自被送上一架螺旋槳飛機前往邁阿密，接著再到紐約跟祖母會合，這次一走就沒再回去。即使過了好幾十年，她還是可以說出從未提過的古巴事。全拜劇變造就，將原本平凡的童年轉變成一連串無休止的鮮明回憶，色彩和聲音永不消褪。一只丟失的娃娃，深夜的電話鈴聲，炙熱人行道上轉成褐色的血跡——它們的存在不完全僅是回憶，亦於漫長、宿命的道路留下印記。

想用能夠召喚那種共鳴的方式書寫古巴，我覺得有必要設想蜜利安叔叔勞烏經營的埃索加油站，從關那巴科亞那條街道的角度去看古巴。我想穿越迷思，展現真正的古巴和住在那裡的真正古巴人，拉開古巴長期搬演的政治劇場帷幕並聚焦在人身上，他們過著蜜利安可能有的生活，倘若她的祖母不曾帶她離開。現在住在那裡的古巴人是誰，他們的古巴有著何等面貌？他們如何在世界上最受管控、最孤立、散布最多政治宣傳的國家生存下來？他們如何看待自己的生活現況？如何看待生活的條件？如何看待管控日常生活大部分層面的政府，對於閱讀與節目的審查，關於吃什麼、喝什麼、說什麼的限制？還有，為什麼一九九四年是他們走上街頭要求改變的唯一時刻？

在我的認知中，有兩個古巴：一個是加勒比海的最大島，哥倫布所述人類雙眼見過的最美島嶼。另一個古巴存在世界各地的流亡者心中，他們許多人發誓古巴自由前絕不重返。自一九五九年起有一百五十萬人離開古巴，蜜利安是其中之一。而今島上人口超過一千一百萬，是卡斯楚自信十足率領抗軍拿槍衝進哈瓦那時的近兩倍。兩個古巴各自有著怎樣的生活，我又該如何訴說這故事？

為《紐約時報》撰寫報導的二十年間，我明白寫古巴可能踢到遍野地雷。無論篇幅多麼小，任何關於古巴的文章都會導致某些讀者發怒。如同美國外交官韋恩・史密斯（Wayne Smith）所述：對某些人來說，古巴就像「月圓對狼人」產生的效果一樣。當我撰寫的菲德爾訃聞既受讚賞也遭譴責，就能感受到那種詭異的強烈情緒，等到為勞烏準備好的訃聞最終刊出時，我也預期會再次得到相同反應。衝突根深蒂固，僅一紙簡單聲明就能激起強烈情感。在世上許多角落，菲德爾直到死後依然是超級英雄，他創造的古巴形同社會主義烏托邦，即使混亂失序亦值得效法。到了其他地方，他是權力飢渴的獨裁者化身，一九五九年則被視為災難的一年，而非勝利之年。

我判定自己所能採取的最有價值路徑，是避開古巴最受崇拜的神聖三人組——菲德爾、切與海明威，改讓不曾聽聞的平凡古巴人說出他們自身的故事。就像關於老師的一句常見引言：我的目標是向你展現觀看的地方，而不是告訴你要看什麼。我的立意並非抨擊古巴政權，而是讓個人發聲，他們的生活一直被偉岸的歷史人物遮蔽。

透過他們的個人故事，我更能匯集古巴及其人民的深入現實，而非又一次聚焦於該國的領導者或政治圈。為了連結個別古巴人的敘事，我決定關注單一地點，探究形形色色的居民如何與革命的現實妥協。我在找一個地方，既不過度深附體制，也不與體制過度疏離。既不太偏向都會，也不太屬於鄉間。既非繁榮過頭（如果那有可能，我倒是存疑），也不算窮途潦倒（找不到太多選擇）。我想要一個地方受到近來的改變影響，當地個體正在適應現今成形中的古巴。

沒多久我就決定關那巴科亞可以是那個地方。關那巴科亞有地方政府，是哈瓦那的一區，可是這裡有自己的歷史，恢宏舒展於傑拉多・卡斯提拉諾（Gerardo Castellanos）的著作《歷史遺物：殖民時期的產物與古老的關那巴科亞》（*Relicario histórico: frutos coloniales y de la vieja Guanabacoa*, Editorial Librería Selecta, Havana, 1948）中。我發現這本九百頁的巨著完好保存在紐約公共圖書館，關那巴科亞博物館裡的卻破舊、汙損且書頁有折角。隔著聞名港灣遙望市中心，關那巴科亞近得足以跟哈瓦那的商業、政治與文化建立聯繫。不過這地方以自身的速度運轉，有其癖好與勝過一切的知覺，如同一位古巴人告訴我的，儘管跟首都靠得這麼近，「地理宿命論」難以在此地發揮影響力。

關那巴科亞在一九九四年成串事件中扮演要角，也使它成為對的地點。那一年是革命的低點，亦是今日古巴所展現諸多變化的開端。

此外，當然是擁有人際關係，讓我不以一位作者或美國人的身分連結至關那巴科亞，而基本上是家族的一分子，允許我更快融入城鎮的精神，並且觀察得更投入。

蜜利安沒有任何家人留在關那巴科亞。她的阿姨阿莉希亞（Alicia）最後一個離開馬克西莫戈梅茲街，那也早在一九七〇年代初期。他們從未在當地擁有房產，所以他們最珍貴的所有物是回憶。在關那巴科亞密集調查的數年間，我只遇見兩個人認識兒時的她，其一是柏蒂卡（Bertica），她碰巧是瑪利亞．德卡門在奇蹟之家的同學。柏蒂卡以婦科醫師身分三度代表古巴服務於海外醫療團，多年前搬離關那巴科亞，獲得瑪利協助安排下，蜜利安終於在分隔五十年後再見到她。我也結識南西，她的商人父親擁有蜜利安家人住過的房子，目前依然生活在曾容納父親店面的樓寓裡。隔壁的小房子就是蜜利安的家，地板依舊是她小時候踩在上面跳舞的相同磁磚，然而隨著買賣房屋在古巴變得合法，新屋主整修了廚房和浴室。

雖然蜜利安在奇蹟之家短暫就學，她從來不認識瑪利亞．德卡門。她偶爾到公教學校神職修士會教堂聽布道，但那早在阿圖洛於對街興建工作室之前。阿圖洛為區博物館的建築調查拍照時，她叔叔位於何塞馬蒂街的加油站消失已久，現址是對抗茲卡病毒（Zika）傳染的一間公共醫療診所。

古巴在世上的地位如今跟現實較為相符——幸運擁有無限陽光、宜人白沙灘和美麗人民的加勒比海島國，但欠缺石油、現代科技，以及對民主和個人權利的承諾。該國領導階層不再是抵抗的普世象徵。菲德爾與切已逝，勞烏位於塞貢多弗倫特鎮（Segundo Frente）的墓已經刻上他的名字，而新總統就跟世上任何一個小國領袖同樣沒沒無聞。革命的神話對古巴年輕人無甚意義，他們身懷刺青、智慧型手機和怒氣悶燒的虛無主義，認為山區舊世代異常與現實脫節。古巴長久仰賴的外援枯竭——首先來自前蘇聯，其後是委內瑞拉，此外還有全世界同情的國家。引述柴契爾夫人（Margaret Thatcher）的話，古巴把其他人的錢用光了。如今在每張處方箋底部都印上一行警語：**在古巴醫療免費，但那需要花錢**。

出口雪茄和蘭姆酒的收入不足以維繫體制運轉。政府把手伸進派往委內瑞拉和其他國家的古巴醫生口袋，留置他們的大半酬勞。拿美元換取無價值的古巴可轉換披索，每一筆政府都抽百分之十。此外，政府也從新世代創業者身上盡可能榨取最多的披索。

卡斯楚兄弟治下的長期經濟停滯使古巴平民承受可怕代價，儘管採用新憲法，仍無明確道路通往擁有個人自由與基本人權的未來。在科技的幫助下，反對勢力逐漸茁壯，卻分裂成眾多不同群體、由許多固執的領袖主導，因此容易受到緊握權力者的控制或忽視。

我在一九七九年初次踏上古巴島，當時菲德爾與美國總統吉米・卡特（Jimmy Carter）

達成協議，跟蜜利安處境相似的古巴人終於獲准回國。我們一行三人登上首批獲准入境的班機，包括蜜利安、我和她的祖母艾蓮娜。在艾蓮娜出生的隔天，一八九八年巴黎條約簽訂並結束西班牙－美國－古巴戰爭。我們那趟看見的古巴跟蜜利安離開的國家大不相同，那個世界有別於現今古巴的進展。當時沒有**家庭餐廳**、沒有**包套方案**，除了透過《格拉瑪報》的扭曲報導，多數古巴人無從連結世上他方。抵達哈瓦那時，我隨身攜帶的新聞雜誌和磁帶錄音機被沒收，但我得以保留相機，記錄蜜利安相隔十七年初次見到父親的時刻。她離開時是小女孩，回來時是已婚女子。在相處的十天裡，他們破碎的世界短暫重聚。而後我們不得不離去。

她沒再見過他。一九九四年夏天，當古巴落入低點，她必須到場見證父親遺骨從科隆公墓的墳墓取出，放入納骨盒。

他下葬時手腳不曾套上兩雙襪子。

華府與哈瓦那間的嫌隙導致分離，使得如蜜利安一般的眾多家庭承受嚴重負面影響，連最簡單的事都變得異常複雜。許多年來，打一通電話很困難，寄信幾乎不可能。前往古巴島如今容易許多，但諷刺的是並非所有古巴人都是如此。為了協助我進行計畫，蜜利安試圖更換過期的古巴護照。即使已成為美國公民數十年，她不能用我的方式入境古巴。她得知更換護照的過程需時四個月，遞交關那巴科亞的原始出生證明、舊古巴護照和美國護照影本，表明自己在古巴出生。我們等待期間，哈瓦那與華府間的關係惡化。提出申請的十五個月後，蜜利安接獲電話通知大使館不予換發護照，因為文件無法證明她是古巴人。不過，對方表示，如果她還是想造訪古巴，可以申請古巴人專用的HE－11簽證。她果真申請並獲發HE－11簽證，陪我重返跟她記憶中天差地遠的關那巴科亞，而其差異甚至使她感到後悔。

決定聚焦在關那巴科亞後，當我為這本書首度踏上調查旅程，手裡掌握的不過是蜜利安與加油機的照片，以及筆記本裡的一個名字。好友及同事提姆・帕戈特（Tim Padgett）建議我聯絡關那巴科亞的一位女性，提姆報導古巴創業家時曾在佛羅里達訪問過她。他提醒我謹記在心，儘管卡莉達・里蒙塔開創自己的事業，她依舊相當具有革命意識。卡莉可能給人那樣的印象，但跟她相處日久，我明白她的故事要複雜許多。卡莉的人生旅程從她摯愛的糖廠小鎮出發，以至輕工業副部長辦公室，再締造成功的創業家職涯，從革命人士最終化身為愛國者，在我看來，概括呈現古巴自身在這半世紀間走過的路。她歷經的覺悟、重整、反思與和解階段，正是她智慧、熱忱與精神的不凡驗證。

我也很幸運，卡莉除了像一頭獾那般無懼，她還擁有鮮明立體的記憶與眾多親友。透過她，我最終見到並熟悉皮波、奧斯卡和艾絲貝蘭薩，以及莉莉、卡洛斯、何塞埃多、蜜利安．迪亞茲與其他許多人。待在關那巴科亞更久後，我認識阿圖洛和瑪利亞．德卡門，他們分別住在公教學校的兩側，離卡莉家一英里左右。隨著更認識這座城鎮，以及它在一九九四年事件中扮演的角色，我聯繫住在邁阿密的赫黑，並且透過赫黑認識他的孫子赫基多，後者仍為關那巴科亞衛理公會的一分子。赫黑也把外甥伊凡介紹給我，他可說是我見過最幸運、亦或最倒楣的古巴人。

撰寫這本書的三年多期間，我從古巴一端到另一端追尋個人歷史。阿圖洛與我在比那德里奧走遍他童年常出沒之處。皮波帶我參觀他的家鄉卡德納斯，陪同卡莉和我坐進一九五六年的粉紅凱迪拉克車，從關那巴科亞開十六小時、跋涉四百八十五英里到塔卡霍。我錄製超過五十小時的西班牙語訪談，另有等量的訪談在沒有錄音機下進行，當時我陪著他們工作、在家中、上教堂，以及勞動節遊行和關那巴科亞聖母升天日等活動。三一三號船上事發經過的大量描述，經由允許取自赫黑的著作《三一三號拖船沉沒事件》。他在悲劇發生的短時間內進行大部分訪談，當時人們的情緒最鮮明而記憶最深刻，包括跟他哀痛女兒瑪利亞．維多利亞的初次訪談。在他的書出版前，三一三號船沉沒事件由美國國會和數間非政府組織完整記錄，古巴政府則從未棄守最初對於行動的辯護。訪談赫黑的幾個月期間，他的致力追尋正義令我震驚。即使悲劇過了二十五年，談起偷走家人的事件仍使他落淚。

我完成本書初稿後，赫黑在邁阿密的美國離散古巴人博物館（American Museum of the Cuban Diaspora）主持一場哀痛的紀念活動，謹記三一三號船悲劇發生的第二十五年，也是卡斯楚政權逃脫罪責的第二十五年。赫黑寄予希望的國際委員會尚未能起訴勞烏或其他任何古巴官員。同樣在初稿寫完後，迪亞茲－卡內爾上電視昭告恢復計畫性停電，使得蜜利安．迪亞茲和其他許多人深信，他們恐懼的新一波短缺匱乏「特殊時期」已到來。

或許是因為關於壞時光的不悅提醒，四散的不安似乎籠罩了關那巴科亞。阿圖洛曾渴望放棄工作室並搬去西班牙，但他留守原地，等待在莫斯科的三個月減緩女兒的過敏，迎接戴莉和馬塞拉回家。他擱置「白色」計畫，重拾畫筆，並在貓吞掉幼雛後放棄養鵪鶉。瑪利亞．德卡門一度考慮搬出科洛法索街的心愛家屋，住進街道下方的一間小公寓，但在兒子拒絕考慮賣房後放棄念頭。由於食糧和香菸變得稀少，連像莉莉這麼忠貞的共產黨員都感到新的特殊時期悄悄逼近。此外，卡洛斯再度心臟病發，迫使他放棄遞送服務。

最終是蒼蠅大軍讓卡莉和皮波無法繼續忍受。在關那巴科亞生活二十多年後，他們賣掉寬敞空巢，搬往哈瓦那另一頭的小屋子，對街有一間設備齊全的醫療診所。「房子只是房子，」卡莉說，「廚房就只是廚房。」從新家屋頂，她眼前的美景一路延伸至加勒比海岸。當她的心律調節器電池只剩幾天壽命，終於住院動手術更換。身體復原期間，她遠離工作室並長時間眺望遼闊城市，倚著皮波，思念奧斯卡，猜想她的古巴將有何際遇。

無論古巴如何演變，我深深感激卡莉、阿圖洛、瑪利、赫黑和莉莉，以及故事中的其餘所有人，他們展現莫大勇氣將人生攤開在我面前。他們說話無所畏懼，即使會壓低音量傾身貼近，彷彿有人在聽。積習難改。他們明白公開闡述想法所承擔的風險，卻極少唯恐報復而要求我忽略某段話。

我也想感謝關那巴科亞博物館年輕而博學的歷史學者阿爾曼多・岡薩雷茲，他投入多個小時，幫助我了解並欣賞關那巴科亞有多麼獨特，同時反覆指出此地上演的諸多勝利與悲劇在整個古巴具有代表性。我在關那巴科亞入住維多利亞之家（Casa Victoria），那是布蘭卡公路附近的一間**合法民宿**（**casa particular**），瑪利亞・維多利亞・赫南德茲（María Victoria Hernández）在美國總統歐巴馬到訪後開設。我是她的第一位房客，看著古巴政府對私人企業的管制日漸嚴苛，加上川普總統對美國遊客實施的限制使她陷入財務困難。我希望她的冒險終能開花結果。

為了盡可能保護我在古巴的合作夥伴，同時還能見證他們的生活，我不曾聯繫任何古巴政府官員。就我所知，關那巴科亞沒人因跟我談話受到騷擾，我在旅途中也未遭政府保安人員妨礙。書中人物並未要求使用化名，我也沒這麼做，信任不會有人只因說出事實就蒙受懲罰。我向他們詳細說明，試著讓他們全明白跟我談話招致負面影響的可能性。他們都告訴我，可以依照我想要的方式使用任何發言，通常帶著一抹得意笑容或歪頭微笑說，不然「他們還能對我做什麼？」

我不曾更動任何日期，並在可能的情況下，將個人敘述核對官方記錄和紙本記錄，在一個欠缺獨立新聞來源、或與資訊自由法雷同事物的國家盡量這麼做。

每當我使用引號，那些話根據至少一位在場聽聞者的回憶，包括瑪利亞・維多利亞的發言，由她父親與多位記者記錄。她拒絕我的所有訪談請求，回想那個可怕日子還是會極度不安。個人感受或想法的描述，來自跟那些對象或其親人的多次訪談。隨著他們變得對我放心，我也更加自在，我們之間的隔閡縮小，直到彼此的信任足以克服橫亙佛羅里達海峽數十年的敵意。我待在關那巴科亞的期間，從未聽見一個帶有敵意的字是針對我的美國人身分。搭乘公車是另一回事，並非我的護照造成困擾，而是我對本地交通規矩的誤解。當公車突然煞住、司機跳下車，此時無需驚慌。他只是去找坐在凳子上的婦人匆匆喝一小杯**濃縮咖啡**（**buchito de café**），或趕在賣完前衝進烘焙坊買**巧克力麵包**（**pan con**

chocolate）。我也不覺得當地有誰把我視為**敵人**（**el enemigo**），甚至是像卡洛斯那般熱忱的共產黨員。多數古巴人在美國政府與個別美國人、邁阿密與美國其他地方、政策與人民之間畫清界線。

我也如此看待古巴與古巴人。

我選擇忽略不談個人兜售贓物時或曾觸犯的輕微犯法細節，因為那可能為他們帶來麻煩，遠比細節或能提供的任何額外啟示更重要。我嚴正看待訪談對象自己的解釋：在他們的體制下，每一個古巴人成為罪犯以求生存。

雖然聚焦在個人，我了解也試圖闡述每個古巴人都擁有某種程度的**古巴人特質**，即自以為是的民族自尊。「古巴人是被選中的人民，」這句話寫在《邁阿密先鋒報》（*Miami Herald*）多年前刊載的文章裡，此後持續不斷重述，「由他們自己所選。」古巴在安地列斯群島中居首，一座永遠忠誠之島。這國家有世界上最棒的海灘、最經典的蘭姆酒和雪茄、最漂亮的女人、最難以抵擋的音樂，以及最令人喪膽的反抗分子。古巴人特質是每個古巴人的一部分，也是所有古巴故事中的要素。一個民族必定有些自負，才會吹噓古巴是全球醫療強權，同時願意忽視國內藥房幾乎買不到布洛芬止痛藥或除頭蝨洗髮精。一位工程師會熱烈讚揚自己接受的免費大學教育，卻寧可在哈瓦那一間餐廳當服務生，因為在那裡能拿到遊客的小費。以及如莉莉般的真正信奉者，即使安置父親進壁櫥等死後，依然驕傲自稱為共產黨員和真正的革命人士。

何塞・馬蒂率先以一粒玉米來衡量榮耀，然而是菲德爾使「世上所有的光榮收束在一粒玉米裡」這句話廣為周知。聖地牙哥聖伊菲黑尼亞公墓（Santa Ifigenia Cemetery）的嚮導立即指點困惑的遊客，菲德爾骨灰埋葬處的巨石是從馬埃斯特拉山運來，因為有些建築師認為它形似龐大的玉米粒。無論馬蒂在一八九三年寫了什麼，追求光榮是古巴人特質的一項要素。古巴精神跟這國家的歷史一樣複雜、與文化同等豐富，如莫羅城堡般難以征服，像巴拉德望沙灘的海浪那樣誘人，如科伊巴牌雪茄（Cohiba）般具有辨識度，卻與古巴白日的陽光同樣難以形容。

若非我的經紀人與朋友 Stuart Krichevsky 的敦促，或者維京出版社（Viking）編輯 Wendy Wolf 的，這本書不可能成形。我深深感謝《紐約時報》與社內我的編輯群，尤其是 Bernie Gwertzman、Bill Keller、Andy Rosenthal、Susan Chira、John Darnton、Chuck Strum，給我機會一次又一次踏入古巴。我聯絡的幾位朋友同意閱讀篇章並提出寶貴建議：Ruth Behar、Benjamin Goldfrank、Andy Gomez、Ted Henken、Tim Padgett、Tony Perrottet、María Werlau。我的南非夥伴Chris Wilson 讀完整本書稿的初期版本，並鼓勵

我堅持到底。另外一些人提供建議與有幫助的指引，包括 José Azel、Claire Boobbyer、Jonathan Hansen。還有許多古巴人的姓名必須略去以保護他們，但是他們願意伸出援手使我永懷感激。我欠他們所有人一杯阿圖洛口中的「哈哈哈」。假如我沒為 Yoani Sánchez 與 14ymedio、Diario de Cuba 等非國營新聞網站獨立記者的勇敢成就博取關注，那就是失職。他們的影響力持續壯大，而今古巴對可靠資訊的需求前所未見。

從四十多年認識之旅的一開始，我就仰賴一位極其特殊的綠眼古巴人給予幫助、鼓勵和啟發。多年前我在《紐約時報雜誌》撰寫一篇文章，多虧有菲德爾，要不是他締造難以置信的歷史，我不會認識蜜利安‧瑟畢娜‧羅德里格茲（Miriam Zebina Rodríguez）。我們的路將永遠無法交會。我們不會結婚，不會生下三個好孩子，如今帶給我們四位寶貝孫兒。他們的DNA中交織**古巴人特質**的種子，無疑將帶領他們踏上自身的光榮旅程。

懷抱世間一切感激之情

我向你們所有人永恆致謝

寫於我明亮寧靜的小房間

國家圖書館出版品預行編目資料

古巴人的美好年代：從革命光輝到經濟崩潰的無盡匱乏，真實平凡人物的堅韌、富足、自由與愛。／安東尼．迪帕瑪（Anthony DePalma）作；楊苓雯譯 . -- 初版 . -- 臺北市：馬可孛羅文化出版：英屬蓋曼群島商家庭傳媒股份有限公司城邦分公司發行 , 2022.06

面；　公分 . --（當代名家旅行文學；MM1151）

譯自：The Cubans : ordinary lives in extraordinary times.

ISBN 978-986-0767-93-3（平裝）

1. CST：社會生活　2. CST：報導文學　3. CST：古巴史

755.83　　111004786

【當代名家旅行文學】MM1151

古巴人的美好年代：從革命光輝到經濟崩潰的無盡匱乏，真實平凡人物的堅韌、富足、自由與愛。

***The Cubans:** Ordinary Lives in Extraordinary Times*

作　　者 ❖ 安東尼．迪帕瑪（Anthony DePalma）
譯　　者 ❖ 楊苓雯
封面設計 ❖ 許晉維
內頁排版 ❖ 張靜怡
總 策 畫 ❖ 詹宏志
總 編 輯 ❖ 郭寶秀
責任編輯 ❖ 張釋云
特約編輯 ❖ 白詩瑜
行銷企劃 ❖ 力宏勳

發 行 人 ❖ 凃玉雲
出　　版 ❖ 馬可孛羅文化
104 臺北市中山區民生東路二段 141 號 5 樓
電話：(886) 2-25007696
發　　行 ❖ 英屬蓋曼群島商家庭傳媒股份有限公司城邦分公司
臺北市中山區民生東路二段 141 號 11 樓
客服服務專線：(886) 2-25007718；25007719
24 小時傳真專線：(886) 2-25001990；25001991
服務時間：週一至週五 9:00 ～ 12:00；13:00 ～ 17:00
劃撥帳號：19863813　戶名：書虫股份有限公司
讀者服務信箱：service@readingclub.com.tw
香港發行所 ❖ 城邦（香港）出版集團有限公司
香港灣仔駱克道 193 號東超商業中心 1 樓
電話：(852) 25086231　傳真：(852) 25789337
E-mail：hkcite@biznetvigator.com
馬新發行所 ❖ 城邦（馬新）出版集團【Cite (M) Sdn. Bhd. (458372U)】
41, Jalan Radin Anum, Bandar Baru Seri Petaling,
57000 Kuala Lumpur, Malaysia
電話：(603) 90578822　傳真：(603) 90576622
E-mail：services@cite.com.my

輸出印刷 ❖ 前進彩藝股份有限公司
初版一刷 ❖ 2022 年 6 月
定　　價 ❖ 580 元

ISBN：978-986-0767-93-3（平裝）
ISBN：9786267156056（EPUB）

城邦讀書花園
www.cite.com.tw